Familiale Moralerziehung
und christlicher Glaube

Bamberger Theologische Studien

Herausgegeben von
Peter Bruns, Volker Eid, Marianne Heimbach-Steins,
Alfred Hierold, Wolfgang Klausnitzer,
Georg Kraus, Godehard Ruppert, Heinz-Günther Schöttler,
Professoren der Fakultät Katholische Theologie
der Otto-Friedrich-Universität Bamberg

Band 15

PETER LANG
Frankfurt am Main · Berlin · Bern · Bruxelles · New York · Oxford · Wien

Carmen Anneser

Familiale Moralerziehung und christlicher Glaube

Wege zur Identitätsausbildung

PETER LANG
Europäischer Verlag der Wissenschaften

Die Deutsche Bibliothek - CIP-Einheitsaufnahme

Anneser, Carmen:

Familiale Moralerziehung und christlicher Glaube : Wege zur Identitätsausbildung / Carmen Anneser. - Frankfurt am Main ; Berlin ; Bern ; Bruxelles ; New York ; Oxford ; Wien : Lang, 2001
(Bamberger theologische Studien ; Bd. 15)
Zugl.: Bamberg, Univ., Diss., 2000
ISBN 3-631-37382-1

Letzte mündliche Prüfung am
03.03.2000.

Gedruckt auf alterungsbeständigem,
säurefreiem Papier.

D 473
ISSN 0948-177X
ISBN 3-631-37382-1

Printed in Germany 1 2 4 5 6 7

www.peterlang.de

Für Ulrich
und unsere Kinder
Katrin, Lukas, Christoph

Vorwort

Die vorliegende Arbeit hat im Wintersemester 1999/2000 der Fakultät Katholische Theologie der Otto-Friedrich-Universität Bamberg als Dissertation vorgelegen. Für die Veröffentlichung wurde sie noch einmal überarbeitet.

Die Bereicherung des persönlichen Lebens durch die eigene Familie stellte den Ausgangspunkt und die Motivation für die theoretische Beschäftigung mit der Fragestellung dar, wie christlich geprägte Moralerziehung in der Familie als ein Weg zur Identitätsausbildung unter pluralen gesellschaftlichen Bedingungen möglich sei. Die konkrete Erfahrung der prozessorientierten Identitätssuche in Auseinandersetzung mit „signifikanten Anderen", die nur im Miteinander positive Kräfte freizusetzen vermag, hat mir immer wieder den Mut und die Kreativität verliehen, den begonnenen Weg zu Ende zu gehen. Allen, die mich auf diesem Weg unterstützt und begleitet haben, möchte ich deshalb herzlich danken.

Mein besonderer Dank gilt an erster Stelle meinem Doktorvater Prof. Dr. Volker Eid, bei dem ich von der Themenfindung bis zur Fertigstellung stets wohlwollende und interessierte Unterstützung fand. Er nahm sich, wann immer es nötig wurde, Zeit zur wissenschaftlichen Diskussion. Seine Impulse bereicherten meinen persönlichen Lebensweg, wie den theoretischen Fortgang der Arbeit.

Prof. Dr. Ottmar Fuchs, der stets sein Interesse am Entstehungsprozeß dieser Dissertation bekundete, danke ich sehr herzlich für die Erstellung des Zweitgutachtens.

Darüber hinaus danke ich dem Cusanuswerk, der bischöflichen Studienförderung, für das mir gewährte Promotionsstipendium. Diese finanzielle und ideelle Unterstützung erleichterte mir die schwierige Zeit der Existenz- und Familiengründung. Im besonderen möchte ich hier auch Herrn Prof. Dr. Rainer M. Bucher danken, der immer aufmunternde Worte fand und gleichzeitig zur Fertigstellung drängte.

Dies wäre jedoch nicht möglich gewesen ohne meinen Mann, Ulrich Anneser, und meine Kinder, die oft auf gemeinsame Stunden verzichten mußten. Ihnen gilt deshalb ein herzliches Dankeschön und der Wunsch, ihnen durch die Umsetzung meiner theoretischen Überlegungen in die Praxis bei einer gelingenden Identitätssuche behilflich sein zu können.

Für die spontane Hilfe beim Korrekturlesen danke ich Frau Margret Döberl und meiner Mutter, Ingrid Starklauf, für die Übernahme der Enddredaktion meinem Mann Ulrich.

Vor allem jedoch gilt mein persönlicher Dank meiner Schwiegermutter, Katharina Anneser, und meinem Vater, Manfred Starklauf, die sich immer Zeit für ihre Enkelkinder nahmen und mir so den Freiraum schufen, den ich zum Schreiben der Dissertation benötigte.

Burghausen, im Januar 2001 Carmen Anneser

Inhaltsverzeichnis

0. Einleitung

0.1. Problemstellung

In der Pluralität unserer Lebenswelt gibt es keinen allgemein gültigen Bestand von Normen und Rahmenorientierungen mehr. Ein geschlossenes Ordnungssystem, welches im Mittelalter das ganze Leben bestimmte, auch die Moral, und dadurch Sicherheit bot, existiert nicht mehr. Zusätzlich erweisen sich heutige Handlungs- und Entscheidungssituationen als sehr komplex und aufgrund der hochgradigen Ausdifferenzierung unserer Gesellschaft für den einzelnen in zunehmendem Maße als unübersichtlich. Dennoch muß er sich in dieser Unübersichtlichkeit zurechtfinden, wenn er Kontinuität seiner Selbstentfaltung und damit seiner Lebensgeschichte anstrebt. Es gilt deshalb, Fähigkeiten zu entwickeln, die es dem Menschen ermöglichen, mit Hilfe kritischer Reflexion moralisch und kreativ zu handeln.

Dies ist notwendig im gesellschaftlich-sozialen wie auch im privaten Sektor. Die globalen Gefährdungen, wie z. B. die Umweltkatastrophen, die Energieknappheit, die Schwierigkeiten bei der Friedenssicherung, die manipulativen Möglichkeiten der Biogenetik oder die Verschärfung der Grenzen zwischen arm und reich, spitzen sich zu und wirken sich im konkreten Leben der Menschen aus. Eine weit verbreitete konsumistische Lebenshaltung, die den einzelnen in egozentrischer Weise um sich selbst und das eigene Wohlbefinden kreisen läßt, führt jedoch, wenn die Probleme überhaupt wahrgenommen werden, zu einer indifferenten Haltung ihnen gegenüber. Mit der gleichen Indifferenz begegnet man der Not und dem Elend anderer Menschen. Daraus erwachsen enorme soziale Beziehungsprobleme, die z. B. an der oft grenzenlosen Einsamkeit alter Menschen oder der steigenden Scheidungsrate verdeutlicht werden können. Eine Umorientierung ist nötig, um von dieser konsumistischen Lebenshaltung zu einem verantwortlichen Umgang mit sich selbst, den Mitmenschen und der Umwelt zu finden. Dazu werden jedoch, wie schon erwähnt, moralische Fähigkeiten notwendig sein, die die Bereitschaft wecken, kritisch und kreativ nach Lösungen zu suchen.

Aufgabe der Moralerziehung ist es, Heranwachsenden den Erwerb dieser Kompetenzen zu ermöglichen. Es stellen sich deshalb die Fragen: „wie die moralisch-kritische Handlungskompetenz zu bestimmen sei, die es den Menschen ermöglicht, ihr Handeln gegenüber der Natur, gegenüber sich selbst und gegenüber anderen Menschen verantwortlich zu gestalten;

(...) wie jene pädagogische Interaktion beschaffen sein müsse, die den Erwerb dieser moralischen Handlungskompetenz sichert; (...) welche institutionellen und allgemeinen gesellschaftlichen Bedingungen die Aneignung kritischer moralischer Handlungskompetenz behindern und fördern."[1]

Dieser Fragestellung widmet sich die folgende Arbeit. Eine umfassende Darstellung der Moralerziehung in all ihren Teilbereichen und für alle Institutionen, die sich mit ihrer Vermittlung beschäftigen, kann im Rahmen einer Dissertation jedoch nicht geleistet werden. Deshalb wurde als Schwerpunkt die familiale Moralerziehung mit ihren Chancen und Grenzen gewählt. Vernetzt in die Gesellschaft steht die Familie in wechselseitiger Beziehung zu anderen Institutionen, wodurch erleichternde als auch erschwerende Bedingungen für die Vermittlung von moralischer Kompetenz entstehen. Die Familie selbst ist aufgrund der Pluralität unserer Gesellschaft in Erziehungsfragen verunsichert und krisenanfällig, immer mehr werden Pädagogen, Psychologen und Psychotherapeuten bei innerfamiliären Problemen zu Rate gezogen.

Der Bedeutung der Familie als primärer Sozialisationsinstanz muß daher verstärkt Rechnung getragen werden, da ihr die Möglichkeit erzieherischen Wirkens durch intensives und intimes Miteinanderleben und durch das Vorleben einer überzeugenden Lebensgestaltung in besonderer Weise gegeben ist. Diese Erziehung umfaßt kognitive *und* emotionale Elemente, die andere Institutionen aufgrund der größeren Distanz zur Lebenswelt der Kinder und Jugendlichen nicht in diesem Maße vermitteln können.

0.2. Inhalt und Ziel

Es gibt eine unübersehbare Fülle von Literatur über die Erziehung im allgemeinen, aber auch über die Erziehung in der Familie im speziellen. Die katholische Theologie jedoch hat bisher den Erziehungsbereich der Familie nicht konsequent genug wahrgenommen. Während die vorhandene Literatur vorwiegend pädagogische, psychologische und soziologische Aspekte beinhaltet, wendet sich die katholische Theologie verstärkt der religiösen Erziehung in Religionsunterricht und Gemeinde zu. Daher geht es in der vorliegenden Arbeit darum, die Relevanz der Familie für die mo-

---

1 Benner, D./ Peukert, H., Erziehung, moralische, in: Lenzen/Mollenhauer (Hg.), Enzyklopädie Erziehungswissenschaft, Bd. 1, Stuttgart 1983, 394

ralische und religiöse Entwicklung der Kinder hervorzuheben, indem sie Moralerziehung in der Familie vor dem Hintergrund eines christlich gelebten Glaubens in den Mittelpunkt stellt. Dabei werden die Forschungsergebnisse von Pädagogik, Psychologie und Soziologie berücksichtigt und gleichzeitig moraltheologische und -pädagogische Erkenntnisse in den interdisziplinären Dialog eingebracht.

Folgende Fragen, denen sich die einzelnen Kapitel dieser Arbeit widmen, sind in diesem Zusammenhang relevant:

1. *Auf welche wünschenswerten ethischen Fähigkeiten hin sollte die Familie erziehen?*

Das wichtigste Ziel von Moralerziehung ist es, dem Heranwachsenden zu helfen, ein gelingendes Leben führen zu können, indem man ihn in seinem lebenslangen Entwicklungsprozeß der „Selbstverwirklichung" und „Identität" unterstützt. Diese Begriffe bedürfen für ihre Umsetzung in die konkrete Praxis der Moralerziehung einer Operationalisierung. Erreicht wird dies durch die Entwicklung von drei Basiskompetenzen, deren Erwerb als die grundlegende Voraussetzung für eine gelingende „Subjektwerdung" zu sehen sind und durch deren entwicklungsphasenspezifische Vermittlung gleichzeitig sowohl der Prozeß der Entwicklung von „Identität" und „Selbstverwirklichung" exemplarisch verdeutlicht werden kann, wie aber auch der Erwerb spezifischer Teilfähigkeiten (z.B. Vorurteilsbearbeitung, Kommunikations- und Kritikfähigkeit, Solidarität, Beziehungsfähigkeit). Diese drei Basiskompetenzen werden im folgenden als Wahrnehmungsfähigkeit, als Fähigkeit, Einstellungen und Überzeugungen auszubilden und als Verantwortungsfähigkeit bezeichnet. Ihrer Relevanz für eine gelingende Identitätsausbildung des Menschen im Rahmen einer christlich geprägten Moralerziehung widmet sich das erste Kapitel.

2. *Welche Bedingungen müssen erfüllt sein, damit Familie im Hinblick auf diese Fähigkeiten positiv wirken kann?*

Gegenüber einer in der katholischen Theologie häufigen Idealisierung der Familie geht es in dieser Arbeit darum, die Chancen familiärer Erziehung und ihre Grenzen realistisch einzuschätzen. Dafür ist es notwendig pädagogische, psychologische und soziologische Aspekte zu berücksichtigen. Dies ist Gegenstand des zweiten Kapitels.

3. *Wenn der christliche Glaube die Motivation für die moralische Erziehung darstellt, welche Bedeutung läßt sich dann zwischen religiöser und moralischer Entwicklung und der Identitätsausbildung des Menschen erkennen?*

Wie sich moralische und religiöse Entwicklung gegenseitig beeinflussen und dabei auf die Identitätsausbildung einwirken, soll im dritten Kapitel durch einen Vergleich der Stufentheorien der moralischen Entwicklung (*Piaget*; *Kohlberg*) mit den Stufentheorien der religiösen Entwicklung (*Oser*, *Fowler*) im Zusammenhang mit der Identitätstheorie nach *Erikson* aufgezeigt werden.

4. *Wie kann eine christlich motivierte Moralerziehung in der Familie konkret aussehen?*

Im vierten Kapitel geht es darum, die lebensphasenspezifische Vermittlung der drei Basiskompetenzen in der familialen Moralerziehung exemplarisch aufzuzeigen. Dabei ist zu konstatieren, daß alle für ein gelingendes Leben wichtigen Teilfähigkeiten (Kritik-, Kommunikationsfähigkeit, u.a.m.) die Basiskompetenzen einerseits inhaltlich füllen, andererseits ohne deren Erwerb nicht zu verwirklichen wären. In den verschiedenen Lebensphasen einer Familie können die einzelnen Fähigkeiten vermittelt werden durch deren konkrete Verwirklichung im alltäglichen Zusammenleben der Familienmitglieder und in der bewußten Vermittlung, wenn es konkrete Situationen erfordern. Dabei soll in der Argumentation der den Entwicklungsstufen entsprechende Entwicklungsstand des Kindes berücksichtigt werden.

0.3. Wissenschaftstheoretische und methodische Anmerkungen

Es handelt sich bei der vorliegenden Dissertation um eine moralpädagogische Arbeit im Kontext der Moraltheologie. Die Vorgehensweise ist deshalb phänomenologisch-hermeneutisch. Dabei wird eine Konkretisierung der Theorie angestrebt, indem in der Theorie angesetzt und dann zur Praxis übergegangen wird. Moraltheologie und -pädagogik, deren Anliegen der konkrete Mensch in seiner Lebenswirklichkeit ist, dürfen nicht übersehen, daß jedes Sollen „an ein individuelles Können gebunden"[2] bleibt. Sittliche Kompetenzen sind für den einzelnen Voraussetzung, um sittlich handeln zu können. Der Kompetenzerwerb ist in unserer heutigen pluralen Lebenswelt unerläßlich, da z. B. eine Vielzahl von unterschiedlichen Normen und Werten existieren, deren Auswahl und Übernahme durch den einzelnen nur mit Hilfe einer zugrunde liegenden erworbenen Überzeugung (Einstellung) sinnvoll möglich ist. Während sich die traditionelle Moraltheologie vorwiegend mit dem Problem der Normenbegründung beschäftigte, befand sich der Mensch noch in einem geschlossenen Ordnungssystem, das ihm anhand von Imperativen ganz deutlich vorgab, wie er richtig und gut zu handeln habe. Der einzelne konnte dabei sein sittliches Handeln auf bloße Normerfüllungen reduzieren[3]. Der empirisch verifizierbare Vollzug läßt jedoch noch keinen Rückschluß auf den inneren Vollzug zu. Für diesen ist die Fähigkeit, Einstellungen bzw. Überzeugungen auszubilden, die dann zu sittlichem Handeln motivieren, eine wesentliche Voraussetzung. Sittliches Handeln in heutiger Lebenswelt muß auf Überzeugungen basieren, die aus Erfahrungen in der persönlichen Lebenswirklichkeit gewonnen wurden, denn aufgrund der vorhandenen Pluralität ist der Mensch gezwungen sich selbst zu entscheiden, auch hinsichtlich seines sittlichen Verhaltens. Hierin liegt die Chance der Moralpädagogik, nämlich moralische Kompetenzen zu vermitteln, ohne den Menschen in seiner konkreten Lebenswelt aus dem Blickfeld zu verlieren. Dabei sind die Bedingungen zu berücksichtigen, die menschliches Handeln ermöglichen, aber auch be- oder verhindern. Deshalb sind soziologische, psychologische und pädagogische Erkenntnisse in moralpädagogische Überlegungen mit einzubeziehen. Will Moralpädagogik für den konkreten Menschen relevant sein, muß sie eine praxisorientierte Handlungstheorie entwerfen. Diese Intention beinhaltet die vorliegende Arbeit.

2 Maurer, A., Das humanwissenschaftliche Gespräch zum Verständnis sittlicher Kompetenz. Themen - Tendenzen - Einsichten, in : Eid, V. u.a. (Hg.), Moralische Kompetenz. Chancen der Moralpädagogik in einer pluralen Lebenswelt, Mainz 1995, 11

3 vgl. Demmer, Klaus, Die Wahrheit leben. Theorie des Handelns, Freiburg i. Br. u.a. 1991

I. Familiale Moralerziehung im Kontext christlichen Glaubens: Wahrnehmungskompetenz, überzeugungsbildende Kompetenz, Verantwortlichkeitskompetenz

I.1. Befähigung zu Selbstverwirklichung und Identitätsausbildung als Ziel familialer Moralerziehung

Thema dieser Arbeit ist die familiäre Sozialisation und Erziehung unter dem Zielaspekt, den Kindern die Realisierung von Identität zu ermöglichen. Identität meint dabei die Fähigkeit zu Selbst-Gestaltung, Selbst-Wahl, Selbstverwirklichung. Die Ausbildung dieser Kompetenz benötigt eine ständige *konkrete* Einübung innerhalb der Familie unter Berücksichtigung des jeweiligen Entwicklungsstandes des Kindes.

Da der Mensch im Unterschied zu allen anderen Lebewesen in „Weltoffenheit" geboren wird, benötigt er, um leben zu können, mit Hilfe der Sozialisation in die vorgegebene Gesellschaft und der Vermittlung der im Laufe der Menschheitsgeschichte erworbenen Kultur und Bildung eine „sekundäre Weltgeschlossenheit". Dies impliziert zwar einerseits eine Einschränkung der unzähligen Möglichkeiten für die Entwicklung und Entscheidungsfähigkeit des Menschen, die ihn andererseits jedoch ständig überfordern würde. Sozialisation kann somit in gewissem Sinne zwar als Manipulation verstanden werden, gleichzeitig eröffnet sie jedoch dem Menschen konkrete Möglichkeiten und führt ihn zu Präzisierungen. Ihre Aufgabe ist es, das Kind bei der Entwicklung und Ausbildung seiner je eigenen Fähigkeiten und Fertigkeiten zu unterstützen, d.h. „dem werdenden Menschen zu sich selbst zu verhelfen"[1], zu seiner je eigenen Identität. Anthropologische Voraussetzung hierfür ist die teleologische Grundausrichtung des Menschen, d. h. daß er „in seinem Dasein auf die Verwirklichung seines eigenen Seins ausgerichtet ist und" es ihm „existierend immer auch um die Realisierung seiner Möglichkeiten und Anlagen geht."[2] Der Mensch strebt nach Verwirklichung seines Seins und seines Werdens im Rahmen der Möglichkeiten, die ihm unter seinen Lebensbedingungen gegeben sind. „Er muß sich selbst bestimmen, sich selbst entwerfen, ist

---

1 Mette, N., Erziehung: in: Handbuch religionspädagogischer Grundbegriffe 1. Herausgegeben von Gottfried Bitter und Gabriele Miller, München 1986, 53

2 Huber, R., Zur Psychologie der Selbstverwirklichung. Eine vergleichende Betrachtung psychologischer Selbstverwirklichungstheorien, Aachen 1981, 11

sich selbst aufgegeben. Er ist auf der Suche nach der eigenen existentiellen Wahrheit."[3] Die Unterstützung der Sozialisation hierbei führt notwendigerweise zu Präzisierung und Konkretisierung, die zur Operationalisierung des Begriffs der Identität ebenfalls nötig sind.

Wer sich selbst wählen und gestalten will, muß seine Möglichkeiten im Rahmen seiner Lebenswelt *wahrnehmen* können. Eine *sensible Wahrnehmungsfähigkeit* des anderen, der Umwelt und seiner selbst sind Voraussetzung für Selbstverwirklichung in der jeweiligen Situation, in der der Mensch steht und zur Ausgestaltung gefordert ist. Da sich der Mensch in der Auseinandersetzung mit seiner Umwelt entwickelt, ist es von entscheidender Relevanz, wie er sie und sich selbst in ihr wahrnimmt. Zur Wahrnehmungskompetenz gehören deshalb sowohl kognitive als auch emotionale Fähigkeiten. Für die Ausbildung seiner Identität benötigt der Mensch die Wahrnehmung von Ereignissen, Situationen, Handlungen und anderen Menschen und deren richtige Einordnung in den übergeordneten Zusammenhang, um sie so für sich relevant werden zu lassen. Dabei darf nicht übersehen werden, daß das „Bild der Wirklichkeit .. ein persönlich-biographisches und ein gesellschaftliches Konstrukt"[4] ist.

Wer sich selbstverwirklichen will, muß fähig sein, sich eine *Einstellung oder Überzeugung* bilden zu können. Dies gilt als Grundlage für autonomes Entscheiden und Handeln. Überzeugungsbildende Fähigkeit ist die motivierende Kraft zu einer konsistenten Lebensgestaltung. Selbstverwirklichung impliziert den Handlungsaspekt und benötigt deshalb die Fähigkeit des Individuums zur Bildung einer Überzeugung oder Einstellung. Der christliche Glaube, vor dessen Hintergrund familiale Moralerziehung behandelt wird, stellt eine solch motivierende Kraft dar. Daneben bietet die pluralistische Gesellschaft zahlreiche andere Sinnangebote an. Übernimmt der Mensch ein Sinnangebot und läßt es zu seiner eigenen Überzeugung werden, gewinnt er daraus Motivationskraft für alle Dimensionen menschlichen Lebens. Im Rahmen seiner Suche nach Sinn bekommt das Streben des Menschen nach Selbstverwirklichung und Identitätsausbildung seine spezifische Ausrichtung, insofern dem Menschen ein Weg zu „gelingendem" Leben aufgezeigt wird. Allen totalitären Weltanschauun-

---

3 Beirer, G., Selbst Werden in Liebe. Eine Begründung christlicher Ethik im interdisziplinären Dialog, St. Ottilien 1988, 95

4 Plake, K., Zur Einleitung, in: Ders. (Hg.), Sinnlichkeit und Ästhetik. Soziale Muster der Wahrnehmung, Würzburg 1992, 8-9

gen, zu denen z. B. Jugendsekten zu zählen sind, wird damit ihre Berechtigung abgesprochen, da sie nur eine absolute Unterwerfung unter ihre Lehre und „Führer“ fordern und so die persönliche Identitätsausbildung des Menschen verhindern.

Zur Selbstgestaltung gehört die Fähigkeit zur *Verantwortungsübernahme* für sich selbst, für den anderen, für die Umwelt, für sein Handeln in der jeweiligen Situation. Der Mensch ist schon aufgrund seiner teleologischen Grundausrichtung verantwortlich für seine je eigene Lebensgestaltung. Da er in Gemeinschaft lebt, muß er bei all seinem Handeln auch immer deren Wohl und den konkreten Mitmenschen im Auge behalten. Verantwortungsbewußtes Handeln ist für die Identitätsausbildung deshalb relevant, weil moralisches Verhalten „im engeren Sinne, sei es in moralisch-sozialen oder moralisch-politischen“ Zusammenhängen, sich qualitativ dadurch auszeichnet, „daß vom Handelnden in ethisch zugespitzten Konfliktlagen im strengen Sinne *selbstbestimmte Handlungen* erwartet werden, die in der Verantwortung der eigenen „letzten Einsichten“ getroffen werden, die für den betreffenden Menschen lebensführend geworden sind.“[5]

Wahrnehmungsfähigkeit, überzeugungsbildende Fähigkeit und Verantwortungsfähigkeit werden deshalb im Rahmen dieser Arbeit als die drei Basiskompetenzen betrachtet, die für den Erwerb von Identität von entscheidender Bedeutung sind. Durch sie werden die Begriffe der Identität und Selbstverwirklichung operationalisiert und transparent gemacht. Durch ihre entwicklungsphasenspezifische Vermittlung kann gleichzeitig sowohl der Entwicklungsprozeß der Identitätsausbildung exemplarisch verdeutlicht werden, als auch der Erwerb spezifischer Teilfähigkeiten (z.B. Vorurteilsbearbeitung, Kommunikations- und Kritikfähigkeit, Solidarität).

I.1.1. Zur Begriffsbestimmung von Identität und Selbstverwirklichung

Identitätsausbildung und Selbstverwirklichung stellen eine prozeßhafte, lebenslange Entwicklung dar, d.h. „daß Identität nicht einfach ein

5 Roth, H., Pädagogische Anthropologie, Bd. II: Entwicklung und Erziehung. Grundlagen einer Entwicklungspädagogik, Hannover u.a. 1971, 539

Vorhandenes ist, nicht etwas, das man von vornherein besitzt, daß sie kein starres Selbstbild darstellt, sondern vielmehr in der je neuen Verknüpfung von Interaktionsbeteiligung des Individuums mit Erwartungen und Bedürfnissen in konkreten Situationen entspringt. Sie ist ein je neuer kreativer Akt, der in jeder Situation angesichts neuer Erwartungen neu vollzogen werden muß."[6] Je nach Lebensphase und Entwicklungsstufe verläuft der Prozeß der Identitätsausbildung unterschiedlich und muß so auch spezifisch gefördert werden. Folgende Begriffsbestimmung ist deshalb nicht so zu verstehen, als ob genau festgelegt werden könnte, wie Identität auszusehen hätte. Jedes Individuum muß gemäß seiner Lebenswelt, in der er lebt und die ihn prägt, seine je eigene Identität konkretisieren.

Da die Begriffe Identität und Selbstverwirklichung die Annäherung unterschiedlicher wissenschaftlicher Fachausrichtungen an einen weitgehend identischen Sachverhalt darstellen, wird für die Begriffsbestimmung und den Fortgang der Arbeit ausschließlich der Begriff „Identität" verwendet.

„"Identität", bezogen auf Personen oder Personengruppen, meint ... erstens: synthetische Einheit einer Mannigfaltigkeit von Lebensbestimmungen - *Identität als Form von Einheit.* Es kann zweitens die Tendenz und Fähigkeit meinen, sich vom leitenden Einfluß anderer freizumachen, dem eigenen Leben eine Form zu geben, welche es zuvor, wenn überhaupt, nur durch das Wirken von Natur und sozialer Umgebung hatte, - *Identität als Autonomie.* Identität kann drittens die Tendenz und Fähigkeit heißen, sich und seine Interaktionen in einer einzigartigen, unverwechselbaren Lebensgeschichte zu organisieren - *Identität als Individualität.* Identität meint viertens zumeist die Fähigkeit und Tendenz, das Leben an Zielen auszurichten, die nicht nur eine Stabilität des Verhaltens begründen, sondern auch die Integration der eigenen Handlungen und Widerfahrnisse in ein Bild vom eigenen Leben erlauben, das man theoretisch und praktisch bejaht - *Identität als Identifikation mit sich selbst* im Gegensatz zu Bewußtseinszuständen unglücklicher Selbstentfremdung und Selbstdistanzierung."[7]

---

6 Fraas, H.-J., Glaube und Identität. Grundlegung einer Didaktik religiöser Lernprozesse, Göttingen 1983, 47 Fraas zitiert hier Krappmann. (1971)

7 Diese Definition verwendet Maximilian Forschner, indem er den modernen Begriff der Identität auf die Stoa überträgt. (Forschner, M., Glück als personale Identität. Die stoi-

Mit Hilfe dieser Definition wird im folgenden der Begriff der Identität näher erläutert, der Zusammenhang mit den drei Basiskompetenzen aufgezeigt und seine Relevanz im Rahmen der familialen Moralerziehung verdeutlicht.

I.1.1.1. Identität als Einheit

Der Mensch wird im Gegensatz zum Tier in Weltoffenheit geboren. Da diese den Menschen permanent wie auch in jeder einzelnen Entscheidungs- und Handlungssituation psychisch und physisch überfordern würde, schafft er sich durch Erziehung und Sozialisation in die jeweilige Kultur auf sekundärem Wege eine Weltgeschlossenheit. Dadurch kommt es zu einer Selektion der bestehenden Möglichkeiten und damit auch zur Einschränkung einer zunächst unbegrenzten Wahlfreiheit. Gleichzeitig ermöglicht diese Selektion dem Menschen jedoch eine Einheit in Denken und Handeln, sowohl auf synchroner als auch diachroner Ebene. Da eine „der stärksten Bestrebungen der Persönlichkeit (...) darauf gerichtet“ ist, „mit sich selbst konsistent zu sein“[8], kann Identität in diesem Sinne verstanden werden als „eine Einheit der subjektiven Bewußtseinsleistungen, in denen sich lebensweltliche Erfahrung und Wirklichkeit in Verschränkung mit objektiven gesellschaftlichen Bedingungen und Zwängen aufbauen. Alle Erfahrungen tragen das Subskript <mein, jetzt> und verschmelzen automatisch - ohne, daß das Subskript thematisiert wird - mit Erinnerungen und Entwürfen mit dem gleichen Subskript. Auch alle Handlungen tragen dieses Subskript; hier ist es jedoch bewußt und wird mir notfalls von Mitmenschen aufgezwungen. Diese Einheit ist also eine subjektiv-objektive-Sinn-Einheit“[9]. Das subjektive Gefühl der Identität „ist also die angesammelte Zuversicht des Individuums, daß der inneren Gleichheit und Kontinuität auch die Gleichheit und Kontinuität seines

---

sche Theorie des Endziels, in: ders. Über das Glück des Menschen. Aristoteles, Epikur, Stoa, Thomas von Aquin, Kant, Darmstadt 1993, 48)

8 Bischof, L. J. Persönlichkeitstheorien. Darstellungen und Interpretationen, Bd. 1, Paderborn 1983, 73; Bischof bezieht sich hier auf die klientenzentrierte Persönlichkeitstheorie Carl Rogers.

9 Luckmann, Th., Persönliche Identität und Lebenslauf - gesellschaftliche Voraussetzungen, in: Brose, H.-G./Hildenbrand, B. (Hg.), Vom Ende des Individuums zur Individualität ohne Ende, Opladen 1988, 73-74

Wesens in den Augen anderer entspricht"[10]. Damit handelt es sich auch um „eine objektiv feststellbare Eigenschaft".[11] Man kann in diesem Zusammenhang persönliche und soziale Identität unterscheiden. Während die persönliche Identität als unverwechselbare Biographie „die Kontinuität des Ichs in der Folge der wechselnden Zustände der Lebensgeschichte" meint, versucht die soziale Identität als Zugehörigkeit zu unterschiedlichen Bezugsgruppen „verschiedene Rollensysteme zu einer Einheit" zu verknüpfen. Aus der Balance zwischen sozialer und persönlicher Identität ergibt sich dann die sogenannte „Ich-Identität".[12]

Einheit und Kontinuität in der Zeit bedeutet jedoch nicht „Unveränderbarkeit", denn „Lebensgeschichte und Identität sind auf verschiedene Weise miteinander verbunden. Meine Lebensgeschichte ist >meine<, insofern ich mich selbst als identisch mit dem, was ich in der Vergangenheit war, kenne. Es ist meine Lebensgeschichte, insofern ich mir selbst gestattet habe, in veränderte Lebensbedingungen einzutreten, und mich selbst in ihnen nach einiger Zeit verändert gefunden habe. Ohne den ständigen Kontrapunkt, was ich geblieben bin und was nicht, wäre meine Lebensgeschichte keine Geschichte, sondern nur eine zeitlich ausgedehnte Situation."[13]

Obwohl Identitätsausbildung einen lebenslangen Prozeß darstellt, gilt die Adoleszenz als die entscheidende Entwicklungsphase für eine positive bzw. negative Identitätsausbildung des Menschen. Sie kann als ein „psycho-soziales Moratorium" bezeichnet werden, „während dessen der Mensch durch freies Rollen-Experimentieren sich in irgendeinem der Sektoren der Gesellschaft seinen Platz sucht „eine Nische, die fest umrissen und doch wie einzig für ihn gemacht ist. Dadurch gewinnt der junge Erwachsene das sichere Gefühl innerer und sozialer Kontinuität, das die Brücke bildet zwischen dem, was er als Kind war, und dem, was er nunmehr im Begriff ist zu werden; eine Brücke, die zugleich das Bild, in dem er sich selber wahrnimmt, mit dem Bild verbindet, unter dem er von

---

10 Erikson, E. H., Kindheit und Gesellschaft, Stuttgart [4]1971, 256

11 Erikson, E. H., Lebensgeschichte und historischer Augenblick, Frankfurt a. M. 1977, 16

12 Fabian, U., Das Problem der Identität aus der Sicht der Psychoanalyse, der Soziologie und der Theologie, in: Kat Bl (1979), 166

13 de Levita, Der Begriff der Identität, Frankfurt 1971, 222

einer Gruppe, seiner Sozietät erkannt wird."[14] Hierbei wird deutlich, welch enge Verbindung zwischen innerer und äußerer Identitätsausbildung besteht. „Innere Gleichheit und Kontinuität entstehen in der Spannung von Individuation und Sozialisation"[15].

Um dieses Gefühl der Kontinuität für sich selbst aufzubauen, ist es nötig, sich selbst, seine Umwelt und seine Wirkung auf die anderen wahrnehmen zu können. Es geht um die Fähigkeit, sich selbst mit den Augen anderer zu sehen, aber auch darum, „gegenüber der eigenen Handlungsorientierung... die Einstellung des anderen einnehmen"[16] zu können. Gleichzeitig ist es wichtig, die interpersonalen Beziehungen zu anderen von einer Beobachterperspektive aus wahrzunehmen, um „eine differenziertere und objektivere Wahrnehmung der Realität"[17] zu erreichen.

Eine reflexive Wahrnehmungsfähigkeit ermöglicht dem Menschen das Erkennen seiner eigenen Kontinuität im Laufe seiner Lebensgeschichte trotz aller Veränderungen.

Die Einstellungsfähigkeit steht mit der gewonnenen Kontinuität in wechselseitigem Verhältnis, d. h. aufgrund der durch Selektion und Wahrnehmungsfähigkeit gewonnenen Kontinuität werden nur spezifische Überzeugungen übernommen, und diese wirken wiederum auf die Einheit des Individuums zurück.

Die Einheit und Kontinuität, die der einzelne aufgrund seines Platzes in der Lebenswelt, in der er steht, erworben hat, bestimmt die Bereiche, in denen er konkret Verantwortung einüben und übernehmen kann. Verantwortungsfähigkeit und das daraus folgende verantwortliche Handeln in der jeweiligen Rolle bestimmen gleichzeitig das Bild der Einheit, das der einzelne von sich hat und das andere von ihm gewinnen, d. h. Einheit und Verantwortungsfähigkeit stehen ebenfalls in wechselseitigem Verhältnis zueinander.

---

14 Baethge, M., Individualisierung als Hoffnung und als Verhängnis. In: Lindner, R./ Wiebe, H.-H. (Hg.): Verborgen im Licht. Neues zur Jugendfrage, Frankfurt/M. 1986, 104; Baethge zitiert hier Erikson.

15 Dunde, S. R., Selbstverwirklichung. Herkunft und Bedeutung eines modernen Begriffs, in: Stimmen der Zeit 200 (1982), 25

16 Habermas, J., Moralbewußtsein und kommunikatives Handeln, in: Ders., Moralbewußtsein und kommunikatives Handeln, Frankfurt a. M. [4]1991, 156

17 Huber, R., Zur Psychologie der Selbstverwirklichung, 68

Damit der junge Mensch Identität als Form von Einheit ausbilden kann, muß die Familie ihm helfen, wahrnehmungsfähig zu werden, vor dem Hintergrund seiner Lebenswelt sich Überzeugungen zu bilden und „seinem Standort“ entsprechend Verantwortung zu übernehmen.

I.1.1.2. Identität als Autonomie

„Im Begriff der >Identität< ruht der Anspruch des Individuums auf eine gewisse Eigenständigkeit oder Autonomie.“[18] Unter Autonomie versteht man die Selbstbestimmung des Subjekts im Gegensatz zur Fremd- oder Außenbestimmung, der Heteronomie. „Für die neuzeitliche Entwicklung des Autonomiegedankens kommt der *Philosophie der Aufklärung* mit ihrem im Subjekt zentrierten Menschenbild und dessen emanzipatorischer Absicht eine entscheidende geistesgeschichtliche Bedeutung zu. R. Descartes erhebt erstmals das erkennende Subjekt zum Zentrum und zum Kriterium der Wirklichkeit und initiiert mit der anthropozentrischen Umorientierung die Begründung der >Autonomie des Subjektes<;“[19]. Seit Kant versteht man unter Autonomie die „Möglichkeit und Aufgabe des Menschen, sich durch sich selbst in seiner Eigenschaft als Vernunftwesen zu bestimmen.“[20] Die Fähigkeit dazu ist in unserer pluralistischen Gesellschaft dringend nötig, denn abnehmende „Orientierungsverbindlichkeit und Tragfähigkeit von Identitätsentwürfen bei steigendem Druck zu ständigen Orientierungsleistungen im Dienste der Selbstvergewisserung des eigenen Orts und der Selbstdarstellung stellen an das Individuum und seine Fähigkeiten zur Selbststeuerung hohe Anforderungen. Man kann darin ein hohes Autonomiepotential für das Individuum, aber auch die Gefahr ständiger Überlastung durch Reflexionsansprüche sehen.“[21] Kinder und Jugendliche müssen deshalb von Anfang an im Rahmen ihrer phasenspezifischen Entwicklung auf ein selbstbestimmtes Le-

---

18 Fabian, U., Das Problem der Identität aus der Sicht der Psychoanalyse, 164

19 Holderegger, A., Autonomie, in: Neues Lexikon der christlichen Moral, hg. von H. Rotter und G. Virt, Innsbruck/ Wien 1990, 60

20 Holderegger, A., Autonomie, 60; Holderegger zitiert R. Pohlmann, Art. Autonomie, in:HWP I, 701-719.

21 Brose, H.-G./ B. Hildenbrand: Biographisierung von Erleben und Handeln, in: Brose/ Hildenbrand (Hg.): Vom Ende des Individuums zur Indiviualität ohne Ende, Opladen 1988, 23

ben vorbereitet werden. „Das Bereitstellen oder Verweigern von Handlungsspielräumen in der Familie ist für Jugendliche die entscheidende Voraussetzung für das Erlangen und Entwickeln von Autonomie in der eigenen Lebensführung."[22] Als konkrete Fähigkeiten, die nötig sind, um ein selbstbestimmtes Leben führen zu können, erweisen sich wiederum die drei Basiskompetenzen: Wahrnehmungsfähigkeit, überzeugungsbildende Fähigkeit und Verantwortungsfähigkeit.

Die autonome Gestaltung des eigenen Lebens erfordert die Wahrnehmung der von außen an das Individuum herangeführten Zwänge, d. h. der heteronomen Einflußnahme mit dem Ziel der Manipulation. Außerdem gilt für den einzelnen, seinen eigenen Willen, seine Wünsche und seine Möglichkeiten im Rahmen seiner Lebenswelt wahrzunehmen, um dann sein Leben selbstbestimmend und selbstgestalterisch zu formen. Es geht dabei jedoch nicht um die willkürliche Erfüllung aller Wünsche, sondern um „die entschiedene Bindung an das Gesetz seiner vernünftigen Selbstbestimmung."[23]

Dazu ist es notwendig, daß der Mensch sich Überzeugungen mit Hilfe der Vernunft bilden kann, die für sein Leben richtungsbestimmend und richtungsweisend werden. Sie motivieren gleichzeitig zu autonomem Handeln. „Autonomes Handeln ist Erkenntnistätigkeit, die kognitive Fähigkeiten und rationale Entscheidungsfähigkeit voraussetzt. Autonomes Handeln ist reflektiertes Handeln, das ohne gedankliche Aktivität nicht zustandekommen kann."[24] Der Mensch ist sich dabei „letzt-verbindlicher Bezugspunkt menschlichen Handelns"[25] und ist deshalb auch dafür verantwortlich.

Autonomes Handeln ist verantwortliches Handeln. Verantwortungsfähigkeit ist deshalb untrennbar mit der Autonomie des Menschen verbunden und damit ebenfalls eine relevante Voraussetzung für seine Identitätsausbildung. „Verantwortlichkeit umfaßt" dabei „das Gesamt der

---

22 Weymann, A. (Hg.), Handlungsspielräume. Untersuchungen zur Individualisierung und Instituionalisierung von Lebensläufen in der Moderne, Stuttgart 1989, 24

23 Auer, A., Der Mensch als Subjekt verantwortlichen Handelns, in: Leben aus christlicher Verantwortung. Ein Grundkurs der Moral. Hg. von J. Gründel. Bd. 1: Grundlegungen, Düsseldorf 1991, 14-15

24 Gruber, T., Kommunikative Kompetenz und persönliche Autonomie, in: Ronneberger, F. u.a. (Hg.), Autonomes Handeln als personale und gesellschaftliche Aufgabe, Opladen 1980, 175

25 Auer, A., Der Mensch als Subjekt verantwortlichen Handelns, 15

Verbindlichkeiten, die sich für den Menschen ergeben, wenn er als Person in seinem sozialen und naturalen Lebensraum in einer bestimmten Zeit zu einer geglückten und erfüllten Existenz kommen soll."[26]

Will die Familie ihren Kindern dabei helfen, zu einer autonomen Lebensgestaltung zu gelangen, muß sie in konkreten Situationen ihre Wahrnehmung für Heteronomie sensibilisieren, eigene Überzeugungen weitergeben, aber auch den Freiraum für die Bildung von (anderen) Überzeugungen lassen und ihren Kindern Handlungsräume eröffnen, in denen sie Verantwortung übernehmen können.

I.1.1.3. Identität als Individualität

Der Individualisierungsprozeß als Übergang in die Moderne führte zur „Freisetzung der Menschen aus ständischen und lokalen Bindungen", zur „Pluralisierung der Lebensverhältnisse" und zum „Geltungsverlust traditionaler Orientierungen".[27] Damit ist verbunden, „daß die Biograpie der Menschen aus vorgegebenen Fixierungen herausgelöst, offen, entscheidungsabhängig und als Aufgabe in das Handeln jedes einzelnen gelegt wird. Die Anteile der prinzipiell entscheidungsverschlossenen Lebensmöglichkeiten nehmen ab und die Anteile der entscheidungsoffenen, selbst herzustellenden Biographie nehmen zu."[28] Diese Definition verdeutlicht die Vielschichtigkeit des Begriffes der Individualisierung, der sehr oft einseitig mißverstanden wird. „Individualisierung kann sich sowohl auf bestimmte sozialstrukturelle Entwicklungen beziehen, die gewissermaßen „von außen" Verhaltensanforderungen und normative Erwartungen an die einzelnen hervorbringen; Individualisierung kann aber ebenso auf die „subjektive" Seite des gesellschaftlichen Modernisierungsprozesses abzielen.[29] Es ist demnach falsch anzunehmen, daß die

26 Auer, A., Der Mensch als Subjekt verantwortlichen Handelns, 27

27 Kohli, M., Normalbiographie und Individualität: Zur institutionellen Dynamik des gegenwärtigen Lebenslaufregimes, in: Brose, H.-G./Hildenbrand, B. (Hg.): Vom Ende des Individuums zur Individualität ohne Ende, Opladen 1988, 34

28 Beck, U., Risikogesellschaft. Auf dem Weg in eine andere Moderne, Frankfurt a. M. 1986, 216

29 Heitmeyer, W./ Olk, Th., Das Individualisierungs-Theorem - Bedeutung für die Vergesellschaftung von Jugendlichen, in: Heitmeyer, W./Olk, Th. (Hg.), Individualisierung von Jugend, Weinheim/München 1990, 12

Subjekte aufgrund der Individualisierung sich völlig frei entscheiden und gestalten könnten, denn es entstanden neue Abhängigkeiten von gesellschaftlichen Institutionen und Strukturen, z. B. vom Arbeitsmarkt, vom Freizeitangebot usw.[30] Standardidentitäten, sogenannte *„institutionelle Lebenslaufmuster“*[31], werden zur Verfügung gestellt, zwischen denen man in begrenztem Rahmen wählen kann, durch die jedoch nicht erfüllt wird, was viele suchen, nämlich: „Das Besondere inmitten von Egalitärem, die unverwechselbare Eigenart, die nicht einfach bloß die Allgemeinheit exemplifiziert, Identität, die nicht durch vorgegebene Zugehörigkeiten zufällt, sondern aufgebaut und dargestellt wird“.[32] Gleichzeitig haben trotz aller ermöglichten Freisetzung nicht alle die gleichen Voraussetzungen und Chancen. Um die je eigenen erweiterten Handlungsmöglichkeiten nutzen zu können, benötigt der Mensch spezifische Kompetenzen. „Individualität hat letztlich immer eine biographische Dimension. Sie ist kein Zustand, sondern eine Verlaufsform bzw. eine auf Entfaltung gerichtete Struktur; nicht inhaltlich bestimmbar, sondern prinzipiell auf eine offene Zukunft hin angelegt, in der sich alles ändern kann.“[33] Der einzelne muß deshalb immer wieder in konkreten Situationen seine je eigenen Entscheidungen treffen und damit seine Individualität verwirklichen, denn „die Aktualität des Identitätsproblems“ verweist „auf einen gesellschaftlichen Wandel ..., der nicht nur, wie vielfach behauptet wird, eine *Bedrohung* für die Identität des Individuums mit sich bringt, sondern zugleich den *Anreiz* zu einer gezielten Ausgestaltung einer unverwechselbaren Identität - vor allem im privaten Bereich. So gesehen wäre das bewußte Streben nach Identität als kompensatorische Anpassung an eine Gesellschaft zu verstehen, die weithin von anonymen Institutionen und Systemen geprägt ist.“[34]

Welche Kompetenzen sind nun erforderlich, um die eigene Identität gezielt unverwechselbar und einzigartig auszugestalten?

---

30 vgl. Beck, U., Risikogesellschaft, 210

31 vgl. Beck. U., Risikogesellschaft, 210

32 Hilpert, K., Einführung: Stichwort „Selbstverwirklichung“, in: Hilpert, K. (Hg.), Selbstverwirklichung. Chancen - Grenzen - Wege, Mainz 1987, 9

33 Kohli, M., Normalbiographie und Individualität, 39

34 Schweitzer, Fr., Identität als „Rahmen“ - Identität als Problem. Anfragen an Hans-Jürgen Fraas. In: Ev Erz 38 (1986), 385

Der Mensch muß wahrzunehmen lernen, welcher Einflußnahme er von außen ausgesetzt ist, welche Standardidentitäten ihm vorgegeben sind und von welchen gesellschaftlichen Institutionen und Faktoren er abhängig ist. Die objektiv vorgegebenen Sozialstrukturen müssen differenziert und distanziert vom Subjekt wahrgenommen werden. Gleichzeitig muß man die eigene psychische und physische Vorbefindlichkeit einschätzen können, um zu erkennen, welche Möglichkeiten der individuellen Ausgestaltung des Lebenslaufs dem konkreten einzelnen gegeben sind. Diese Möglichkeiten sind zahlenmäßig vom einzelnen weiter einzuschränken, denn „wir laufen heute Gefahr unter Selbstverwirklichung die Realisierung „aller gegebener Möglichkeiten" zu verstehen, was unmöglich ist, weil Identität Auswahl und Begrenzung verlangt, um reale Struktur zu werden."[35]

Hilfe bei dieser notwendigen Selektion bieten dem Menschen übernommene Überzeugungen, weil sie dem Lebenslauf und damit auch den konkreten Handlungssituationen eine spezifische Richtung geben.

Wer sein Leben individuell gestalten will, muß fähig sein, dafür die Verantwortung zu übernehmen. „Ob das einzelne Individuum sich" nämlich „als austauschbar oder als individuiert erfährt, hängt ... davon ab, ob es sich für die eigene Lebensführung selbst verantwortlich weiß bzw. ob es sich als Quelle der eigenen Handlungen und Urteile begreift oder ob es sich auch in der biographischen Planung als primär durch fremde Mächte und Anforderungen von außen gelenkt erfährt. Dabei entwickelt sich das Selbstbewußtsein der eigenen Unaustauschbarkeit, Unersetzlichkeit und Einzigartigkeit gewissermaßen als *unbeabsichtigtes Nebenresultat* von biographischen Aktivitäten, bei deren Vollzug das Individuum sich für eine bestimmte Sache engagiert bzw. Verantwortung übernimmt - der Versuch aber, sich unmittelbar und intentional als unverwechselbar und einzigartig zu inszenieren, sei es etwa durch ein bestimmtes „outfit" oder durch bestimmte (subkulturelle) Selbststilisierungen, läuft regelmäßig Gefahr, erst recht in dem Vollzug einer „Standardexistenz" bzw. einer „Standardidentität" (z. B. „des" Skinheads, „des" Rockers etc.) zu münden."[36]

---

35 Fetscher, R., Identität, Gestalt und Begrenzung, in: Schmid, H. (Hg.), Wege zur Identität. Jutta v. Graevenitz und Ursula Laessig zu ehren, Würzburg 1983, 75-76

36 Heitmeyer, W./ Olk, Th., Das Individualisierungs- Theorem, 21

Für die Fähigkeit des Menschen zu individueller Lebensgestaltung sind, wie oben aufgezeigt, die drei Basiskompetenzen - Wahrnehmungsfähigkeit, überzeugungsbildende Fähigkeit und Verantwortungsfähigkeit - notwendige Voraussetzung, und müssen deshalb im Bereich der Familie im Rahmen individueller Freiräume in vorhandener gegenseitiger Bindung eingeübt werden.

I.1.1.4. Identität als Identifikation mit sich selbst

Mit der Entwicklung der „Selbst-Identität" befaßt sich vor allem die psychoanalytische Entwicklungspsychologie. „Das, was durch Identifizierungen als Bild von uns selbst in uns entsteht, ist ... das Selbst."[37] Dabei bilden die „Gesamtheit der Selbst-Bilder, erfahren als Einheit in jedem Zeitmoment und als Kontinuum im Zeitverlauf, (...) die Grundlage der Erfahrung meiner selbst und des Gefühls, ich selbst zu sein Es ist dies der Innenaspekt des Selbst, während der Außen-Aspekt des Selbst die subjektseitig gesehene Ganzheit der Person ist, die sich selbst als Einheit begreift und nach außen darstellt."[38]

Während dem Menschen zunächst unzählige Möglichkeiten der Entwicklung inhärent sind - er also mit einem sogenannten potentiellen Selbst geboren wird, entwickelt sich durch Selektion das realisierte, aktuelle und strukturierte Selbst.[39] Erst mit dem Herausbilden der Wahrnehmungsfunktion erfährt sich der Säugling als einen von der Mutter getrennt existierenden Menschen. Er muß nun, „um seine Identität zu erfahren, einen inneren Spiegelungsprozeß vollziehen, dessen Ursprünge in dem gegenseitigen Spiegeln von Mutter und Kind liegen. Das Medium dieses Spiegelns für den Adoleszenten und den Erwachsenen bilden u.a. die symbolischen Strukturen einer Gesellschaft."[40] Bei diesem Prozeß der Identifikation ist der Mensch also auf seine Mitmenschen, vor allem die signifikanten Anderen angewiesen. Die lebenslange Aufgabe, „seine Identität in einem Reifungs- und Enwicklungsprozeß zu erschaffen und zu

37 Fetscher, R., Das Selbst und das Ich. In: Psyche 35 (1981), 621

38 Fetscher, R., Identität, Gestalt und Begrenzung, 51

39 vgl. hierzu: Fetscher, R., Identität, Gestalt und Begrenzung, 51-80

40 Bohleber, W., Die verlängerte Adoleszenz und ihre Bedeutung für die Identitätsbildung. In: WzM 41 (1989), 19

erhalten", „verläuft in engster Wechselwirkung mit der sozialen Umwelt, die im Beginn durch die Mutter repräsentiert wird."[41] Dadurch bildet sich zunächst die primäre Identität, welche „die weitere Entwicklung des Selbst begrenzt und seine Ausdifferenzierung bahnt."[42] Aufgrund selektiver Identifikationen mit den signifikanten Anderen kommt es nach der ödipalen Phase zu einem vorläufigen Abschluß mit dem Aufbau der „Selbst-Identität." In der Phase der Adoleszenz sollte sich dann die psychosoziale Identität „aus der allmählichen Integration aller Identifizierungen"[43] entwickeln. Damit ist die Möglichkeit gegeben, „die Grenzen der Selbst-Identität zu transzendieren. In der Kommunikation mit den Anderen können wir deren Lebensformen innerlich nachvollziehen, insoweit diese potentiell in uns selbst angelegt sind und im Miterleben lebendig werden. Es ist das innere Leben und der innere Reichtum des Menschen, der sich hier erschließt und der weitgehend unabhängig ist von den Lebensmöglichkeiten, die der Einzelne unmittelbar für sich realisieren kann. Indem wir in den Grenzen unserer Identität beheimatet und auf ein Rollenmuster festgelegt sind, können wir diese Grenzen doch ständig im Austausch mit den Anderen überschreiten."[44]

Nach der zugrunde gelegten, schon oben zitierten Definition von Identität (nach *M. Forschner*) versteht man unter „Identifikation mit sich selbst" die Fähigkeit, sein Leben an Zielen zu orientieren, „die nicht nur eine Stabilität des Verhaltens begründen, sondern auch die Integration der eigenen Handlungen und Widerfahrnisse in ein Bild vom eigenen Leben erlauben, das man theoretisch und praktisch bejaht"[45]. Damit ist die ethische Fähigkeit der Anerkennung von Werten und der Übernahme für das eigene Leben gemeint. Die Orientierung an Werten realisiert sich in konkreten Handlungen und läßt so ein konsistentes Bild der eigenen Person zu. Diese Orientierung an Werten wird durch die Vielzahl der in unserer pluralen Gesellschaft existierenden und miteinander konkurrierenden Wertvorstellungen erschwert. Aufgrund der Möglichkeit der Transzendenz unserer Selbst-Identität nehmen wir die Pluralität wahr, werden da-

---

41 Fetscher, R., Identität, Gestalt und Begrenzung, 52
42 Fetscher, R., Identität, Gestalt und Begrenzung, 54
43 Erikson, E. H., Kindheit und Gesellschaft, 235
44 Fetscher, R., Identität, Gestalt und Begrenzung, 77
45 Forschner, M., Glück als personale Identität, 48

durch immer wieder in unserer Selbst-Identität in Frage gestellt und kommen in einen Begründungszwang vor uns selbst und den anderen.

Da der skizzierte Prozeß der Identitätsausbildung in jedem Stadium seiner Entwicklung gelingen oder mißlingen kann, stellt sich erneut die Frage nach dem Beitrag der Familie, der dem heranwachsenden Kind eine stabile und geglückte Identifikation mit sich selbst ermöglicht.

Das Kind benötigt zunächst eine verläßliche, vertrauensfördernde Identifikation mit der Mutter, da diese erste Beziehung die Basis für ein positives Selbst-Bild legt. Die Wahrnehmung der Anerkennung der eigenen Person und ihres Handelns durch signifikante Andere erleichtert die Entstehung einer positiven Identifikation mit sich selbst. Im Laufe der Jugend und der Adoleszenz kommt es darauf an, daß Heranwachsende eine Vielzahl von Identifikationsmodellen kennenlernen, damit sie sich durch Selektion und „eine neue Kombination alter und neuer Identifikationsfragmente“[46] ihre Selbst-Identität und darauf aufbauend ihre psychosoziale Identität ausbilden können.

Voraussetzung für ein Gelingen dieses Prozesses ist von Seiten des Kindes eine sensible *Wahrnehmung*. Durch sie erkennt es, welche Modelle ihm bei der Übernahme in sein Selbst-Bild gut-tun und für seine positive Entwicklung förderlich sind. Für die Wahrnehmung ist es wichtig, den Unterschied zwischen dem, was ethisch gut und sinnvoll ist, und dem, was in ethischem Sinne schlecht ist, zu erkennen. Der Mensch braucht also die Fähigkeit, Werte als sinnvoll zu erkennen und für sein Leben zu übernehmen.

Dahinter steht die Fähigkeit zur Wahl einer bestimmten *Überzeugung oder Einstellung* für sein Leben, vor deren Hintergrund die Auswahl und Übernahme von Werten stattfindet.

So erfährt der Mensch sich durch die wechselseitige Spiegelung „in dem Hier und Jetzt einer konkreten Begegnung“. Deshalb gehört zur Ausbildung der Identität „die wechselseitige Erinnerung an die Handlungen des anderen in vergangenen Begegnungen“, denn „darin gründet die wechselseitige Zuschreibung - und meist auch Übernahme - der Verantwortung für frühere Handlungen.“[47] Der einzelne muß lernen für sein „Lebensganzes“ *Verantwortung* zu übernehmen.

---

46 Erikson, E. H., Einsicht und Verantwortung, 81

47 Luckmann, Th., Persönliche Identität und Lebenslauf, 78

Auch für die Ausbildung der Identität als Identifikation mit sich selbst haben sich die drei Basiskompetenzen als relevante Voraussetzung erwiesen, die es in der Familie in konkreten Situationen einzuüben gilt.

I.1.1.5. Moralentwicklung und Identitätsausbildung

Die moralische Entwicklung des Menschen ist ein relevanter Teilaspekt für eine gelingende Identitätsausbildung. Man kann dies in Bezug auf die vier oben erläuterten Komponenten verdeutlichen. Grundlegende Voraussetzung für eine moralische Weiterentwicklung stellen ebenfalls die drei Basiskompetenzen dar.

Die moralische Konsistenz[48] bezieht sich „auf die interne Koordinierung moralischer Handlungen" und gleichzeitig „auf beobachtbare Konsistenzen von Handlungen oder Einstellungen über Zeit und Situationen hinweg."[49] Sie kann nur dann entwickelt werden, wenn der Mensch im Laufe seiner Entwicklung aufgrund von gewonnenen Überzeugungen (Einstellungskompetenz) erkennt, was gut und richtig ist, und sich dadurch ein moralisches Urteil bilden kann. Dazu gehört die Erkenntnisfähigkeit dessen, was er selbst von sich, aber auch was andere von ihm erwarten, welches Bild er von sich selbst und in den Augen anderer hat, und welche Situationen handlungsrelevant sind (Wahrnehmungsfähigkeit). In ihnen muß er seiner Überzeugung entsprechend verantwortlich handeln lernen (Verantwortungsfähigkeit).

„Moralische Autonomie schließt die Anerkennung legitimer Ansprüche des Selbst mit ein: Die Bildung einer moralischen Identität setzt nicht nur die Anerkennung legitimer Ansprüche anderer an das Selbst voraus, sowie die Herausbildung eines Motivs, in Übereinstimmung mit dieser Anerkennung zu *handeln* (Verantwortlichkeit), sondern umgekehrt auch das Bewußtsein legitimer Ansprüche des Selbst an andere."[50]

---

48 Der Begriff „Konsistenz" wird identisch mit dem der „Kontinuität" verwendet.

49 Edelstein, W./ Keller, M./ von Essen, C./Mönnig,M., Moralische Sensibilität, Handlungsentscheidung und moralische Konsistenz, in: Oser, F.; Althof, W.; Garz, D. (Hg.), Moralische Zugänge zum Menschen - Zugänge zum moralischen Menschen. Beiträge zur Entstehung moralischer Identität, München 1986, 45

50 Edelstein, W. u.a., Moralische Sensibilität, 46-47

Individualität erfordert hohe Moralität, will sie nicht egozentrisch verkürzt werden. Der Mensch muß seine besonderen Möglichkeiten innerhalb der ihm gegebenen Grenzen wahrnehmen können. Chancen und Grenzen entstehen gleichermaßen durch Lebenswelt, mitmenschliche Beziehungen und Sozialisation. Durch die Fähigkeit, sich spezifische Überzeugungen zu bilden, gelingt es, das eigene Leben individuell auszugestalten. Wenn man dafür und für die Folgen seines Handelns Verantwortung übernimmt, führt dies zu „moralischer Individualität".

Die moralische Relevanz der Identität als Identifikation mit sich selbst wurde schon durch die oben erläuterte Definition von Identität verdeutlicht.

Die Bedeutung der Moralentwicklung für die Identitätsausbildung liegt vor allem in dem Aspekt begründet, daß Identität nur dann gelingen kann, wenn der Mensch sich nicht isoliert betrachtet, sondern innerhalb seiner Lebenswelt und seiner mitmenschlichen Beziehungen, für die er lernt Verantwortung zu übernehmen wie für sich selbst.

I.1.2. Anthropologische Voraussetzung: Urintentionalität

Anthropologische Grundvoraussetzung für jede Art menschlicher Entwicklung und Erziehung ist der Wille des Kindes zum Zugriff auf Welt, d.h. seine von Geburt an vorhandene Urintentionalität.[51] Sie ist notwendig, da der Mensch nicht wie das Tier in geschlossenen Welten lebt, sondern seine „Umweltbeziehung" durch „Weltoffenheit" charakterisiert ist.[52]

Um ihretwegen nicht völliger Orientierungslosigkeit anheimzufallen, hat sich der Mensch im Laufe der Menschheitsgeschichte die Kultur geschaffen und mit ihr eine sekundäre Weltgeschlossenheit. Die fehlende Instinktgebundenheit wird durch die Fähigkeit des Menschen zu lebenslanger Weiterentwicklung seiner Fähigkeiten und Fertigkeiten aufgrund der vorhandenen Urintentionalität auszugleichen versucht. Für einige Per-

---

51 vergleiche hierzu: Claessens, D., Institution Ehe in einer sich wandelnden Gesellschaft. Soziologische und anthropologische Aspekte, in: Eid, V./ Henrich, F. (Hg.), Ehe und Ehescheidung, München 1972, 75-83

52 Berger, P.L./ Luckmann, Th., Die gesellschaftliche Konstruktion der Wirklichkeit. Eine Theorie der Wissenssoziologie, Frankfurt a. M. [5]1977, 50

sönlichkeitstheoretiker[53] ist die „Selbstverwirklichungstendenz als die basalste, nicht weiter ableitbare und vor aller Bewusstwerdung wirksame Grundstrebung organischen oder menschlichen Lebens“[54] zu deuten und kann so mit der hier als Urintentionalität bezeichneten anthropologischen Grundvoraussetzung menschlichen Lebens parallelisiert bzw. gleichgesetzt werden.

Schon beim Baby und Kleinkind wird dieser Wille zum Zugriff auf Welt durch die angeborene Neugier allem Neuen gegenüber sichtbar. „Aufgrund ihrer Intentionalität geht die Person über sich hinaus und öffnet sich in vierfacher Weise: auf sich selbst, auf das andere (die Welt), auf die anderen Menschen und auf das Sein hin. Will man diese vierfache Öffnung auf phänomenologischer bzw. historisch-existentieller Ebene nachvollziehen, so werden die angedeuteten Richtungen bestimmt durch die Identität des Ich mit sich selbst, durch das Leben mit den anderen, durch Akte des Erkennens und das praktische (und poietische) Handeln.“[55] Nur durch diese Intentionalität wird Sozialisation, Erziehung und Bildung überhaupt möglich und sinnvoll. Sie bieten dem Menschen, nicht nur dem Kind und heranwachsenden Jugendlichen, Gegenangebote an, damit er seine Intentionalität konkretisieren, d.h. in Kompetenzen spezifizieren kann, die wiederum die Basis für die Identitätsausbildung des Menschen bilden. Die Gegenangebote variieren je nach gesellschaftlichem Umfeld, in das der Mensch hineingeboren wird. Dadurch entstehen neben den vorhandenen Chancen auch Grenzen für die Identitätsausbildung. Dem Menschen, auf die Gegenangebote für seine Entwicklung an-

---

53 Dazu gehören z. B. Rogers, Allport, Bühler oder auch Thomae, vgl. hierzu: Huber, R., Zur Psychologie der Selbstverwirklichung. Eine vergleichende Betrachtung psychologischer Selbstverwirklichungstheorien, Aachen 1981, 105 ff.

54 Huber, R., Zur Psychologie der Selbstverwirklichung, 105

55 d'Arcais, G. F., Die Erziehung der Person übersetzt von Winfried Böhm, Stuttgart 1991, 58; Auf den vier Dimensionen des Menschseins baut d'Arcais seine personalistische Erziehungstheorie auf. Er veranschaulicht die Wirklichkeit des Menschen mit einem Quadrat, dessen Eckpunkte er wie folgt bezeichnet: a) Innerlichkeit: das intrapersonale Verhältnis des Menschen zu sich selbst b) Gesellschaftlichkeit: (Sozialität): die interpersonale Beziehung des Ich mit dem Du c) Theorie: das Erkennen, auf dem sich das Wissen aufbaut und d) Praxis: das Handeln und Machen; Die menschliche Person steht im Schnittpunkt der beiden Diagonalen, durch die zahlreiche Dreiecke entstehen, die die einzelnen Richtungen miteinander in Beziehung setzen. Alle Beziehungen laufen durch den Mittelpunkt, die menschliche Person. Um das Wachstum der Entwicklung zu verdeutlichen, müßte man dann über dem Quadrat eine Pyramide errichten.

gewiesen, wird deutlich, daß er auf seine Mitmenschen angewiesen ist und umgekehrt sie auf ihn. Es besteht also eine „zwangsläufige *Verhedderung in Mitmenschlichkeit*“[56].

I.1.2.1. Intentionalität - Lebenswelt

Konkrete Menschen und ihre mitmenschlichen Beziehungen können jedoch nicht isoliert für sich betrachtet werden. Sie finden in einer spezifischen „Lebenswelt“ statt, durch die sie beeinflußt und vorgeprägt sind, d.h. jeder Mensch, in welcher Situation auch immer er sich befindet, ist ein „*Produkt* von Überlieferungen, in denen er steht, von solidarischen Gruppen, denen er angehört, und von Sozialisationsprozessen, in denen er heranwächst. Während sich dem Handelnden, sozusagen von vorne, der situationsrelevante Ausschnitt der Lebenswelt als Problem aufdrängt, das er in eigener Regie lösen muß, wird er a tergo von einer Lebenswelt getragen, die für die Verständigungsprozesse nicht nur den *Kontext* bildet, sondern auch *Ressourcen* bereitstellt.“ Dazu zählen „kulturell eingewöhnte Hintergrundannahmen“, „die Solidaritäten der über Werte integrierten Gruppen und die Kompetenzen der vergesellschafteten Individuen.“[57] Sie stellen Angebote der jeweiligen Gesellschaft dar, die sich an die Urintentionalität des einzelnen wenden. Von ihm wird diese objektiv vorgegebene Lebenswelt als „Alltagswelt“ erfahren und damit „als wirklicher Hintergrund subjektiv sinnhafter Lebensführung“[58]. Die spezifische Lebenswelt hängt ab von der jeweiligen Gesellschaftsordnung, durch die „die ursprüngliche biologische Weltoffenheit der menschlichen Existenz (...) immer in eine relative Weltgeschlossenheit umtransportiert wird, ja, werden muß.“[59] Sie ist im wesentlichen fähig „der menschlichen Lebensführung (...) Richtung und Bestand zu sichern, und gleichzeitig ist sie immer „eine ständige menschliche Produktion.“[60] Daraus ergibt sich die Relativität von Gesellschaftsordnungen und damit der entsprechenden Lebenswelt. Ausgehend von dieser Tatsache muß auch die konkrete Le-

---

56 Claessens, D., Institution Ehe, 75

57 Habermas, J., Moralbewußtsein und kommunikatives Handeln, 146

58 Berger, P. L./ Luckmann, Th., Die gesellschaftliche Konstruktion der Wirklichkeit, 21-22

59 Berger, P. L./ Luckmann, Th., Die gesellschaftliche Konstruktion der Wirklichkeit, 55

60 Berger, P.L./ Luckmann, Th., Die gesellschaftliche Konstruktion der Wirklichkeit, 55

bensgestaltung des einzelnen und das menschliche Beziehungsgefüge, in dem er lebt, als relativ betrachtet werden. Als Beispiel hierfür kann die Veränderung der familialen Beziehungen im Wandel von der traditionalen zur modernen Gesellschaft gelten. Während die Familie in der traditionalen Gesellschaft vor allem als eine Produktionsgemeinschaft anzusehen war, die dem Überleben des einzelnen diente, hat sie heute diese Funktion vollständig verloren und ist zu einer vorwiegend emotional bestimmten Lebensgemeinschaft geworden.

Wenn wir deshalb im Kontext der Moralerziehung nach der Möglichkeit von Selbstverwirklichung und Identitätsausbildung des konkreten Subjekts in unserer pluralen Gesellschaft fragen, müssen wir immer auch seine Lebenswelt im Blick behalten. In Bezug auf die drei Basiskompetenzen sind dann folgende Fragen zu stellen:

- Was kann der einzelne in seiner Lebenswelt wahrnehmen?
- Welche Einstellungen und Überzeugungen werden ihm vermittelt?
- Welche Freiräume zu verantwortungsbewußtem Handeln werden ihm zur Verfügung gestellt bzw. verweigert?

I.1.2.2. Intentionalität - Leben in Beziehungen

„Im Anfang war Beziehung“[61], d.h. jeder Mensch wird in ein bestehendes Beziehungsgeflecht hineingeboren. Leben, Entwicklung und damit auch Erziehung vollzieht sich „in einer grundlegenden Lebensbeziehung zwischen den Erwachsenen und der nachwachsenden Generation“[62], aus der heraus sich die Generationen im Lernen miteinander und voneinander Hilfen zum Menschsein und zur Lebensbewältigung“[63] erhoffen. Die primäre Lebensgemeinschaft, die eine solch relevante Lebensbeziehung für die einzelnen Mitglieder ermöglicht, stellt die Familie dar. Auf sie speziell beschränkt sich diese Arbeit. Die Familie übernimmt zunächst in einer Atmosphäre der Geborgenheit und Liebe die Aufgabe der Erziehung und Sozialisation des Kindes in die Gesellschaft. Als „Ort primärer personaler

---

61 Buber, M., Ich und Du. In: Werke I. München 1962, 88

62 Mette, N., Erziehung, 55 zitiert hier: Leben und Erziehen - wozu? (hg. von der Kirchkanzlei der EKD), Gütersloh 1979, 80

63 Mette, N., Erziehung, 55-56

Entwicklung“ besitzt „das familiäre Zusammenleben auf der Basis von Zuneigung und Solidarität besonders günstige Voraussetzungen für die Ausbildung von Fähigkeiten ..., die in anderen -> Gruppen oder Institutionen nicht ohne weiteres „herstellbar“ sind: z. B. Einüben in ein beziehungsreiches Zusammenleben auf der Grundlage gegenseitig zugestandener Individualität; Umgehen-Lernen mit Gefühlen; Durcharbeiten von Spannungen und Konflikten, von unterschiedlichen Erwartungen und Bedürfnissen vor dem Hintergrund verläßlicher Sympathiebeziehungen.“[64] Dabei handelt es sich um „einen Prozeß gegenseitiger Lebenshilfe.“[65] Erziehung ist nicht etwas „Machbares“, sondern bedarf, um wirksam werden zu können, der Intentionalität des jeweiligen Adressaten. Das „Axiom der Erziehungsbedürftigkeit“ muß „um die entwicklungspsychologische Einsicht ergänzt werden, daß der Mensch von Anfang an aktiv an seiner Ich-Entwicklung beteiligt ist und auch auf seine Bezugspersonen Einfluß nimmt“[66]. Voraussetzung dafür ist, daß eine Beziehung nie allein auf Einseitigkeit beruht: „Beziehung ist Gegenseitigkeit.“[67]

Der Mensch entwickelt sich, indem er erzogen wird. Es „gibt nur den unter Sozialisations- und Erziehungseinwirkungen stehenden Menschen.“[68] Dennoch ist die Entwicklung selbst aktiv vom jeweiligen Menschen aus zu vollziehen. Er kann die Angebote annehmen und sie seinen Fähigkeiten und Neigungen gemäß wirksam werden lassen. Insgesamt gilt: „Der Mensch wird am Du zum Ich.“[69]

An die konkreten Bezugspersonen sind deshalb ebenfalls die Fragen zu richten, inwieweit sie komplexe und differenzierte Wahrnehmungen ermöglichen, welche Überzeugungen sie vorleben und damit weitergeben und welche Freiräume sie für verantwortungsbewußtes Handeln zur Verfügung stellen.

---

64 Mette, N., Familie, in: Handbuch religionspädagogischer Grundbegriffe 1. Herausgegeben von Gottfried Bitter und Gabriele Miller, München 1986, 127

65 Mieth, D., Familiale Erziehung, in: Handbuch religionspädagogischer Grundbegriffe 1, 193

66 Mette, N., Erziehung, 54

67 Buber, M., Ich und Du, 19

68 Roth, H., Pädagogische Anthropologie, Bd. II, 200

69 Dieser vielfach zitierte Satz Martin Bubers verdeutlicht m. E. sehr gut den Prozeß der Identitätsausbildung im Rahmen der Sozialisation (Buber, M., Ich und Du, 32)

I.1.2.3. Intentionalität - Sozialisation und Erziehung

Eltern, die ihre Kinder im Prozeß der Identitätsausbildung unterstützen wollen, müssen sich diese Fragen im alltäglichen „Miteinander- Umgehen“ in der Familie stellen, denn hier vollzieht sich Sozialisation und Erziehung. Unter Sozialisation versteht man dabei den „Prozeß der Entstehung und Entwicklung der Persönlichkeit in wechselseitiger Abhängigkeit von der gesellschaftlich vermittelten sozialen und materiellen Umwelt. Vorrangig thematisch ist dabei (...), wie sich der Mensch zu einem gesellschaftlich handlungsfähigen Subjekt bildet.“[70] In der neueren Sozialisationsforschung wird verstärkt die Intentionalität des Subjekts einbezogen, d.h. „Die beiden großen Analyseeinheiten „Gesellschaft“ auf der einen Seite und Organismus/Psyche auf der andern finden ihren Schnittpunkt in der „Persönlichkeit“ bzw. Persönlichkeitsentwicklung. Dieser Vermittlungsprozeß geschieht wesentlich durch Interaktion, Kommunikation und Tätigkeiten“[71] innerhalb eines Beziehungsgefüges. In diesem alltäglichen Vermittlungsprozeß übernimmt der Heranwachsende „die in der sozio-kulturellen Umwelt geltenden Verhaltensmuster und Werthaltungen“[72]. Demgegenüber umfaßt der Erziehungsbegriff jede intentionale Einflußnahme auf das Verhalten des Heranwachsenden und ist so dem Sozialisationsbegriff unterzuordnen.

In Bezug auf die moralische Entwicklung hat vor allem Jean Piaget im Bereich der kognitiven Entwicklungspsychologie eine Sozialisationstheorie entworfen, die Lawrence Kohlberg[73] differenziert und weiterentwickelt hat. Sie basiert auf einem Entwicklungsprozeß in Stufen, der die persönliche Aktivität (Intentionalität) des Subjekts berücksichtigt. „Das

---

70 Gudjons, H., Sozialisation. Die wichtigsten Theorien und Ergebnisse, in: Pädagogik 45 (1993), 42. Gudjons zitiert hier: Geulen, D./ Hurrelmann, K., Zur Programmatik einer umfassenden Sozialisationstheorie. In: Hurrelmann, K./ Ulich, D. (Hg.), Handbuch der Sozialisationsforschung, Weinheim 1980, 51

71 Gudjons, H., Sozialisation, 42

72 Ott, R., Sozialisation, in: HrpG, Bd. 1, München 1986, 61

73 Aus den zahlreich existierenden Sozialisationstheorien wurden die Theorien von Piaget und Kohlberg als relevant für diese Arbeit ausgewählt, da sie sich ausschließlich mit der moralischen Entwicklung beschäftigen und dabei das Verhältnis von Intentionalität und Gegenangeboten berücksichtigen. Parallel dazu haben Oser und Fowler jeweils eine Stufentheorie der religiösen Entwicklung entworfen. Ein kritischer Vergleich dieser vier Theorien kann deshalb das Verhältnis von moralischer und religiöser Enwicklung - das einen Schwerpunkt dieser Arbeit darstellt - verdeutlichen.

Kind vollzieht seine Entwicklung selbst, aber es tut dies nicht völlig frei und ungebunden, sondern ist gegenüber der Umwelt adaptiv."[74]

Gegenangebote aus dem Bereich moralischer Sozialisation und Erziehung können nur dann wirksam und vom Heranwachsenden kreativ und produktiv aufgenommen werden, wenn sie an dessen jeweiliger Entwicklungsstufe anknüpfen. Sie sind jedoch abhängig von den „institutionellen und allgemeinen gesellschaftlichen Bedingungen"[75], die moralische Sozialisation entweder fördern oder behindern.

Moralische Sozialisation und Erziehung, die sich um das Gelingen der Identitätsausbildung Heranwachsender bemüht, muß sich - wie oben dargelegt - auf die Vermittlung der drei Basiskompetenzen konzentrieren. Sie sind deshalb im folgenden näher zu explizieren.

I.2. Vermittlung der drei Basiskompetenzen: Weg zu gelingender Identität

Der Erziehung im allgemeinen und der Moralerziehung im speziellen ist unsere heutige plurale Welt vorgegeben, d.h. es existieren zahlreiche Weltanschauungen, Sinn- und Wertordnungen nebeneinander. In christlich geprägten Kreisen führt diese Tatsache oft zu Rückzug und Einigelung. Pluralität als „Chance der Vielgestaltigkeit und des Verantwortungs-Reichtums"[76] wird nicht erkannt. Denn ein „plurales System" ermöglicht und „verlangt Entschiedenheit in Freiheit."[77] Dies ist auf ethisches Handeln und ebenso auf eine konkrete Lebensgestaltung aus dem Glauben heraus zu beziehen. Durch die Ohnmacht vieler angesichts der Pluralität und der durch sie bedingten mannigfaltigen Einflüsse von Gesellschaft, Staat und Wirtschaft auf die Familie wächst die Unsicherheit in lebensgestaltendem Handeln und in der „Weitergabe der Moral". Als Folge läßt

74 Gudjons, H., Sozialisation. Die wichtigsten Theorien und Ergebnisse, in: Pädagogik 45 (1993), 44

75 Benner, D./ Peukert, H., Erziehung, moralische: in: Lenzen/Mollenhauer (Hg.), Enzyklopädie Erziehungswissenschaft, Bd. 1, Stuttgart 1983, 394

76 Eid, V., Wertebildung und Wertevermittlung bei Jugendlichen. Anmerkungen zum Thema „Weitergabe der Moral", in: jugend und GESELLSCHAFT 4 (1993), 6

77 Lögering, A., Religiöse Erziehung in der Familie, in: Balkenohl, M./Wesseln, H., Erziehung in Verantwortung. Grundlagen, Aufgaben, Erfordernisse, Hamm 1982, 190

sich im Umgang der Menschen miteinander ein Defizit der oben genannten Basiskompetenzen deutlich erkennen. Diese zunächst formalen Fähigkeiten müssen in der jeweiligen Situation konkretisiert und mit Inhalt gefüllt werden. Sie beeinflussen sich wechselseitig und sind gemeinsam unerläßlich für die Selbstverwirklichung des Menschen. Den Hintergrund für den Erwerb der Kompetenzen bildet die jeweilige „Lebenswelt“ des Subjekts.[78]

Das Zusammenwirken der einzelnen Kompetenzen veranschaulicht folgende Skizze, deren Entwicklung in Kapitel IV in einzelnen Schritten nachgezeichnet und erweitert wird:

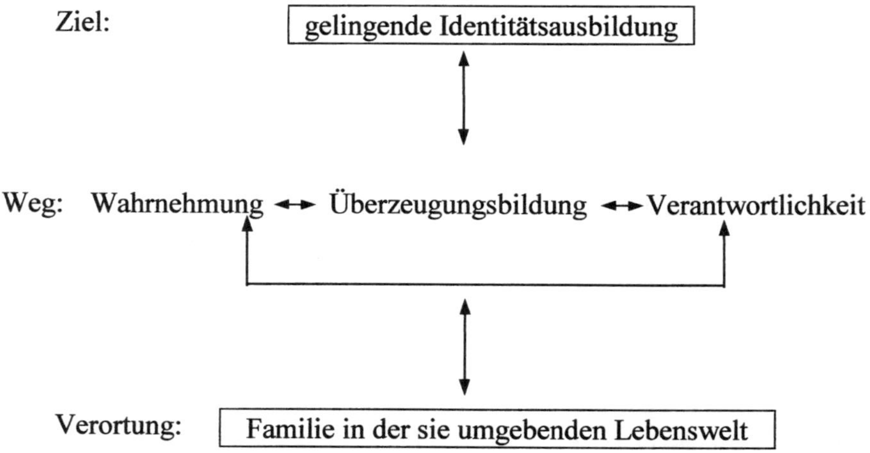

I.2.1. Zur Relevanz der Wahrnehmungsfähigkeit

I.2.1.1. Die Wahrnehmung der Wirklichkeit

Der Mensch besitzt die Fähigkeit, die Welt, bestehend aus „Ich“, „Du“ und „Es“, mit fünf Sinnen wahrzunehmen. Dies ist notwendig für ihn, um sich in der Welt zurechtzufinden, um überleben und sich selbst-

78 vgl. hierzu Punkt I.1.2.1.

verwirklichen zu können. Unsere Wahrnehmung der Wirklichkeit findet jedoch von Anfang an vor dem Hintergrund unserer „Lebenswelt“ statt. Darunter versteht man „den intuitiv vorverstandenen *Kontext* der Handlungssituation;“, der durch den Vermittlungsprozeß von Welt durch die relevanten Bezugspersonen entsteht, „gleichzeitig liefert sie > die Lebenswelt< *Ressourcen* für die Deutungsprozesse, mit denen die Kommunikationsteilnehmer den jeweils in der Handlungssituation entstandenen Verständigungsbedarf zu decken suchen.“[79] Diese werden wiederum in den bestehenden Beziehungsgefügen tradiert. Die Wahrnehmung ist somit aufgrund schon bestehender Erwartungen, die „die aktive Erkundung der Welt“[80] lenken, immer subjektiv, d. h. „daß wir nicht immer davon sprechen können, daß unsere Wahrnehmung >korrekt< in dem Sinne ist, daß sie eine exakte Widerspiegelung der Außenwelt liefert.“[81] Dies ist schon deshalb nicht möglich, weil der Mensch seine Wirklichkeit immer nur selektiv wahrnehmen kann. Durch die Wahrnehmung nehmen wir Informationen auf, denen wir entsprechend unseren Erwartungen mehr oder weniger an Bedeutung zumessen. Erwartung und Wahrnehmung beeinflussen sich wechselseitig[82] und sollen zu wirklichkeitsgemäßem Handeln und Verhalten des Menschen führen. Um sich der Wirklichkeit bewußt zu werden, benötigt der Mensch folgende drei Fähigkeiten:

- „1.) Die Fähigkeit, über Sinneswahrnehmungen Kontakte zur Welt herzustellen, die zum spezifisch menschlichen Wahrnehmungserlebnis führen
- 2.) die Fähigkeit, reproduktive und produktive Vorstellungen zu bilden,
- 3.) die Fähigkeit, logische Zusammenhänge zu erkennen und damit das Erlebte zu analysieren und Gesetzmäßigkeiten aufzudecken.“[83]

---

79 Habermas, J., Moralbewußtsein und kommunikatives Handeln, 146

80 Guski, R., Wahrnehmung. Eine Einführung in die Psychologie der menschlichen Informationsaufnahme, Stuttgart u.a. 1989, 71

81 Guski, R., Wahrnehmung, 22

82 vgl. Neissers Wahrnehmungszyklus, dargestellt in: Guski, Rainer, Wahrnehmung, 70-72

83 Simm, W., Phantasie und Wirklichkeit, in: Wahrnehmung und Wirklichkeit. Im Horizont der Wahrnehmung: Das ICH/ das DU/ die Anderen und die Dinge, redaktionell bearbeitet von Harald Petri, Bochum 1990, 41

Wenn im Folgenden von Wahrnehmungsfähigkeit die Rede ist, umfaßt dieser Begriff die drei obengenannten Fähigkeiten und bleibt damit nicht auf die Ebene der sinnlichen Wahrnehmung beschränkt.

I.2.1.2. Optische und akustische Wahrnehmung in unserer modernen Welt

In unserer hochindustrialisierten, technisierten und medialen Welt ist der Mensch einer permanenten optischen und akustischen Reizüberflutung ausgesetzt. Unterstützt wird dies durch den existierenden Konsumzwang, der schon Kinder zu Außenseitern werden läßt, wenn sie nicht alles besitzen, was „man" hat und wenn sie nicht alles gesehen und gehört haben, was die Medien anbieten.

Im Bereich der *optischen Wahrnehmung* kann man allgemein von einer beschleunigten Abfolge der Vorstellungen ausgehen, durch die allerdings ihre *Tiefenschärfe* verlorengehen kann.[84] Dies gilt nicht nur für die uns vermittelte Realität, sondern auch für den Bereich der unmittelbaren Wahrnehmung. So kann man z. B. befürchten, „daß wir deshalb mit unserer Natur so lieblos umgehen, weil wir sie in der Regel nicht mehr durchwandern, sondern nur noch durch den Fernseher oder die Windschutzscheibe wahrnehmen."[85] Ob vermittelt oder unvermittelt handelt es sich heute um beschleunigte Wahrnehmungen, die ein bewußtes Innehalten und ein bewußtes Wahrnehmen konkreter Sachverhalte behindern.

Zusätzlich versuchen die Massenmedien mit der durch sie vermittelten Wahrnehmung der Realität, eine „Standardisierung der Sichtweise"[86] auf Kosten unserer subjektiven Wahrnehmung der Wirklichkeit anzustreben. Um nicht „unseren Status als *Augenzeugen* der sinnlich wahrnehmbaren Realität"[87] zu verlieren und einem „>optisch *korrekten*< unterschwelligen Konformismus"[88] zu erliegen, ist die Konzeption einer

---

84 Virilio, P., Das Privileg des Auges, in: Bildstörung. Gedanken zu einer Ethik der Wahrnehmung. Herausgegeben von Jean-Pierre Dubost, Leipzig 1994, 58

85 Guski, R., Wahrnehmung, 170

86 Virilio, P., Das Privileg des Auges, 59

87 Virilio, P., Das Privileg des Auges, 57

88 Virilio, P., Das Privileg des Auges, 56

„*Wahrnehmungsethik*“[89] erforderlich. „Manchmal genügt es, anders zu sehen, um besser zu sehen...“[90].

Im Bereich der *akustischen Wahrnehmung* ist der Mensch heute einer permanenten Berieselung ausgesetzt. Im Extremfall können Menschen Stille und Ruhe nicht mehr ertragen. Gleichzeitig schwindet die Fähigkeit des bewußten, genauen und konzentrierten Zuhörens, da dies den Menschen auf Dauer überfordern würde. Dadurch steigt jedoch die Manipulierbarkeit auch der akustischen Wahrnehmung, die durch Medien, Werbung und Liedtexte ausgenützt wird.

Diese begrenzte optische und akustische Wahrnehmung wirkt sich infolgedessen auch im Umgang mit dem konkreten Anderen, mit sich selbst und der konkreten Umwelt aus. Ist die sinnliche Wahrnehmung gestört, begrenzt dies automatisch die bereits oben genannten Fähigkeiten, sich „reproduktive und produktive Vorstellungen zu bilden“ und „logische Zusammenhänge zu erkennen und damit das Erlebte zu analysieren“. Die Wahrnehmungsfähigkeit des Menschen als ganze wird eingeschränkt. Die je eigene „Lebenswelt“, durch die jede Art von Wahrnehmung subjektiv geprägt wird, versuchen optische und akustische Medien zu manipulieren, zu verdrängen und zu ersetzen. Entscheidend ist jedoch für die Wahrnehmung der Wirklichkeit: „Wie man an die Wirklichkeit herangeht, ist für das ausschlaggebend, was man finden kann.“[91]

I.2.1.3. Förderung und Sensibilisierung der Wahrnehmungsfähigkeit durch Moralerziehung

Identitätsausbildung als Ziel der Moralerziehung basiert auf einer sensiblen Wahrnehmungskompetenz. Sie ist, wie schon unter I.1.1. aufgezeigt, für die Ausbildung aller Komponenten von Identität relevant.

Unter dem Aspekt der Einheit und Kontinuität muß der Heranwachsende sich selbst mit seinen eigenen Augen, aber auch mit den Augen anderer sehen lernen. Es ist dabei notwendig, die gesellschaftlichen Anfor-

89 Virilio, P., Das Privileg des Auges, 56

90 Virilio, P., Das Privileg des Auges, 64

91 Watzlawick, P.; Kreuzer, F., Die Unsicherheit unserer Wirklichkeit. Ein Gespräch über den Konstruktivismus, München-Zürich [4]1993, 9

derungen, die eigenen Bedürfnisse und die Erwartungen anderer sensibel wahrzunehmen, um sie miteinander koordinieren zu können und dadurch einen Standort zu gewinnen, der eine gewisse Form von Kontinuität ermöglicht.

Unter dem Aspekt der Autonomie ist die Erkenntnis heteronomer Zwänge relevant, um das eigene Leben selbstgestaltend und selbstbestimmend führen zu können.

Die Wahrnehmung von Standardidentitäten und *„institutionellen Lebenslaufmustern"*[92] ist die Voraussetzung für die Möglichkeit einer individuellen Lebens- und Rollengestaltung, die wiederum eine Komponente von Identität darstellt.

Eine gelungene Identifikation mit sich selbst erfordert, daß die Übernahme spezifischer Werte für das eigene Leben als sinnvoll und positiv wahrgenommen werden.

Identitätsausbildung kann außerdem nur dann gelingen, wenn ihre Bedingungen erkannt werden, d. h. vor allem die spezifische Lebenswelt und unsere „zwangsläufige *Verhedderung in Mitmenschlichkeit*"[93], denn nur dann kann uns die Not unserer Mitmenschen nicht kalt lassen. Identitätsausbildung kann somit nie nur auf die eigene Person bezogen bleiben.

Eine Moralerziehung, die sich um die Förderung der Wahrnehmungskompetenz bemüht, sollte dies in die alltägliche Praxis umsetzen, konkretisieren und sich dabei auf den entwicklungsphasenspezifischen Stand des Heranwachsenden beziehen. Dabei müssen gleichzeitig folgende Fähigkeiten gefördert werden:

- die bewußte sinnliche Wahrnehmung in Bezug auf sich selbst, den konkreten Mitmenschen und die Umwelt,
- die Phantasie[94]
- die Kognition[95].

---

92 vgl. Beck, U., Risikogesellschaft, 211

93 vgl. Claessens, D., Institution Ehe, 75

94 Dies entspricht der „Fähigkeiten, reproduktive und produktive Vorstellungen zu bilden", vgl. hierzu: Simm, W., Phantasie und Wirklichkeit, 41

95 Dies entspricht der „Fähigkeit, logische Zusammenhänge zu erkennen und damit das Erlebte zu analysieren und Gesetzmäßigkeiten aufzudecken", vgl. hierzu ebenfalls: Simm, W., Phantasie und Wirklichkeit, 41

Dies kann ein Konzept von Moralerziehung leisten, das die Wahrnehmung als relevante Fähigkeit für ein gelingendes Leben sieht, und versucht, bewußte Wahrnehmung im Gegensatz zu einer heute weit verbreiteten konsumierenden Wahrnehmung zu fördern. Gleichzeitig geht es diesem Konzept darum, Relevanzwahrnehmung, soziale und empathische Wahrnehmung im Gegensatz zu einem heute vorherrschenden Indifferentismus anzuzielen. Voraussetzung hierfür ist eine im Erziehungs- und Beziehungsverhältnis vorhandene sensible Wahrnehmungsfähigkeit.

Diese ist nur gewährleistet, wenn folgende Bedingungen erfüllt sind:

- Der Erzieher benötigt selbst die Fähigkeit, sich, seine Mitmenschen und seine Umwelt sensibel wahrzunehmen, darausfolgend phantasievoll Vorstellungen zu entwickeln, Zusammenhänge kognitiv zu erschliessen und dies auch kommunikativ zu vermitteln.
- Der Erzieher muß das heranwachsende Kind als Person schätzen und in der Lage sein, eine vertrauensvolle Beziehung zu ihm aufzubauen.
- Der Erzieher sollte die Identitätsausbildung des Kindes dem Entwicklungsstand entsprechend fördern.
- Im Erziehungsverhältnis geht es um die situative Förderung der Wahrnehmungskompetenz des Kindes. Dies gelingt nur, wenn der Erzieher selbst begeisterungsfähig und sensibel bleibt für die Schönheiten des Alltags und dies gleichzeitig weitergeben kann.
- Bei einer vertrauensvollen Beziehung wird der Erzieher als Vorbild von der Aufgeschlossenheit des Kindes für seine Bemühungen ausgehen können, und das ist die einzige Bedingung, die vom Heranwachsenden zu erfüllen ist.

Um die Wahrnehmungsfähigkeit zu fördern, ist „bei den >Problemlösenden Alltagsgeschehnissen< und der Informationsvermittlung“[96] anzusetzen. Dabei ist die Frage nach der konkreten Verwirklichung in der Praxis zu stellen.

---

96 Dies gilt nicht nur, wie in diesem Zusammenhang für massiv wahrnehmungsgestörte Kinder, die sich in der Behandlung von Psychologen befinden, da wir alle durch die Manipulationsversuche der Massenmedien auf unsere Wahrnehmungsfähigkeit in gewissem Sinne in unserer Wahrnehmung gestört sind.

Affolter, F., Wahrnehmung, Wirklichkeit und Sprache. Wissenschaftliche Beiträge aus Forschung, Lehre und Praxis zur Rehabilitation behinderter Kinder und Jugendlicher. Hg. von K. Schulte und W. Katein, Villingen-Schwennigen 1987, 188

Sinnliche Wahrnehmung ist bei Kleinkindern meist noch sehr gut ausgeprägt und stumpft erst im Laufe der Jahre durch Nichtgebrauch, Vernachlässigung und zunehmende Indifferenz ab. Indem man diesem Prozeß von Anfang an entgegenwirkt, kann man ihre Sensibilität am besten erhalten und fördern. Bezieht man die Kinder in das Alltagsgeschehen ein, erfahren und erarbeiten sie sich ihre Lebenswelt sehend, hörend, tastend, schmeckend und riechend. Die eigene Begeisterung in der Wahrnehmung bestimmter Dinge und Ereignisse trifft bei ihnen auf Resonanz und kann eine positive Wahrnehmung der Wirklichkeit bewirken. Die empathische Wahrnehmung wiederum wird im Umgang mit konkreten Mitmenschen, der Teilhabe an ihrem Unglück, aber auch ihrer Freude eingeübt. Wenn Kinder auf die Situationen ihrer Mitmenschen aufmerksam gemacht werden, können sie ihre zunächst egozentrische Sichtweise[97] überwinden und stattdessen empathisch für das Schicksal des Mitmenschen empfinden. Das Kind benötigt für die Wahrnehmung des eigenen Selbst das Wissen, wie die Menschen, die mir vertraut sind, mich sehen. Die Reflexion darüber, ob dies mit der eigenen Sichtweise übereinstimmt, kann nur durch den Dialog miteinander eingeübt werden. Daraus ergibt sich die Möglichkeit schrittweise zu reflektierter und durchgetragener Kontinuität im Lebenslauf zu gelangen.

Nicht nur die sinnliche Wahrnehmung, sondern auch die Phantasie zur Entwicklung von „reproduktiven und produktiven Vorstellungen", ist bei kleinen Kindern sehr gut ausgeprägt. Sie nicht zu unterdrücken, sondern mit allen Kräften zu fördern, wäre die Aufgabe der Eltern und Erzieher während jeder Altersstufe des heranwachsenden Kindes. Für die Lösung unserer Umweltproblematik, der wirtschaftlichen Stagnation, der gesellschaftlichen Vereinsamung des Menschen, der zunehmenden Radikalität und Gewalttätigkeit, um nur einige der existierenden Probleme zu nennen, braucht es junge Menschen, die sich Fähigkeit und Mut bewahrt haben, phantasievoll nach Alternativen zu suchen und diese auch in die Tat umzusetzen. Wird diese Fähigkeit in allen Lebensbereichen von klein auf jedoch unterdrückt, kommt das Jammern über das Fehlen von Kreativität bei Führungskräften in Gesellschaft und Wirtschaft zu spät.

Eltern und Erzieher nehmen in dieser Hinsicht eine paradoxe Stellung zur Gesellschaft ein, da sie einerseits die Kinder in die bestehende

---

97 Nach Kohlberg könnte demnach die zweite Stufe der moralischen Entwicklung dadurch überwunden werden.

Gesellschaft sozialisieren sollen, sich andererseits im Interesse ihrer Kinder und der Gesellschaft jedoch gegen herrschende gesellschaftliche Maßstäbe und Praktiken wenden müssen. So widerspricht es zum Beispiel moralischer Erziehung zur Solidarität und Verantwortung, „wenn eine Gesellschaft sich dem Konkurrenzprinzip unterwirft und durch ihr Bildungssystem die Heranwachsenden und ihre Erzieher (Lehrer > und Eltern<) dazu zwingt, sich an einem Leistungsprinzip zu orientieren, das interindividuelle Verantwortung und die Reflexion auf das zu Leistende ausklammert und den „Gewinn“ von Identität und moralischer Kompetenz nach dem Durchsetzungsvermögen in Konkurrenzsituationen bemißt und „pädagogisch“ beurteilt.“[98] Dagegen wendet sich eine Moralerziehung mit dem Ziel gelingender Identität.

Gleichzeitig darf die Förderung der Kognition nicht zu kurz kommen. Sie hat dem jeweiligen Entwicklungsstand des Kindes entsprechend zu erfolgen. Das Erkennen von Wahrnehmungszusammenhängen wird bei kleinen Kindern zunächst intuitiv erfolgen. Logisches Denken und die damit verbundene Fähigkeit des Analysierens und Erkennens von Gesetzmäßigkeiten entwickelt sich erst mit zunehmendem Alter. Eltern unterstützen diese Entwicklung durch die Deutung der jeweiligen Zusammenhänge.

Ein Konzept von Moralerziehung, das alle drei Teilaspekte der Basiskompetenz „Wahrnehmung“ berücksichtigt, trägt zum Entstehen einer „Wahrnehmungsethik“ bei, die Voraussetzung für eine positive Weltsicht und für die Entstehung der beiden noch zu erläuternden Basiskompetenzen darstellt.

I.2.2. Zur Relevanz der einstellungs- oder überzeugungsbildenden Fähigkeit

In Bezug auf die Identitätsausbildung stellt sich die Frage, wie familiale Moralerziehung beschaffen sein muß, um dem Heranwachsenden das Gelingen seiner Identität zu ermöglichen. Der Erwerb aller drei genannten Basiskompetenzen ist dafür notwendig. Ohne bewußte Wahrnehmung werden relevante Sachverhalte, in deren Zusammenhang identitätsbewußtes Handeln nötig wird, nicht erkannt. Eine „mangelhafte motivatio-

98 Benner, D./ Peukert, H., Erziehung, moralische, 401

nale Verankerung“ kann „die Fähigkeit zu autonomem Handeln einschränken“.[99] Ein hohes moralisches Urteil nach der Kohlbergschen Stufentheorie genügt noch nicht, um in einer konkreten Situation auch dementsprechend zu handeln.

I.2.2.1. Der Einstellungsbegriff in der Psychologie

Der Einstellungsbegriff wird in der Psychologie sehr kontrovers diskutiert, besitzt jedoch als „eines der zentralen sozialpsychologischen Konstrukte“[100] große Bedeutung. In der psychologischen Diskussion, ob Einstellung als mehr[101]- oder eindimensionales[102] Konzept verstanden werden sollte, kann aufgrund „der bisherigen Untersuchungen (...) keine eindeutige Entscheidung für ein bestimmtes Einstellungsmodell herbeigeführt werden.“[103]

Eine Überzeugung oder „Einstellung“ ist erst dann wahrnehmbar, wenn sie Handeln auslöst. Besonders deutlich wird dies zur Zeit im Bereich der Vorurteile durch die fremdenfeindlichen Tendenzen und Anschläge. Diese Vorurteile existieren längst in unserer Bevölkerung (Man denke z. B. an fremdenfeindliche Witze), erst jetzt jedoch nehmen wir sie erschrocken zur Kenntnis. Ob positiv oder negativ besitzen Einstellungen handlungsmotivierende Kräfte. Dennoch hat sich in der Psychologie die „Erwartung einer direkten Verhaltensvorhersage durch Einstellungen (...) nicht erfüllt.“[104], da es darüber hinaus eine Vielzahl von Variablen (hierzu

---

99 Habermas, J., Moralbewußtsein und kommunikatives Handeln, 195

100 Schiefele, U., Einstellung, Selbstkonsistenz und Verhalten, Göttingen 1990, 3

101 Hier kann z. B. der Drei-Komponenten-Ansatz genannt werden, nach dem eine Einstellung eine *kognitive,* eine *affektive* und eine *konative Komponente* besitzt. Ein relevantes Kennzeichen für den mehrdimensionalen Ansatz ist das Konsistenztheorem, das von einer „prinzipiellen Konsistenz zwischen Meinungen, Gefühlen, Verhaltensabsichten und offenem Verhalten“ ausgeht. (vgl. hierzu: Schiefele, U., a.a.O. 4-5)

102 Hier geht man nicht mehr von einer „prinzipiellen Konsistenz zwischen affektiver, kognitiver und konativer Reaktion auf ein Objekt“ aus, sondern diese Komponenten werden als „prinzipiell unabhängige Phänomene“ verstanden, „deren Beziehung untereinander empirisch zu klären ist. (vgl. hierzu: Schiefele, U., a.a.O. 11) Die Einstellung wird dabei als rein affektive Komponente verstanden.

103 Schiefele, U., Einstellung, Selbstkonsistenz und Verhalten, 17

104 Schiefele, U., Einstellung, Selbstkonsistenz und Verhalten, 20

gehören vor allem personale[105] und situationale[106] Variablen) gibt, die das Verhalten und Handeln beeinflussen und somit auch die Einstellungs-Verhaltens-Relation.

„Einstellungen sind erworben." Sie „bilden sich in Abhängigkeit von Erfahrungen"[107]. Gleichzeitig beeinflussen sie jedoch alle folgenden Erfahrungen. Als relevant für die dem einzelnen möglichen konkreten Erfahrungen und deren individueller Bewertung muß wiederum die Lebenswelt genannt werden.

Verwenden wir für die Definition von Einstellung das mehrdimensionale Konzept, handelt es sich um komplexe Einheiten, deren wichtigste Teile die kognitive und die affektive Komponente darstellen. Aufgrund des Systemcharakters von Einstellungen stehen alle „in der komplexen Einheit Einstellung zusammengeschlossenen Teile (...) in wechselseitigem Abhängigkeitsverhältnis."[108] Verändert sich ein Element, wirkt sich dies auf alle anderen aus und natürlich auch auf das konkrete Verhalten, das aus einer Einstellung resultiert.

I.2.2.2. Förderung und Sensibilisierung der Einstellungskompetenz durch Moralerziehung

Wie schon unter I.1.1. aufgezeigt, stellt die Einstellungskompetenz einen relevanten Faktor für das Gelingen der Identitätsausbildung dar. Die Fähigkeit, Überzeugungen bilden zu können, ist für das Entstehen aller vier Komponenten von Identität unerläßlich.

Durchgetragene Überzeugungen verhelfen dem menschlichen Lebenslauf zu einer gewissen Kontinuität. Sie motivieren zum Handeln, das aufgrund der freiwilligen Übernahme und Bindung an sie als autonom bezeichnet werden kann. Gleichzeitig wird mit ihrer Hilfe das Leben indivi-

105 Schiefele faßt hierunter Einstellungsmerkmale wie z. B. Urteilssicherheit, Intensität oder Ich-Beteiligung, konkurrierende Einstellungen/ Handlungsmotive und Persönlichkeitsunterschiede. (vgl. hierzu Schiefele, U. a.a.O. 22-36)

106 Hierher gehören z.B. Bezugsgruppen und sozialer Zwang, die Einstellung zur Situation, Verhaltenskonsequenzen und Verhaltensalternativen, um nur einige zu nennen. (vgl. Schiefele, U., a.a.O. 36-41)

107 Roth, E., Persönlichkeitspsychologie. Eine Einführung, Stuttgart u.a. ^{3}1969, 106

108 Roth, E., Persönlichkeitspsychologie, 106

duell gestaltet. Überzeugungen ermöglichen es dem Menschen, ethische Wert- und Zielvorstellungen zu übernehmen, die seinem Leben eine Richtung geben, mit der er sich selbst identifizieren kann.

Entscheidend für eine auf die konkrete Moralentwicklung des Heranwachsenden bezogene Moralerziehung ist die Einsicht nach der Stufentheorie Kohlbergs, daß eigene moralische Überzeugungen erst auf dem postkonventionellen und prinzipienorientierten Niveau und damit erst auf Stufe 5 und 6 möglich sind.

Wenn familiale Moralerziehung den Heranwachsenden zu selbsttätiger Übernahme von Überzeugungen führen will, geht es zunächst darum, ihm eine möglichst vielseitige Erfahrung von Orientierungsmöglichkeiten zu geben. Zur Herausbildung von Einstellungen genügt dies jedoch nicht. Der Heranwachsende wird beobachten und prüfen, wie die Erwachsenen mit bestimmten Erfahrungen umgehen, welche Einstellungen sie zu bestimmten Sachverhalten gebildet oder übernommen haben und ob diese sich auch überzeugend im jeweiligen Verhalten auswirken. In diesem Zusammenhang wird im Rahmen der vorliegenden Arbeit der Begriff des Vorbildes verwendet, obwohl er „diskreditiert" ist. Die Pädagogik setzt deshalb an die Stelle des Vorbildes das Modell -oder Beobachtungslernen;[109] denn es genügt nicht, Verhalten zu imitieren, sondern das Kind muß lernen, in konkreten Situationen authentisch zu handeln. Ein Vorbild oder Modell wird gewählt, weil hier eine Übereinstimmung von Denken, Reden und Handeln erkannt wird, die überzeugt. Im Rahmen dieser Arbeit werden beide Begriffe verwendet, jedoch unterschiedlich auf den Entwicklungsstand der Kinder bezogen.

Der von Mieth eingeführte Begriff des „Beispiels" kann den des Vorbilds nicht ersetzen, da seine Definition zu eng gefaßt wird, um der Realität gerecht zu werden. Mieth versteht nämlich unter Beispiel „ein bewußtes Zeigen von Verhaltensweisen, die man für gut und nachahmenswert hält."[110] Geprägt wird der Mensch jedoch nicht nur durch intentionale Erziehung, sondern vor allem auch durch unbewußte alltägliche Verhaltensweisen.

---

109 vgl. Kerstiens, L., Modell oder Vorbild? Pädagogische Überlegungen zu einem verdrängten Thema, in: Lebendige Katechese 8 (1986), 77-83

110 Mieth, D., in: Stachel, G./Mieth, D., Ethisch handeln lernen. Zu Konzeption und Inhalt ethischer Erziehung, Zürich 1978, 106 ff.

Wenn Eltern ihren Kindern ihnen wichtige Einstellungen vermitteln wollen, müssen sie deshalb zunächst überprüfen, ob diese Einstellungen auch eine motivationale Kraft für ihr eigenes Handeln besitzen.

Zu operationalisieren wäre außerdem, welche Einstellungen als „wertvoll“ vermittelt werden sollen. Dies gilt immer dann, wenn sie und das aus ihr resultierende Verhalten zum Gelingen des eigenen Lebens und des Lebens der Mitmenschen beiträgt. Eine Einstellung muß immer dann kritisch hinterfragt werden, wenn sie gelingendes Leben verhindert. In diese Kategorie sind z. B. Vorurteile jeglicher Art einzuordnen.

I.2.3. Zur Relevanz der Verantwortungsfähigkeit

I.2.3.1. Die Frage der Verantwortungskompetenz in unserer modernen Welt

In unserer pluralen Gesellschaft ist ein immer stärkeres Schwinden des Verantwortungsgefühls dem Mitmenschen und der Umwelt gegenüber festzustellen. Verantwortung und Verantwortungsgefühl sind jedoch nicht mit Pflicht und Pflichtgefühl gleichzusetzen.[111] Es geht vielmehr um ein

---

[111] Folgendes Zitat von Hans Jonas gewinnt als Basis für die dieser Arbeit grundgelegte Definition von Verantwortung entscheidende Relevanz:

„Der gute Mensch ist nicht der, der sich gut gemacht hat, sondern der, der das Gute um seinetwillen getan hat. Das Gute aber ist die Sache in der Welt, ja die Sache der Welt. Moralität kann nie sich selber zum Ziel haben.

... Also ist es nicht die Form, sondern der Inhalt des Handelns, was an erster Stelle steht. In diesem Sinne ist die Moral „selbstlos“, obwohl sie manchmal auch einen Zustand des Selbst - nämlich einen pflichtgemäßen und zur Weltsache gehörigen - zum Gegenstand haben kann (und ohne daß Selbstlosigkeit an sich moralisch wäre). Nicht die Pflicht selbst ist der Gegenstand; nicht das Sittengesetz motiviert das sittliche Handeln, sondern der Appell des möglichen An-sich-Guten in der Welt, das meinem Willen gegenübersteht und Gehör verlangt - gemäß dem Sittengesetz. Jenem Appell Gehör zu geben *ist* genau, was das Sittengesetz gebietet: dieses ist nichts anderes als die generelle Einschärfung des Rufes aller tat-abhängigen Güter und ihres jeweiligen Rechtes auf meine Tat. Es macht mir zur Pflicht, was die Einsicht als von sich her seinswürdig und meiner Leistung bedürftig aufweist. Damit dies mich erreicht und affiziert, so daß es den Willen bewegen kann, muß ich für dergleichen affizierbar sein. Unsere emotionale Seite muß ins Spiel kommen. Und nun liegt es im Wesen unserer moralischen Natur, daß der Appell, wie die Einsicht ihn vermittelt, eine Antwort in unserem Gefühl findet. Es ist das Gefühl der Verantwortlichkeit.“

durch eine im Hintergrund wirkende Überzeugung emotional motiviertes und rational einsehbares Gefühl der Verantwortlichkeit. Dieses wird heute vielfach durch entgegenstehende übersteigerte egozentrische Bedürfnisse und Wünsche überlagert. Im Bereich von Ehe und Familie führt dies zur erhöhten Anfälligkeit für Krisen, zu Ehescheidungen und den damit verbundenen veränderten Familienverhältnissen. Als Ursache dafür kann primär die Individualisierung[112] genannt werden, infolgedessen der einzelne nur mehr um sich selbst kreist. „Ich und noch einmal ich und als Erfüllungsgehilfe Du. Und wenn nicht Du, dann Du.“[113] Die psychologisch therapeutische Arbeit erkennt die negativen Folgen der steigenden Tendenz von Trennungen im familialen Bereich besonders deutlich.

„Das Bedürfnisdenken macht aus Mitmenschen eine Konsumware. Die Partner sind austauschbar. Es wird die Illusion erzeugt, der Mensch habe ein Anrecht auf Befriedigung seiner Bedürfnisse und reagiere liebevoll, wenn die Bedürfnisse befriedigt, jedoch wütend und aggressiv, wenn sie frustriert würden. Diese Illusion erwies sich im Ökonomischen bereits als völlig verfehlt. Wachsende Möglichkeiten zur Bedürfnisbefriedigung erzeugen noch größere Bedürfnisse und noch geringere Bereitschaft, sich in dem Bedürfnisanspruch einschränken zu lassen. Soweit Partnerbeziehungen unter der Perspektive der Bedürfnisbefriedigung gesehen werden, verhält sich der Mensch diesbezüglich nicht anders als im materiellen Bereich.“[114]

Diese Beschreibung des in unserer Gesellschaft vorherrschenden „Bedürfnisdenkens“ impliziert ein fehlendes Verantwortlichkeitsgefühl dem Mitmenschen gegenüber und wendet sich gleichzeitig dagegen. „Auf der Basis der Bedürfnisbefriedigung kann keine Lebensgemeinschaft und

---

(Jonas, H., Das Prinzip Verantwortung. Versuch einer Ethik für die technologische Zivilisation, Frankfurt a. M. 1984, 162-163)

112 Diese eingeschränkte Bedeutung wird dem Begriff der Individualisierung von Beck, U./Beck-Gernsheim, E. in ihrem Buch: Das ganz normale Chaos der Liebe, Frankfurt a.M. 1990, zugewiesen. Als umfassendere Darstellung von Individualisierung muß jedoch auf folgenden Aufsatz verwiesen werden: Heitmeyer, W./Olk, Th., Das Individualisierungs-Theorem- Bedeutung für die Vergesellschaftung von Jugendlichen, in: Heitmeyer, W./Olk, Th.(Hg.), Individualisierung von Jugend, Weinheim/München 1990, 11-34

113 Beck, U. in: Beck, U./Beck-Gernsheim, E., Das ganz normale Chaos der Liebe, 22

114 Jürg, W., Ko-evolution. Die Kunst gemeinsamen Wachsens, Reinbek 1989, 51

Liebesgemeinschaft geführt werden."[115] Dennoch ist diese „Haben-Mentalität", wie Erich Fromm sie nennt, in allen Bereichen unseres Lebens anzutreffen.

Zusätzlich kann die Verantwortungsproblematik „heute nicht mehr auf der Basis individualethischer Überlegungen angemessen erörtert werden"[116]. Als eine der wichtigsten Ursachen dafür gilt, daß „infolge der Verlängerung der Handlungsketten (...) Ereignisse gleichzeitig erwartbarer und unabsehbarer" werden. *„Nicht die Gefährlichkeit, aber die Unüberschaubarkeit unserer Verhältnisse nimmt mit der wachsenden Komplexität der Zusammenhänge zu."*[117] Verantwortung muß deshalb als die „Verantwortung des einzelnen **im Zusammenhang gemeinsamer Verantwortung**, d. h. Wahrnehmung des einzelnen, in Verantwortungszusammenhänge vernetzt zu sein"[118] gesehen werden.

I.2.3.2. Förderung und Sensibilisierung der Verantwortungskompetenz durch Moralerziehung

Als Teilkomponenten moralischer Handlungen können das zunehmende „Bewußtsein von Pflichten und Verantwortlichkeiten" und die „zunehmende Bereitschaft, Verpflichtungen und Verantwortlichkeiten als bindend zu begreifen"[119] verstanden werden. Dies entsteht auf der Basis zunehmender Kognition und der Übernahme spezifischer Überzeugungen. Gleichzeitig setzt das Verantwortlichkeitsgefühl übernommene Einstellungen in die Praxis um, da es durch sie zum Handeln motiviert wird. Aufgrund dieses Handelns wird die für sich selbst gewonnene Einheit für die Umwelt erkennbar.

---

115 Jürg, W., Ko-evolution. Die Kunst gemeinsamen Wachsens, 49

116 Kaufmann, F.-X., Der Ruf nach Verantwortung. Risiko und Ethik in einer unüberschaubaren Welt, Freiburg u.a. 1992, 7

117 Kaufmann, F.-X., Der Ruf nach Verantwortung, 57

118 Eid, V., Moralerziehung in pluraler Lebenswelt - und „christliche Moral"? Demokratische Moral als moralpädagogisches Ziel, in: Eid, V./Elsässer, A./Hunold, G. W. (Hg.), Moralische Kompetenz. Chancen der Moralpädagogik in einer pluralen Lebenswelt, Mainz 1995, 158

119 Edelstein, W. u.a., Moralische Sensibilität, Handlungsentscheidung und moralische Konsistenz, in: Oser, F. u.a., Moralische Zugänge zum Menschen ..., 45

Moralische Autonomie besagt, daß der Mensch „mit seiner Vernunft auskundschaften“ muß, „was das menschlich Richtige und Notwendige ist, und (...) die sich daraus ergebenden Verbindlichkeiten in Freiheit selbst übernehmen“[120] muß. Aufgrund der Vernetzung in Lebenswelt und mitmenschliche Beziehungen ergeben sich daraus Verantwortlichkeiten nicht nur gegenüber der eigenen Person - denn dem Menschen ist es aufgegeben sein Leben zu gestalten - , sondern auch der Umwelt und den anderen gegenüber.

Eine spezifische Lebensgestaltung in Übereinstimmung mit dem erkannten Verantwortlichkeitsgefühl führt zu einer unverwechselbaren und einzigartigen Identität, zur Individualität des Menschen.

Die bewußte Annahme von Verantwortung und ihre sittliche Realisierung prägen das Selbst-Bild und das Leben des einzelnen und ermöglichen eine durchtragende Identifikation mit sich selbst.

Für die Moralerziehung geht es im Zusammenhang mit der Vernetzung des Menschen in die schon oben genannten „Verantwortungszusammenhänge“ um einen Begriff von Verantwortung,

- „der den primären Aspekt ***persönlicher*** Verantwortung nicht nur nicht aufhebt oder durch billige Verweise auf gesellschaftliche Bedingungen und Zustände entkräftet, sondern
- den gleichrangigen Aspekt der ***partizipativen Verantwortung*** in der sozialen Vernetzung so aufdeckt und ins Bewußtsein bringt,
- *daß die persönliche Verantwortung begreifbar und zum Entscheiden und Handeln befähigend plaziert wird.*“[121]

Eine so verstandene Verantwortung wird durch familiale Moralerziehung dem Heranwachsenden exemplarisch verdeutlicht. Vernetzt in die Familie treffen bei partnerschaftlichem Verhältnis die Familienangehörigen gemeinsam ihre Entscheidungen, an denen wiederum der einzelne partizipative Verantwortung trägt. Gleichzeitig behält jeder in seinem konkreten Entscheidungsspielraum persönliche Verantwortung, die er an ein anderes Familienmitglied nicht delegieren kann. Es ist wichtig, beide

---

120 Auer, A., Die autonome Moral im christlichen Kontext, in: Seidel, W./Reifenberg, P. (Hg.), Moral konkret. Impulse für eine christliche Weltverantwortung, Würzburg 1993, 23

121 Eid, V., Moralerziehung in pluraler Lebenswelt - und „christliche Moral?“ Demokratische Moral als moralpädagogisches Ziel, 20-21

Arten von Verantwortung, die persönliche und die partizipative, durch die familiale Moralerziehung zu vermitteln.

Die oben beschriebene Realität gefährdet jedoch die in dem hier vorgelegten Konzept von Moralerziehung relevante Vermittlung von Verantwortlichkeitskompetenz in der Praxis. Es bleibt die Frage offen, inwieweit Eltern, die diese Fähigkeit selbst nicht besitzen, sie an ihre Kinder weitergeben können. Für ihre Kinder besitzen Eltern die Totalität der Verantwortung.[122]

Übernehmen sie diese für ihre Kinder und handeln sie somit auch verantwortungsbewußt, erfahren die Kinder Verantwortungsgefühl im Besorgtsein ihrer Eltern und können im Laufe ihrer Entwicklung diese Verantwortung stückweise immer mehr für sich selbst übernehmen, für Mitmenschen, Umwelt, ihre Beziehung zu Gott.

I.3. Familiale Moralerziehung im Kontext des christlichen Glaubens

Das selbstverständliche Hineinwachsen in den christlichen Glauben innerhalb der Familie, wie es seit dem Mittelalter üblich war, hat sich in der Postmoderne wie alle anderen traditionellen Selbstverständlichkeiten aufgelöst. In unserer pluralen Gesellschaft stellt christlicher Glaube heute ein Sinnangebot neben anderen dar, das als Überzeugung vom Individuum übernommen werden muß. Nur als Überzeugung hat er auch die Kraft, sich auf das Verhalten des einzelnen auszuwirken. Nur dann kann er vom Heranwachsenden als so überzeugend erfahren werden, daß auch er bereit

---

[122] Darunter versteht Hans Jonas, a.a.O. 189-190 folgendes:
„daß diese Verantwortung das totale Sein ihrer Objekte umspannen, das heißt alle Aspekte desselben, von der nackten Existenz zu den höchsten Interessen. Für die elterliche Verantwortung, die wirklich - in der Zeit und im Wesen - der Archetyp aller Verantwortung ist (und außerdem, wie ich glaube, auch genetisch der Ursprung aller Dispositionen für sie, gewiß ihre elementare Schule), ist dies klar. Das Kind als ganzes und in allen seinen Möglichkeiten, nicht nur den unmittelbaren Bedürfnissen, ist ihr Gegenstand. Natürlich kommt das Leibliche zuerst, im Anfang vielleicht sogar allein; aber dann kommt mehr und mehr dazu - all das, was unter „Erziehung" in jedem Sinn fällt: Fähigkeiten, Verhalten, Beziehung, Charakter, Wissen, die in ihrer Ausbildung überwacht und gefördert werden müssen; und zusammen mit alledem, wenn möglich auch das Glück. Mit einem Wort: Das pure Sein als solches und dann das beste Sein dieser Wesen ist es, was elterliche Fürsorge in toto im Auge hat."

ist, den christlichen Glauben für sein Leben zu übernehmen und aus ihm heraus zu leben und zu handeln.

Wenn im folgenden von einer „christlich motivierten Moralerziehung“ oder von einer „Moralerziehung im Kontext christlichen Glaubens“ gesprochen wird, soll damit das Verhältnis von christlichem Glauben und Moralerziehung charakterisiert werden. Christlicher Glaube stellt eine Überzeugung oder Einstellung dar, die dazu motiviert, moralisch, d. h. verantwortungsbewußt zu handeln. Der Glaube wird dabei für den einzelnen zur umfassend motivierenden Kraft in Bezug auf seine Lebensgestaltung und trägt so zu gelingender Identitätsausbildung bei.

I.3.1. Die Relevanz des christlichen Glaubens für die Identitätsausbildung des Menschen

Christlicher Glaube ermöglicht die Selbstgestaltung des Menschen in der Nachfolge Jesu. Dabei ist die „Erfahrung der Wirklichkeit des Jesus von Nazareth das Betroffensein von der realen Möglichkeit eines Anders-, eines Neuseins des Menschen und der Welt, das durch den Gott Jesu ermöglicht wird.“[123] Es geht darum also nicht nur „um die Verwirklichung eines Programms, sondern um die geschichtlich folgenreiche Konkretion einer angebotenen Wirklichkeit.“[124] innerhalb der Lebens- und Selbstgestaltung des einzelnen. Jesus eröffnete „In seinem Reden und Tun (...) seinen Mitmenschen auf überzeugende Weise eine neue Gottes- und Wirklichkeitserfahrung, die gerechteres, menschlicheres Leben verhieß; insofern kommt seinem Reden und Tun gerade um der Menschen willen auch sittliche Relevanz zu.“[125] Das spezifisch Christliche im moralischen Leben und Handeln des einzelnen liegt deshalb auch „in der grundlegenden christlichen Entschiedenheit des Glaubenden, die Liebe Gottes in Christus anzunehmen und zu erwidern, als Glaubender und Liebender in der Nachfolge Christi die Verantwortung in dieser Welt auf sich zu neh-

---

123 Hoffmann, P./Eid, V., Jesus von Nazareth und eine christliche Moral. Sittliche Perspektiven der Verkündigung Jesu, Freiburg u. a. 1975, 17

124 Hoffmann, P./Eid, V., Jesus von Nazareth und eine christliche Moral, 17

125 Hoffmann, P./Eid, V., Jesus von Nazareth und eine christliche Moral, 11

men"[126]. Dies muß immer wieder neu in der jeweiligen Lebenswelt des einzelnen konkretisiert werden.

I.3.1.1. Zur Stellung des christlichen Glaubens in unserer Lebenswelt

Der Säkularisierungsprozeß führte zu einer „Entchristlichung der modernen Lebenswelt" [127], wovon vor allem die institutionalisierte Form der Religiosität betroffen ist. Damit verbunden ist ebenfalls eine „Abnahme der Bedeutung organisierter Religion als eines Mittels sozialer Kontrolle".[128], d. h. Religion ist nicht mehr „das privilegierte Instrument sozialer Integration (...). Die Zugehörigkeit zu dieser Gesellschaft ist längst schon nicht mehr an die durch Beachtung religiöser Lebensregeln erbrachte Legitimation gebunden."[129]

Damit ist jedoch noch nichts über die konkrete Religiosität und Glaubensbereitschaft des einzelnen ausgesagt. Während Glaube in seiner institutionalisierten Form schwindet, wächst die Aufgeschlossenheit der Menschen gegenüber asiatischer Religiosität, Aberglauben, Sekten u.a.m. Das religiöse Bedürfnis nach einem Sinnangebot besteht also uneingeschränkt, wendet sich jedoch immer mehr von der Institution der christlichen Kirchen ab. Ursache hierfür ist vor allem die Weigerung der Kirche, aus der Botschaft Jesu zeitgemäße Antworten auf die konkreten Fragen der Gläubigen abzuleiten. In der Nachfolge Jesu geht es nicht darum, „die unmittelbaren Inhalte der einzelnen sittlichen Verhaltensweisen" in unsere heutige Lebenswelt zu übernehmen, „sondern die von Jesus her jeweils zu konkretisierenden verbindlichen Grundlinien"[130] für uns persönlich und gemeinsam zu erarbeiten. Dieser Prozeß findet innerhalb der Institution Kirche nur ungenügend statt.

---

126 Diese „christliche Entschiedenheit und Grundhaltung" bezeichnet Josef Fuchs als „*christliche Intentionalität*", in: Fuchs, J., Gibt es eine spezifisch christliche Moral? In: StZ 185 (1970), 101

127 Biser, E., Glaubensprognose. Orientierung in postsäkularistischer Zeit, Graz u. a. 1991, 29

128 Biser, E., Glaubensprognose, 43; Biser zitiert Howard Becker, in: Lübbe, H., Religion nach der Aufklärung, Graz 1986, 91 ff.

129 Biser, E., Glaubensprognose, 43

130 Hoffmann, P./ Eid, V., Jesus von Nazareth und eine christliche Moral, 24

Außerdem fällt dem kirchlichen Lehramt oft die Anerkennung der eigenverantwortlichen Gewissensentscheidung des einzelnen schwer. Diese direkte Verneinung der Eigenverantwortung und Mündigkeit trifft die Menschen unserer heutigen Lebenswelt umso mehr, da ihnen ohnehin schon indirekt die „Denk- und Verhaltensweisen durch das gesellschaftliche Über-Ich, insbesondere mit Hilfe der von der Werbe- und Massenpublizistik gesetzten Signale, aufoktroyiert werden und sie so „an einem signifikanten Defizit an Selbstbestimmung und Entscheidungsfreiheit“[131] leiden. Dies bedroht jedoch den christlichen Glauben an seiner Wurzel. Da er nicht mehr selbstverständlich von Generation zu Generation tradiert wird, kann er heute nur noch als Überzeugung des einzelnen überleben. Für die Übernahme einer Überzeugung benötigt der Mensch jedoch die Kompetenz der Selbstbestimmung in einer Situation relativer Entscheidungsfreiheit. Erschwert wird die Übernahme gleichzeitig durch die in heutiger Lebenswelt vorherrschende Indifferenz, Depressivität und Resignation. Eine Überzeugung zu leben, erfordert demgegenüber Entschiedenheit und Begeisterungsfähigkeit. Doch „Längst hat der Christ dieser Zeit das Gefühl dafür verloren, daß ihm mit dem Glauben eine >bergeversetzende<, und das besagt, die Lebensprobleme bewältigende, ja sogar (nach 1 Joh 5,4) weltüberwindende Kraft geschenkt ist.“[132] Nur der Glaube als in dieser Form gelebte Überzeugung trägt zu gelingender Identitätsausbildung bei und kann Heranwachsende dazu bewegen, ihr eigenes Leben von dieser Überzeugung her zu gestalten.

I.3.1.2. Christlicher Glaube und Identität

Soll Identität als Ziel familialer Moralerziehung im Kontext des christlichen Glaubens dargestellt werden, muß zunächst das Verhältnis zwischen christlichem Glauben und Identität und damit zwischen dem christlichen Glauben und den vier Identitätskomponenten, der Einheit, der Autonomie, der Individualität und der Identifikation des Menschen mit sich selbst, dargestellt werden.

Christlicher Glaube als Überzeugung gewährleistet von sich aus die Möglichkeit einer gelingenden „Selbstgestaltung“, d. h. einer gelingenden

---

131 Biser, E., Glaubensprognose, 356

132 Biser, E., Glaubensprognose, 384

„Identitätsausbildung", da sich der Glaubende in die Nachfolge Jesu begibt, und von Jesus die befreiende Botschaft des Reiches Gottes und die Botschaft von Gott als liebendem Vater erfährt. Er macht in seiner Basileia-Verkündigung deutlich, daß Gott in unserer Geschichte gegenwärtig ist, d. h. daß er in unserem Leben für uns da ist, vor allem für die Menschen in Not. Der Gott Jesu will, daß das Leben des Menschen gelingen möge. Das ist nur da möglich, wo der Mensch ganz er selbst sein kann, vor sich selbst und vor seinen Mitmenschen. Dies stellt einen zentralen Aspekt der Identitätsausbildung dar.

Jesus wird in seinem Handeln getragen von der liebenden Zuwendung Gottes und gibt diese Liebe in seinem Leben an seine Mitmenschen weiter. Jeden einzelnen Menschen nimmt er in seiner *Individualität* bedingungslos an. „Er nimmt Stellung zugunsten der Armen, der Trauernden, der Hungernden, der sozial Deklassierten, er solidarisiert sich mit den Sündern, den Verachteten und Ausgestoßenen;"[133] Leben und Handeln des in der Nachfolge Jesu stehenden Gläubigen wird ebenfalls geprägt sein von der Liebe zu Gott und zu den Mitmenschen und führt so auch zu einer gezielten Ausgestaltung einer unverwechselbaren Identität. Er wird den anderen in seiner Individualität annehmen und sich in seiner Individualität von Gott angenommen fühlen.

Christlicher Glaube als Überzeugung birgt die Möglichkeit von Identitätsausbildung in Form *personaler wie sozialer Einheit* in sich. Als Motivationsgrund verbindet er die Ausgestaltung der einzelnen konkreten Handlungssituationen wie ein roter Faden und ermöglicht so eine Kontinuität der persönlichen Lebensgeschichte. Soziale Einheit erhält der Mensch durch die Ausgestaltung seiner gesellschaftlichen Stellung in den ihm zugewiesenen Rollen und in seiner Zugehörigkeit zu verschiedenen Gruppen vor dem Hintergrund des christlichen Glaubens und mit Rückbezug auf ihn. Darüber hinaus gewährleistet die Nachfolge Jesu Einheit mit ihm selbst, mit Gott und mit der Kirche.[134]

In Bezug auf das Verhältnis von *Autonomie* und christlichem Glauben, Autonomie und Kirche entsteht heute sehr oft der Eindruck, daß sie miteinander unvereinbare Gegensätze darstellen. Dies entspricht jedoch nicht der christlichen Botschaft. Nach Paulus wird der Mensch durch Je-

---

133 Eid, V., in: Hoffmann, P./ Eid, V., Jesus von Nazareth und eine christliche Moral, 62

134 vgl. z. B. 1Joh 1,3; Phil 1,20; Eph 5,23-32; Eph 4,1-6

sus Christus in die personale Freiheit geführt. „Für ihn beginnt die Freiheit damit, daß der unter das Offenbarungswort gestellte Mensch eine ihm zuvor unerreichbare Souveränität gegenüber der Welt erlangt.“[135] Der Mensch wird nach Paulus durch Jesus Christus „aus Zuständen der Übermächtigung und Entmündigung“[136] befreit, so der Galaterbrief (5,1): „Zur Freiheit hat uns Christus befreit.“ Auch das Verhältnis zwischen Gott und dem einzelnen Gläubigen darf nicht als Eingriff in die Autonomie des Menschen verstanden werden, da die Beziehung zu Gott als „innerste Selbstentscheidung“ des einzelnen zu bewerten ist, „Denn vorbehaltlos kann der Mensch den transzendenten Gott nur wollen, wenn der letzte Schatten der Heteronomie aus dem Verhältnis zu ihm verschwunden ist, wenn er also die Wirklichkeit Gottes als die Gewähr seiner höchsten Selbstverwirklichung begreift.“[137] Die Identitätsausbildung des Menschen erfährt damit im Kontext des christlichen Glaubens eine Vertiefung bzw. Erweiterung.

Das zweite Vatikanum hat den einzelnen Gläubigen Mitwirkung und Mündigkeit zugebilligt. Ein Rückschritt hinter die Wende zum Subjekt und seiner Autonomie widerspricht dieser Zusage und wird den Anforderungen unserer Zeit nicht gerecht.

Identifikation mit sich selbst wurde oben definiert als „die Fähigkeit sein Leben an Zielen zu orientieren, „die nicht nur eine Stabilität des Verhaltens begründen, sondern auch die Integration der eigenen Handlungen und Widerfahrnisse in ein Bild vom eigenen Leben erlauben, das man theoretisch und praktisch bejaht.“[138] Der christliche Glaube stellt eine solche Orientierungshilfe dar. Wer sich in die Nachfolge Jesu begibt, orientiert sich an Jesu Leben und Handeln und erhält von dort auch Impulse für sein sittliches Leben. Sittliche Inhalte können jedoch nicht aus der Bibel einfach übernommen werden, denn das „Ethos der Umwelt Jesu und das der frühen christlichen Gemeinde gehört der Vergangenheit an.“[139] Das Ethos unserer Gesellschaft hat sich an andersgearteten sozio-kulturellen Bedingungen zu orientieren und auf sie zu reagieren.[140] Vom christlichen

135 Biser, E., Glaubensprognose, 63; Er bezieht sich hier auf Gogarten
136 Biser, E., Glaubensprognose, 85
137 Biser, E., Glaubensprognose, 59-60
138 vgl. Forschner, M. Glück als personale Identität, 48
139 Hoffmann, P./Eid, V., Jesus von Nazareth und eine christliche Moral, 11
140 vgl. Hoffmann, P./ Eid, V., Jesus von Nazareth und eine christliche Moral, 11

Glauben motiviert geht es darum, Ungerechtigkeiten, Not, Leid und Elendszustände aufzudecken und zu beseitigen. Es geht um eine *„ebenso schöpferische wie verantwortungsbereite Sittlichkeit, nicht bloß"* um *„eine Verinnerlichung sittlicher Normen."*[141]

Wer den christlichen Glauben für sich übernimmt, erhält eine Rahmenorientierung, innerhalb derer er das Bild von seinem Leben ausgestalten kann.

Christlicher Glaube vertieft und erweitert alle Teilaspekte von Identität und stellt somit eine spezifische Möglichkeit der Identitätsausbildung dar. Im folgenden stellt sich die Frage, wie das Verhältnis zwischen christlichem Glauben und den drei auf dem Weg der Identitätsausbildung zu erwerbenden Basiskompetenzen zu bestimmen sei.

I.3.1.3. Christlicher Glaube und die drei Basiskompetenzen: Wahrnehmung, Überzeugungsbildung und Verantwortlichkeit

Christlicher Glaube wurde oben bereits als Überzeugung gekennzeichnet. Die Ausbildung dieser Basiskompetenz ist also die Grundvoraussetzung für die Übernahme und konkrete Umsetzung des christlichen Glaubens im Leben des einzelnen. Dies ist jedoch heute in einer weitgehend indifferenten Gesellschaft mit großen Schwierigkeiten verbunden, denn für die Ausbildung einer Überzeugung braucht es Begeisterungsfähigkeit. Sie bei Kindern und Heranwachsenden zu wecken, wird die Aufgabe von Eltern und Erziehern sein, denn nur mit einer motivierenden Überzeugung gelingt die von der Erziehung angestrebte Identitätsausbildung. Wer überzeugt von etwas ist, redet davon und handelt danach. Doch die Vereinsamung in unserer Massengesellschaft nimmt zu, das Schweigen wird größer, die Handlungsbereitschaft stagniert. Mit der Übernahme des christlichen Glaubens als Überzeugung muß deshalb eine „Neubelebung der Zeugnisfähigkeit und Gesprächsbereitschaft"[142] einhergehen. Überzeugend wäre „die urchristliche Begeisterung für die in der Geschichte fortwirkende >Sache Jesu<[143]. Wer den christlichen Glauben als

141 Eid, V. in: Hoffmann, P./ Eid, V., Jesus von Nazareth und eine christliche Moral, 99

142 Biser, E., Glaubensprognose, 385

143 Biser, E., Glaubensprognose, 359

Sinnangebot bewußt wählt und damit zu seiner Überzeugung macht, übernimmt die Motivationsbasis Jesu für sein eigenes Leben und Handeln, denn der „sittliche Anspruch in der Erfahrung Jesu zielt auf eine notwendige praktische Dimension der Reaktion auf Jesus.“[144] unter Berücksichtigung der „anderen Lebenswelt“ Jesu. Nur vor ihrem Hintergrund erhält sein sittliches Handeln Sinn und Relevanz. Es geht deshalb nicht darum, „die unmittelbaren Inhalte der einzelnen sittlichen Verhaltensweisen“ in unsere heutige Lebenswelt zu übernehmen, „sondern die von Jesus her jeweils zu konkretisierenden verbindlichen Grundlinien“[145] für uns persönlich und gemeinsam zu erarbeiten.

Es braucht also die Basiskompetenz der Wahrnehmung, denn der einzelne muß in der Nachfolge Jesu seine konkrete Lebenswelt bewußt wahrnehmen, um Mißstände, Leid, Not, Armut und alles, was gelingendem Leben entgegensteht, zu erkennen. Er darf jedoch nicht bei der Wahrnehmung stehenbleiben. Vielmehr kommt es darauf an, wie Jesus Stellung zu beziehen gegen „heute“ vorhandene Ungerechtigkeit und Not. Die Basiskompetenz der Verantwortung ergänzt die Wahrnehmungsfähigkeit, wenn christlicher Glaube als Überzeugung spürbar gelebt werden soll.

Christlicher Glaube als Überzeugung motiviert zu bewußtem Wahrnehmen und verantwortungsbewußtem Handeln. Das Verhältnis des Glaubens zu den genannten Basiskompetenzen ist jedoch wechselseitig, da bewußtes Wahrnehmen und verantwortungsbewußtes Handeln gleichzeitig die Voraussetzung für den als Überzeugung gelebten Glauben darstellen.

Die Relevanz der Identitätsausbildung und der drei Basiskompetenzen auf dem Weg zur Identität für die familiale Moralerziehung wurde bereits aufgezeigt, der Klärung bedarf noch die Bedeutung des christlichen Glaubens im Rahmen dieser Erziehung.

---

144 Hoffmann, P./Eid, V., Jesus von Nazareth und eine christliche Moral, 18 Fußnote 2

145 Hoffmann, P./ Eid, V., Jesus von Nazareth und eine christliche Moral, 24

I.3.2. Christlicher Glaube in seiner Relevanz für familiale Moralerziehung

Christlicher Glaube als Überzeugung stellt eine Disposition für moralisches Verhalten dar und erhält deshalb Relevanz für die Moralerziehung. Da in unserer modernen Industriegesellschaft „Religiosität und Kirchlichkeit“ und damit auch der christliche Glaube „infolge des Rückgangs der Einflüsse kirchlicher Institutionen immer mehr zur >Privatsache< der einzelnen werden,“ wird „die Tradierung kirchlich-religiöser bzw. kirchlich-religiös orientierter Einstellungen und Verhaltensformen maßgeblich von der Familie geleistet.“[146] Dabei muß berücksichtigt werden, daß Eltern immer vor dem Hintergrund ihrer Lebenswelt, die ebenfalls durch unsere Gesellschaft geprägt wird, erziehen. Dies wiederum kann als Ursache dafür genannt werden, daß der christliche Glaube in immer weniger Familien gelebt wird. Das religiöse Grundbedürfnis des Menschen als Wunsch nach umfassendem Lebenssinn muß nun aber auf andere Weise befriedigt werden. In unserer Industriegesellschaft geschieht dies durch ein relativ unbegrenztes Konsumverhalten.

Auch als Ziel familialer Erziehung zählen nicht mehr christliche Werte wie z.B. die Nächstenliebe, sondern vielmehr Durchsetzungsvermögen im Leistungs-Konkurrenzkampf. In solcher Erziehung können jedoch die drei anzustrebenden Basiskompetenzen nicht ausgebildet werden. Wer sich mit aller Gewalt durchsetzen will, benötigt kein sensibles Wahrnehmungsvermögen, kein Verantwortungsgefühl für seine Mitmenschen und auch keine Überzeugung, die ihn zu verantwortungsbewußtem Handeln anstößt, ja diese drei Fähigkeiten behindern ihn sogar in seinem Ziel, sich anderen gegenüber durchzusetzen. Identitätsausbildung, wie oben erläutert wurde, kann so nicht gelingen.

Christlich gelebter Glaube wird als eine Basismotivation vom Kind relativ früh internalisiert und beeinflußt dadurch positiv die Ausbildung der Fähigkeit zur sensiblen Wahrnehmung, zur Überzeugungsbildung und zur Verantwortlichkeit. Als Basismotivation unterstützt er deshalb, neben anderen Sinnangeboten, die familiale Moralerziehung in ihrem Ziel einer gelingenden Identitätsausbildung.

---

146 Vaskovics, L. A., Familie und religiöse Sozialisation, Wien 1970, 318-319; Vaskovics hat diese Aussage zunächst als Hypothese aufgestellt und dann mit Hilfe einer empirischen Untersuchung über die Funktion der Familie in Bezug auf die religiöse Sozialisation bestätigt.

I.3.2.1. Zum Verhältnis von christlichem Glauben und Moral

Christlicher Glaube in der Nachfolge Jesu motiviert, wie erläutert, zu sittlichem Handeln. Damit ist das Verhältnis zwischen Glaube und Moral eindeutig festgelegt. Christlicher Glaube ist eine mögliche, jedoch nicht unbedingte Voraussetzung für sittliches Handeln. Die Motivationsbasis hierfür ist auch aufgrund anderer Sinnangebote möglich.

Das christliche Proprium sittlichen Handelns ist in der Motivierungskraft für konkretes Verhalten zu sehen. Es besteht „in dem *Motivationszusammenhang der Basileia.* Dieser Motivationszusammenhang ist gegeben mit dem von Jesus für die Lebensgestaltung eröffneten Sinnraum, der als Lebens- und Entfaltungsraum zu begreifen ist. Sittliches Handeln erhält so seinen Antrieb aus dem Indikativ der Rede vom solidarischen Gott und von seinem Reich."[147] Jesus verkündet die Nähe des Reiches Gottes und läßt sie durch sein Reden und Handeln spürbar werden. „Jesus lebt und handelt von einem Gott her, der mitten in bestehende gesellschaftliche Verhältnisse hinein geradezu aggressiv Stellung nimmt zugunsten des Menschen. Jesus redet so von Gott, daß darin der Mensch und das Menschliche decouvrierend zur Sprache kommen. Und indem Jesus zugleich die Zuwendung Gottes an Ort und Stelle durch Vergebung und eigene Zuwendung verifiziert, macht er - erfahrbar - die bessere Wirklichkeit Gottes zugänglich."[148] Von Jesu Verhalten her sind Richtlinien für unser eigenes sittliches Handeln erkennbar, materiale Inhalte sind jedoch nicht ableitbar. Sie müssen vor dem Hintergrund unserer Lebenswelt und den in ihr enthaltenen Mißständen immer wieder entsprechend neu erarbeitet werden.[149]

---

147 Eid, V. in: Hoffmann, P./Eid, V., Jesus von Nazareth und eine christliche Moral, 70

148 Eid, V. in: Hoffmann, P./ Eid, V., Jesus von Nazareth und eine christliche Moral, 68

149 In diesem Zusammenhang muß darauf hingewiesen werden, daß Moral im Rahmen dieser Arbeit als „autonome Moral" verstanden wird. Dieses Konzept wurde Anfang der 80er Jahre von Alfons Auer entworfen und findet heute bei den deutschsprachigen Moraltheologen nahezu ungeteilte Zustimmung. Vgl. hierzu:

- Auer, A., Autonome Moral und christlicher Glaube, 2. Auflage mit einem Nachtrag zur Rezeption der Autonomievorstellung in der katholisch-theologischen Ethik, Düsseldorf 1984

- Auer, A., Das christliche Proprium des Sittlichen, in: Auer, A., Ethische Normen. Das christliche Proprium, Bensberg 1980, 61-96

Christliche Überzeugung als Motivierungskraft und damit als christliches Proprium des sittlichen Handelns heißt Entschiedenheit, Entschlossenheit, Radikalität oder christliche Intentionalität. Zu verstehen ist darunter „eine Lebenshaltung, die mit der Gegenwart von Gottes Herrschaft rechnet und durch die Liebe geprägt ist."[150], die die Liebe Gottes in Christus annimmt und erwidert, „als Glaubender und Liebender in der Nachfolge Christi die Verantwortung des Lebens in dieser Welt auf sich" nimmt.[151]

Sittliches Handeln in der Nachfolge Jesu läßt keine individualethische Verkürzung zu. „Denn die humane Tendenz des jesuanischen Reiches Gottes dürfte, sofern sie wirklich übernommen wird, nicht ruhig sein lassen, wo herrschende Verhältnisse kritiklos stabilisiert werden, wo die von ihnen betroffenen Menschen der Möglichkeiten konkreter Glückserfahrung, der Freiheit und damit auch der Möglichkeit der Hoffnung beraubt werden. Ich kann nicht Partei ergreifen für dieses Reich Gottes und zugleich gelassen zusehen, wie andere leiden, denen durch handgreiflichen Erweis von Solidarität begründete Sicherheit darüber vermittelt werden könnte, daß Freiheit und Glück trotz allem real möglich sind. ... Ich kann nicht zusehen, wie eindimensionale Erziehung im Interesse einer allmächtigen Wirtschaft auf Verbraucher- und Konsumgehorsam, auf Prestige- und Konkurrenzdenken hin manipuliert. Denn hier wird Glück verhindert, das machbar wäre, Leid wird nicht beseitigt, das abschaffbar wäre."[152] Wenn wir von einem sittlichem Handeln im Kontext des christlichen Glaubens sprechen, geht es um eine *„Sittlichkeit ..., in der Gesinnung und Verhalten übereinstimmen,* in der sich der Mensch mit Phantasie und nicht einfach nur mit Gehorsam (56) aufmacht, Verantwortung ohne Vorurteil zu erkennen und wahrzunehmen"[153], „um eine ebenso *schöpferische wie verantwortungsbereite Sittlichkeit, nicht bloß" um „eine Verinnerlichung sittlicher Normen."*[154] Hierzu ist die Ausbildung der drei oben erläuterten Basiskompetenzen nötig und hilfreich. Denn sie bil-

---

- Auer, A., Die autonome Moral im christlichen Kontext, in: Seidel, W./ Reifenberg, P. (Hg.), Moral konkret. Impulse für eine christliche Weltverantwortung, Würzburg 1993, 15-39

150 Böckle, F., Was ist das Proprium einer christlichen Ethik? in: ZEE 11 (1967), 150

151 Fuchs, J., Gibt es eine spezifisch christliche Moral? In: StZ 185 (1970), 101

152 Eid, V. in: Hoffmann, P./ Eid, V., Jesus von Nazareth und eine christliche Moral, 64-65

153 Eid, V. in:Hoffmann, P./ Eid, V., Jesus von Nazareth und eine christliche Moral, 98

154 Eid, V. in: Hoffmann, P./ Eid, V., Jesus von Nazareth und eine christliche Moral, 99

den das Verbindungselement zwischen religiöser und moralischer Erziehung in der Familie bzw. sogar deren tragende Pfeiler.

I.3.2.2. Religiöse und moralische Sozialisation und Erziehung in der Familie

Religiöse und moralische Erziehung verfolgen beide das gleiche Ziel und sind so in der Parallelität ihres Anliegens, nämlich der gelingenden Identitätsausbildung des Menschen, miteinander verbunden. Glaube und Moral wollen zum Glücken des Menschseins, sowohl der Individualität als auch der Kollektivität, beitragen. Dabei ist die Familie der Ort, an dem der einzelne beides entfalten kann. Für den Christen ist es wichtig, „sowohl die Einzigartigkeit des Menschen und seine Freiheit zu respektieren, aber auch seine Sozialorientiertheit zu fördern. In der Familie ist dies unmittelbar erlernbar."[155] Familie ist insgesamt das „wichtigste Sozialisierungsmilieu", da sie in einer Atmosphäre der Geborgenheit die primäre Sozialisation leistet. Hier ist es möglich, lebensmotivierende Überzeugung und daraus folgende Wertvorstellungen „an die nächste Generation auf intensivste und persönlichste Weise"[156] weiterzugeben. Die Relevanz des emotionalen Aspekts wird hier besonders deutlich, denn je mehr der Mensch „selbst eine persönliche Annahme erfahren und erlebt hat, um so mehr wird es ihm gelingen", sich und „andere anzunehmen und insofern hat die Familie gerade in Zeiten der frühkindlichen Sozialisation bis heute keine überzeugende Alternative."[157]

Für christlichen Glauben und Moral stellt die Familie also die wichtigste Vermittlungsinstanz dar, da beide weniger durch intentionale Erziehung als durch das konkrete unmittelbare „Vorleben" tradiert werden. Wichtig ist dabei vor allem das Übereinstimmen von Überzeugung und Verhalten. „Tatsächlich sinnvermittelnd und handlungsorientierend schlägt religiöse Erziehung nur dann durch, wenn sie im Modus der Sozialisation geschieht; das will sagen, wenn die Plausibilität religiösen Le-

---

155 Süßmuth, R., Familie - Menschwerdung - Gesellschaft, in: Leben aus christlicher Verantwortung. Ein Grundkurs der Moral. Hg. von Johannes Gründel, Bd. 3: Partnerschaft - Ehe - Familie - Leibliches - Leben - Kirche, Düsseldorf 1992, 113

156 Süßmuth, R., Familie- Menschwerdung - Gesellschaft, 112

157 Süßmuth, R., Familie - Menschwerdung - Gesellschaft, 114

bens- und Weltverständnisses nicht schwergewichtig argumentativ-systematisch, sondern vorab lebenspraktisch-beiläufig zu vermitteln gesucht wird."[158]

Religiöse Erziehung zeigt einen „sinnvollen Standort" auf, von dem aus Leben gestaltet werden kann. Dadurch vermittelt sie einen Zugang zur Moralerziehung, die menschlichem Leben durch „wertvolles" Handeln zum Gelingen verhelfen will. Religiöse und moralische Erziehung bedingen sich so wechselseitig, da moralisches Handeln ohne eine motivierende Überzeugung nicht erfolgen würde und Glaube ohne Handeln bedeutungslos wäre.

Religiöse wie moralische Erziehung haben den jeweiligen Entwicklungsstand des heranwachsenden Kindes zu berücksichtigen und auf diesen mit Angeboten zur Weiterentwicklung zu reagieren. Aus diesem Grunde wäre für alle Eltern ratsam, die Stufentheorien zur Glaubens- und Moralentwicklung, die später noch ausführlich behandelt werden, zu kennen.

Angesichts oben genannter Forderungen an die Familie in Bezug auf die Identitätsausbildung heranwachsender Kinder stellt sich jedoch die Frage, ob und wie die moderne Familie die Aufgabe der religiösen und moralischen Sozialisation leisten kann. Das folgende Kapitel will versuchen, die heutige Familie inmitten ihrer Lebenswelt möglichst realistisch zu beschreiben.

---

158 Bitter, G., Die Religion des Erziehers, in: Thiele, J./ Becker, R., Chancen und Grenzen religiöser Erziehung, 161-162

II. Chancen und Grenzen der modernen Familie in Bezug auf ihre Sozialisations- und Erziehungsfunktion

II.1. Einleitende Bemerkungen

Die pädagogische Aufgabe der Eltern, ihren Kindern zu einer gelingenden Identitätsausbildung zu verhelfen, bildet das Zentrum dieser Arbeit. Dabei steht der Bereich der Familie unter dem Blickwinkel von Moralpädagogik und -theologie, einschließlich deren wissenschaftlich-methodischen Verfahrensweisen. Um die Chancen aber auch die Grenzen der Familie realistisch beurteilen zu können, müssen jedoch die interdisziplinär weit vorangeschrittene Beschäftigung mit diesem Thema und die daraus gewonnenen Erkenntnisse berücksichtigt werden. Hier sind vor allem soziologische, historische, psychologische und familientherapeutische Aspekte mit einzubeziehen.

Um zu einer realistischen Sichtweise der familialen Lebenssituation zu kommen, wird die deduktive Verfahrensweise, wie sie in kirchlichen Lehrtexten häufig ausschließlich verwendet wird, durch die induktive ergänzt und damit der konkrete lebensweltliche Erfahrungshintergrund der einzelnen Familien einbezogen.

Die heutige Kern- oder Kleinfamilie, bestehend aus den Eltern - verheiratet oder unverheiratet - und normalerweise nicht mehr als zwei noch nicht erwachsenen Kindern, ist in unserer Gesellschaft eine weitgehend isolierte und damit bei allen auftretenden Problemen auf sich selbst zurückgeworfene soziale Gruppe.[1] Damit verbunden ist jedoch die Autonomie der Familie, durch die sie vor willkürlichen Übergriffen von Seiten des Staates, der Gesellschaft, der Kirche und anderen Institutionen geschützt wird. Dennoch wird sie ständig von den Medien berieselt und mit deren Hilfe von den leitenden Vorstellungen in Staat, Gesellschaft, Wirtschaft und Kirche, in denen sie selbst jeweils einen Teilbereich darstellt, mitgeprägt. Aufgrund der heute vorherrschenden Pluralität entsteht dabei vielfach eine Verunsicherung das familiale Leben als auch seine Funktionen und Aufgaben betreffend. Ehe- und Familienberater werden in zunehmendem Maße benötigt, doch die Scheidungsrate steigt und damit auch die Zahl der unvollständigen Familien. Vielfach richtet sich deshalb der Blick

---

1 Diese soziologische Definition von Familie verhilft aufgrund ihrer Sachlichkeit zu einem der Realität gerechteren Umgang mit dem Thema, als eine von vornherein idealisierte Sichtweise, wie sie in theologischen Aussagen über die Familie häufig zu finden ist.

sehnsüchtig zurück auf die vergangene Zeit der „Großfamilie“, oder hoffnungsvoll auf neu entstehende familiale Lebensformen. Ob dies gerechtfertigt ist, soll zunächst in einer kurzen Situationsanalyse der modernen Familie unter Berücksichtigung relevanter historischer Entwicklungslinien geklärt werden, bevor ausführlicher die Grenzen und Chancen der Familie in unserer pluralen Gesellschaft erläutert werden.

II.2. Die moderne Kernfamilie als Gestaltungsaufgabe

II.2.1. Zur Situation der modernen Familie in pluraler Gesellschaft

Das Verständnis der Familie war und ist „in seiner inhaltlichen Ausprägung einem steten Wandel unterworfen.“[2] So bildete sich die moderne Familie, deren Leitbild heute noch existiert, erst im Gefolge der Industrialisierung im 19. Jahrhundert und dem damit einsetzenden Differenzierungsprozeß heraus.[3] „Was in der traditionellen Gesellschaft Aufgabe und Funktion ein und desselben gesellschaftlichen Systems, etwa der Familie, war, hat sich nunmehr auf funktional spezialisierte, relativ autonome, aufeinander jedoch in hohem Maße verwiesene soziale Teilsysteme verteilt.“[4]

Die Familie vor Beginn der Industrialisierung war eine Produktions- und Hausgemeinschaft bestehend aus dem Familienvater, der Mutter, den (zahlreichen) Kindern, den Großeltern (wenn noch am Leben), ledigen Verwandten und dem beschäftigten Dienstpersonal. Sie sicherte sich ihren Lebensunterhalt als Produktionsgemeinschaft und deshalb handelte es sich primär um eine Wirtschaftseinheit und nicht um eine Großfamilie, wie heute allgemein angenommen wird. In diesem Zusammenhang gilt es darauf hinzuweisen, daß vor der Wende zum 19. Jahrhundert vielfältige Fa-

---

2 Gruber, Hans Günter, Familie und christliche Ethik, Darmstadt 1995, 1

3 Die einzelnen Phasen des Entwicklungsprozesses von der traditionellen zur modernen Familie werden hier nur kurz skizziert. Eine umfassendere Darlegung bzw. Analyse findet sich z. B. bei Aries, Ph., Geschichte der Kindheit, München 1990; Shorter, E., Die Geburt der modernen Familie, Reinbek 1972; Hettlage, R., Familienreport, München 1992; Kaufmann, F.-X., Zukunft der Familie, München 1995

4 Gruber, H.-G., Familie, 13; Gruber verweist hier zu Recht auf die Erläuterungen Tyrells zur Theorie der gesellschaftlichen Ausdifferenzierung. Vgl. hierzu z. B. Tyrell, Hartmann, Familie und Religion im Prozeß der gesellschaftlichen Differenzierung, in: Eid, Volker/Vaskovics, Laszlo (Hg.): Wandel der Familie – Zukunft der Familie, Mainz 1982, 19-74

milienformen existierten und die heute verbreitete Annahme „eines Übergangs von der ‚Großfamilie‘ zur ‚Kleinfamilie‘“ die tatsächliche Entwicklung verfälscht.[5]

Aufgrund der Priorisierung des Zusammenhalts als Produktionsgemeinschaft gab es vor dem 19. Jahrhundert keine Neigungsehe in dem bei uns heute üblichen Sinn, sondern „Besitz- und Abstammungsgründe“[6] ließen eine Heirat zustande kommen. Das junge Paar hatte dabei keine Mitbestimmungsrechte.

Äquivalent dazu war die Einstellung zu Kindern, deren Existenz nur nach der Nutzenfunktion beurteilt wurde. Die Gleichgültigkeit und Lieblosigkeit der Familie dem Kleinkind gegenüber verdeutlicht vor allem Aries[7] sehr anschaulich. Danach verursachte etwa der Tod eines Kleinkindes in der jeweiligen Familie keine emotionale Betroffenheit. Dies stellte einerseits bei der damals hohen Kindersterblichkeit einen psychischen Schutz dar. Gleichzeitig war *„gerade die unzureichende Zuneigung und Pflege an der hohen Sterblichkeit schuld“*.[8]

Die beispielhaft verdeutlichte Indifferenz dem Kleinkind gegenüber läßt sich beim höheren Bürgertum und Adel bis zum 16.-17. Jahrhundert und beim „gewöhnlichen“ Volk bis zum letzten Viertel des 18. Jahrhunderts nachweisen.[9]

Familiale Erziehung im heute üblichen Sinn der bewußt kindgerechten und zielgerichteten Weitergabe von Wissen und Wertvorstellungen existierte schon deshalb nicht, weil es für die Familie ausschließlich relevant war, ihre Kinder bald als Arbeitskräfte einsetzen zu können. Erst als die familiale Gemeinschaft vom ökonomischen Druck der Lebenserhaltung befreit und losgelöst wurde, konnte sie ihre Erziehungsfunktion besser ausbilden und wahrnehmen. Vorher ging es hauptsächlich darum, die Kinder in das vorherrschende patriarchalische Gesellschaftssystem zu sozialisieren. Identitätsausbildung im heute üblichen Verständnis wurde erst möglich durch die anthropozentrische Wende im 19. Jahrhundert.

Einen äußeren Faktor für das Entstehen der modernen Kernfamilie stellt, wie oben schon erwähnt, die Industrialisierung im 19. Jahrhundert

---

5 Kaufmann, F.-X., Zukunft der Familie, 15-16

6 vgl. E. Shorter, Die Geburt der modernen Familie, Reinbek 1972, 73

7 Aries, Ph., Geschichte der Kindheit, München ^{9}1990

8 E. Shorter, Die Geburt der modernen Familie, 234; Shorter zitiert hier Morton Hunt, Sexual Behavior in the 1970s, New York 1974, 202

9 vgl. E. Shorter, Die Geburt der modernen Familie, 197-198

dar, da durch sie die Familie ihre Funktion als Produktionsgemeinschaft verlor. Eine neue Selbstbestimmung stand an. Innerhalb dieses Prozesses entwickelte sich die Familie von der Produktions- zur Gefühlsgemeinschaft, von der Groß- zur Kleinfamilie und von der patriarchalischen zur partnerschaftlichen Ehe und Familie. Es entstand „die moderne Familienvorstellung einer exklusiven Gemeinschaft von Eltern mit ihren Kindern, wobei dieses neue Familienleitbild durch die Epoche der Romantik eine besondere, auf Intimität und Vertrautheit abhebende Färbung erhielt.“[10] Damit vollzog sich vom 18. Jahrhundert bis heute äußerlich ein Wandel vom instrumentalen zum emotionalen Verhalten der Familienmitglieder und ebenso ein fortschreitender Rückzug der Kernfamilie aus der sie umgebenden Gemeinschaft, der heute weitgehend in der Isolation einzelner Familien endet. „Mit der tendenziellen Verkleinerung der Haushalte und Familien“ ist gleichzeitig „eine „Singularisierung“ (L. Rosenmayer) i.S. der Vereinzelung von Familienteilen verbunden.“[11]

Die „romantische Liebe“, die „familiäre Häuslichkeit“ und die „mütterliche Zärtlichkeit“, deren Entwicklung für Shorter zur Überwindung der traditionellen Familie führte, sind wichtige Kennzeichen der modernen Kernfamilie.

Emotionalisierung und Sensibilisierung des familialen Lebens führten zu einer Intensivierung der Beziehungen, die Erziehung jeglicher Art überhaupt erst ermöglichte, weil Interesse am Kind und personale Vertrauensbeziehung zwischen Erzieher und Kind ihre Voraussetzung darstellt. In der traditionellen Familie erfolgte dagegen ausschließlich die Sozialisation der Kinder in das herrschende Gesellschafts- und Familiensystem. Der Unterschied zwischen Erziehung und Sozialisation kann dabei wie folgt definiert werden:

„Erziehung ist bewußt, frei und kritisch, während bei nichterziehenden Sozialisationsvorgängen wenigstens eines dieser drei Merkmale fehlt. Für die Sozialisationsvorgänge ist es im Unterschied zur Erziehung charakteristisch, daß bei ihnen vorwiegend Anpassung sich ereignet. Sozialisation tendiert auf Konformität.“[12]

---

10 Kaufmann, F.-X., Zukunft der Familie, 15

11 Wingen, M., Familie heute - Entwicklung, Bestandsaufnahme, Trends, in: ders. (Hg.), Familie im Wandel - Situation, Bewertung, Schlußfolgerungen, Bad Honnef 1989, 24

12 Stachel, G., Religiöse und ethische Erziehung im Sozialisationsvorgang, in: KatBl 102 (1977), 287-288

Da jedoch heute der einzelne seinen Platz in der Gesellschaft nicht mehr via Geburt und Stand erhält, sondern sich diesen selbst suchen und erarbeiten muß, dient die Kindererziehung gleichzeitig als „Instrument der sozialen Plazierung des Nachwuchses. Je flexibler, leistungsmotivierter und selbstbewußter ein Heranwachsender ist, je qualifizierter seine Berufsausbildung ist, desto größer sind seine Chancen auf dem Arbeitsmarkt und damit insgesamt seine Aussichten, sich wirtschaftlich und gesellschaftlich zu verbessern."[13] Daraus entstehen jedoch für die Eltern große Anforderungen, vor denen viele im Vorfeld kapitulieren und kinderlos bleiben, denn in „einer sozial mobilen Gesellschaft, die in erster Linie auf individueller Leistung und Durchsetzungskraft aufbaut, wird die bestmögliche Förderung der Fähigkeiten des Kindes zum pädagogischen Gebot."[14]

Familie ist „nicht etwas fix Vorgegebenes, Statisches (...), sondern in einer ständigen Entwicklung begriffen"[15]. Dies betrifft nicht nur die Funktionen der Familie, die sich innerhalb gesellschaftlicher Veränderungen gewandelt und spezifiziert haben, sondern auch den inneren Entwicklungsprozess einer Familie, „je nach der Veränderung der Personalstruktur (Heirat, Geburt der Kinder, Auszug der Kinder aus dem Elternhaus, Tod eines Ehepartners), je nach den Reifephasen und Altersrollen der Kinder und der Eltern und je nach der sozialen Plazierung der Familienmitglieder (Erwerbstätigkeit von Mann und Frau, Eintritt ins Bildungssystem).[16] Um auf diesen Sachverhalt aufmerksam zu machen, unterscheidet man in der klassischen Familiensoziologie folgende Phasen des Familienzyklus:

1. Vorbereitungs- und Aufbauphase
2. Beginn der Expansionsphase
3. Phase der Primärsozialisation
4. Familie mit schulpflichtigen Kindern
5. Familie während der Adoleszenz der Kinder
6. Familie in der Spätphase der Adoleszenz der Kinder
7. Kontraktionsphase

---

13 Gruber, H.-G., Familie, 30

14 ebd., 31

15 Wössner, J., Familie und Religion in der Säkularisierung, in: Weiler, R./Zsifkovits, V, Familie im Wandel, Wien 1975, 100

16 Hettlage, R., Familienreport. Eine Lebensform im Umbruch, München 1992, 155

8. Altersphase[17]

Erfasst wird durch dieses Konzept „nicht nur die personelle Ausdehnung oder Schrumpfung ..., sondern vor allem die Zahl der Interaktionsmöglichkeiten und die qualitative Beziehungsdichte."[18] Vergleicht man moderne Familienzyklen mit dem Zyklus der traditionellen Familie wird deutlich, daß die Phase der Kindererziehung nicht mehr den weitaus größten Zeitraum einer Ehe darstellt, sondern durch die Zunahme der durchschnittlichen Ehedauer eine neue Ehephase[19] nach dem Verlassen der Familie durch die Kinder entstand, die neues Konfliktpotential für alle Beteiligten birgt. Zwischen die Kontraktions- und Altersphase müßte deshalb eine neue eigenständige Phase des Zusammenlebens des Ehepaares eingefügt werden.[20]

Das Modell des Familienzyklus setzt jedoch eine Kontinuität voraus, die heute oft nicht mehr gewährleistet ist. Aus der Perspektive der Kinder und ihres Wachstums bleibt die genannte Reihenfolge der Phasen zwar erhalten. Dasselbe gilt aufgrund der wachsenden Zahl an Scheidungen jedoch nicht mehr für die Ehepartner bzw. Eltern. Viele Ehepartner durchlaufen nicht mehr alle Phasen gemeinsam. Für neue Ehepartner kommt es zu Phasenverschiebungen. Die Kontinuität scheint nicht mehr zu existieren. Dennoch gilt, daß der Phasenablauf für 2/3 der Verheirateten gleich geblieben ist mit Ausnahme der veränderten zeitlichen Ausdehnung einzelner Phasen (Verkürzung der eigentlichen Familienphase, Verlängerung der Ehephase).[21]

Soziologisch betrachtet sind die real existierenden Verhältnisse wie folgt zu beschreiben und zu analysieren.

Die heute zahlreich existierenden alternativen familialen Lebensformen, die zunehmende Zahl an Singles und die steigende Zahl an Ehescheidungen wird vielfach als Beweis für die These gewertet, daß der Typ der Kernfamilie sich aufzulösen beginnt und von einem postmodernen Typ der Familie abgelöst wird[22]. Während die Kernfamilie einerseits zu zerfallen

---

17 vgl. Mühlfeld, C., Ehe und Familie, Opladen 1982, 98-104

18 Hettlage, R., Familienreport, 156

19 vgl. H.-G. Gruber, Familie, 39

20 Robert Hettlage bezeichnet diese Phase als die „Familienphase in mittleren Jahren" („empty nest")"; vgl. hierzu Hettlage, R., Familienreport, 155-160

21 vgl. hierzu: Nave-Herz, R., Familie heute, 15-19

22 Einen beeindruckenden Versuch die zukünftigen familialen Lebensformen in Verbindung mit einer ausführlichen Gegenwartsanalyse zu beschreiben, haben Beck/ Beck-

droht, werden andererseits sehr hohe Erwartungen an sie geknüpft, die, da ihnen im konkreten Leben kaum entsprochen werden kann, ebenfalls zu ihrer weiter voranschreitenden Auflösung beitragen.

Ausgelöst wurden diese Entwicklungstendenzen vom sog. Zweiten Modernisierungsschub, der sich seit den sechziger Jahren des 19. Jahrhunderts vollzog.[23] Dabei stellt neben der Pluralisierung, die sich in den vielfältigen familialen Lebensformen Ausdruck verleiht, der Prozeß der Individualisierung eine Ursache der Konflikte in und mit der Familie dar. Durch ihn löst sich das Individuum von Traditionen, Kontrollen und äußeren Zwängen, ist auf sich selbst zurückgeworfen und trägt somit allein die Verantwortung für das Gelingen seines Lebens. Dabei entsteht vielfach eine Bastelmentalität. Die Familie als Institution verliert an kultureller Selbstverständlichkeit, da sie aufgrund der allgemeinen Optionserweiterung zu einer Möglichkeit der Lebensgestaltung neben anderen wird. Man kann deshalb immer weniger von „der Familie als Alltagswirklichkeit sprechen ..., da die moderne Gesellschaft sowohl die geschlechtsspezifischen als auch die gruppenspezifischen Interaktionsmuster, also die Familie individualisiert hat. Wir stehen mitten in einer *Umorientierungsphase.* Es hat den Anschein, als stünden uns die stärksten Veränderungen hinsichtlich der weiblichen Biographie, der Entehelichung und des Halts in den familial-verwandtschaftlichen Netzwerken erst noch bevor“.[24]

Diese individualistische Sicht- und Lebensweise wirkt sich negativ auf Ehe und Familie aus, da mit zunehmender Komplexität im Entscheidungsfeld auch das Konfliktpotential in der Ehe steigt[25]. Gleichzeitig nimmt der Mensch im Extremfall nur noch sich und seine Interessen wahr und ist bereit, sie auf Kosten der anderen Familienmitglieder durchzusetzen. Wenn nicht mit, dann eben ohne die Familie, lautet die Parole und stellt damit eine der zentralen Scheidungsursachen dar. Diese Parole verstärkt sich, wenn es um den Bereich der Berufstätigkeit geht. Der Wunsch nach Erfüllung durch Bildung und Beruf ist verursacht durch die Individualisierung, wird aber auch als gesellschaftlicher Zwang spürbar, der zum „SELBSTZWANG ZUR STANDARDISIERUNG DER EIGENEN EXI-

---

Gernsheim in ihrem Buch: Das ganz normale Chaos der Liebe, Frankfurt a. M. 1990, unternommen. Auf sie soll deshalb im folgenden Bezug genommen werden.

23 Wenn sich die Ausführungen im folgenden auf die Situation der Familie in Deutschland beziehen, wird nicht unterschieden zwischen der Situation in West- und Ostdeutschland, da sich die Lebensverhältnisse in Ostdeutschland rasant denjenigen der Westdeutschen angleichen. Vgl. hierzu Kaufmann, F.-X., Zukunft der Familie, 1995

24 Hettlage, R., Familienreport, 223

25 vgl Beck, Gernsheim, E. in: Beck, U./Beck-Gernsheim, E., Das ganz normale Chaos, 74

STENZ"[26] werden kann. „Aufgrund der veränderten Bedingungen im Bildungs- und Berufsbereich der Jugendlichen entwickelt ein immer größerer Prozentsatz von Jugendlichen ein individuelles Konkurrenzverhalten, so daß es nicht verwundern darf, wenn Jugendliche und junge Erwachsene zunehmend individualistische Lebensorientierungen aufbauen."[27]

Die Arbeitsmarktsituation hält dann weitere Zwänge für das Individuum bereit, die deutlich familienfeindliche Tendenzen aufzeigen, denn vollständig flexibel kann nur der sein, der keine Familie und damit keine Verantwortung für andere übernommen hat. Zusätzlich werden Familien ökonomisch sehr stark benachteiligt nicht nur in Bezug auf die direkten Kosten, sondern auch die Opportunitätskosten, die durch den Wegfall eines Einkommens zumindest für eine gewisse Zeit entstehen.

Verbunden mit dem Prozeß der Individualisierung ist eine zunehmende Orientierungslosigkeit, da Traditionen abgebrochen werden und Sinnelemente verlorengehen. der Mensch besitzt jedoch ein Bedürfnis nach Sinn und Sicherheit und sucht deshalb vielfach den Sinn seines Lebens im Diesseits, im Partner, in der Liebesbeziehung. Eine Überhöhung der „an die Familie gerichteten Glückserwartungen"[28], des Anderen und der bestehenden Liebesbeziehung wird zu einer Art Religionsersatz und zieht meist in dieser Funktion nur Enttäuschung nach sich. Doch die Konsequenz lautet: „Ich und noch einmal ich und als Erfüllungsgehilfe Du. Und wenn nicht Du, dann Du."[29], denn die „Qualität der persönlichen Beziehungen ist zu dem mit Abstand bedeutendsten, oft alleinigen Maßstab für die Bewertung der Existenzberechtigung der eigenen Familie geworden."[30]

Die genannte Überemotionalisierung bezieht sich nicht nur auf die Beziehung zum Partner, sondern ebenso zum Kind. In der Scheidungssituation wird nämlich das Kind zur *„LETZTEN VERBLIEBENEN UNAUFKÜNDBAREN; UNAUSTAUSCHBAREN PRIMÄRBEZIEHUNG."*[31] Während die Geburtenzahlen sinken, steigt die Bedeutung des Kindes erneut. In der Erziehung spiegelt sich dies in dem Versuch, Kinder in jeder Hinsicht optimal zu fördern.

---

26 Beck, U./ Beck-Gernsheim, E., Das ganz normale Chaos, 15

27 Bertram, H., Strukturwandel der Familie, in: StdZ 113 (1988), 234

28 Köcher, R., Unterschätzte Funktionen der Familie, in: Aus Politik und Zeitgeschichte. Beilage zur Wochenzeitung Das Parlament B 13 (1988), 25

29 Beck, U., in: Beck, U./ Beck-Gernsheim, E., Das ganz normale Chaos, 22

30 Köcher, R., Unterschätzte Funktionen, 25

31 Beck, U. in: Beck, U. / Beck-Gernsheim, E., Das ganz normale Chaos, 55

Man darf dabei jedoch nicht übersehen, daß die Kinder für ihre Eltern auch einen psychologischen Nutzen darstellen. Gleichzeitig verkompliziert sich ihre Situation bei der Scheidung ihrer Eltern, da sie nun „mehr oder weniger eine Art *EMOTIONALES UND SOZIALES SPAGATLEBEN*“ führen müssen, „mit all den Doppelbödigkeiten, Zwangsheimlichkeiten und Versteckspielen, aber auch den Chancen, die Eifersucht zwischen den „Getrennten“, für eine Maximierung der eigenen Wunscherfüllung zu nutzen.“[32] So leben Kinder „immer häufiger ... in Familienkonstellationen, in denen Kinder aus verschiedenen Ehen eine neue vorübergehende Nicht-Mehr-Kernfamilie bilden, mit „Brüdern“ und „Schwestern“, die jeweils anderen sozialen und biologischen Vererbungslinien zugehören.“[33]

Aus der geschilderten Situation ergibt sich für viele Menschen ein „pluralistischer Gesamtlebenslauf“.[34]

Aufgrund dieser Gegenwartsanalyse stellt sich die Frage, ob es in der Zukunft den herkömmlichen Typ der Kern- oder Kleinfamilie überhaupt noch geben wird. Ehe und Familie sind immer weniger auf Dauer hin angelegt, vielmehr ist die Scheidung oft schon eingeplant. Scheidung und Wiederverheiratung stiften ein Beziehungswirrwarr zwischen ehemaligen und jetzigen Ehepartnern, ehemaligen und jetzigen Familienangehörigen, biologischen Eltern und Kindern bzw. Stiefkindern, Kindern und biologischen bzw. Stiefeltern, Kindern und biologischen bzw. Stiefgeschwistern. diese Gesamtsituation läßt Beck die Frage stellen:

„Was aber kommt *nach* der Familie, dem Ort der häuslich gewordenen Liebe?“

Seine Antwort lautet:

„Die Familie. Anders, mehr, besser, die Verhandlungsfamilie, die Wechselfamilie, die Vielfamilie, die aus der Scheidung, Wiederverheiratung, Scheidung, aus Kindern deiner, meiner, unserer Familienvergangenheiten und -gegenwarten hervorgegangen ist.“[35]

Wenn auch ein gegenwärtiger Trend in diese Richtung zu verzeichnen ist, spiegelt die Zukunftsvorhersage keineswegs die allgemein vorherrschende Situation der Familie wider.

---

32 Beck, U. in: Beck, U./Beck-Gernsheim, E., Das ganz normale Chaos, 196
33 Beck, U. in: Beck, U./ Beck-Gernsheim, E, Das ganz normale Chaos, 198
34 Beck, U. in: Beck, U./ Beck-Gernsheim, E., Das ganz normale Chaos, 51
35 Beck, U./ Beck-Gernsheim, E., Das ganz normale Chaos, 9

Festzuhalten ist aber, „daß die angesprochenen Individualisierungs-, Intimisierungs- und Privatisierungstendenzen nicht umkehrbar sind, da sie untrennbar mit den soziokulturellen Umwälzungsprozessen“ der beiden letzten Jahrhunderte „verknüpft sind.“[36]

II.2.2. Konsequenzen für die vorliegende Arbeit

Obwohl die oben dargestellte soziologische Analyse zur heutigen Situation der Familien die neuere Diskussion in der Soziologie sehr stark beeinflußt hat[37], ist festzuhalten, daß *derzeit* der Typ der Kernfamilie neben anderen Familientypen immer noch der häufigste ist. „Das Leitbild der monogamen Dauerbeziehung mit eigenen Kindern, das den Kern der europäischen Familienvorstellung ausmacht, wird nur von marginalen Positionen her in Frage gestellt.“[38] Wenn heute in der Bundesrepublik Deutschland jede dritte Ehe geschieden wird, sind immerhin noch sechs bis sieben von zehn Ehen dauerhaft und für sie gilt der oben beschriebene Familienzyklus ohne Einschränkungen. „Bezogen auf alle Familienformen sind 83% Eltern-Familien mit formaler Eheschließung, d.h. diese Familienform ist weiterhin quantitativ die weit überwiegend dominante geblieben (errechnet aus dem Statistischen Jahrbuch 1993).“[39] Man kann deshalb auch nicht von einer De-Institutionalisierung der Familie sprechen. Dies trifft eher auf die Ehe zu, denn es entsteht eine Verschiebung vom Eheschluß zur Elternschaft als konstitutivem „Moment einer Familiengründung.“[40] Deshalb wird im folgenden weiterhin mit dem Begriff der Kernfamilie operiert und dieser den weiteren Ausführungen zur Familie zugrundegelegt. Von einem christlichen Standpunkt aus kommt das Experimentieren mit neuen familialen Lebensformen an eine Grenze und verliert damit seine Berechtigung, wenn diese Lebensformen die Suche des Men-

---

36 Gruber, H.-G., Familie, 56

37 vgl. Burkart, G./Kohli, M., Liebe, Ehe, Elternschaft. Die Zukunft der Familie, München 1992, 277

38 Kaufmann, F.-X., Zukunft der Familie, 151

39 Nave-Herz, R., Familie Heute. Wandel der Familienstrukturen und Folgen für die Erziehung, Darmstadt 1994, 13; Danach wachsen „87% aller Kinder unter 18 Jahren in den alten und 82% in den neuen Bundesländern in dieser herkömmlichen Kernfamilie“ auf. (ebd., 15)

40 vgl. Kaufmann, F.-X., Zukunft der Familie, 42-43; nach Kaufmann könnte man „in der Sprache der Institutionentheorie von einer Deinstitutionalisierung der Ehe und einer verstärkten Institutionalisierung der Elternschaft sprechen“. (165)

schen nach kontinuierlicher Geborgenheit, Solidarität und Liebe nicht erfüllen, sondern zu einem lebenslangen Suchen, Finden und Fallenlassen wechselnder Partner wird. Eine solche Lebensweise wird dem Menschen und seinem Wunsch nach einer gelingenden Identitätsausbildung nicht gerecht und beinhaltet somit inhumane Tendenzen. „ Erst wenn zwei Menschen füreinander die unaustauschbar anderen sind und sich in dieser vorbehaltlosen, unbedingten Haltung begegnen, konstituieren und begegnen sie sich als Personen.“[41] Dafür gilt es Kompetenzen zu erwerben, mit Hilfe derer Beziehungen in und außerhalb von Familie kreativ, konstruktiv und gelingend gestaltet werden können.

Die familiale Vermittlung von Kompentenzen zur Ermöglichung von Identitätsausbildung ist in allen familialen Lebensformen zu leisten, teilweise allerdings unter vielfältig erschwerten Bedingungen. Die Konzentration auf die Kernfamilie als häufigste Erscheinungsform will dabei die Relevanz der Ausführungen für die anderen familialen Lebensformen nicht relativieren.

Ebenfalls beibehalten wird die Einteilung des Gesamtfamilienverlaufs in einzelne Zyklen, da das „phasenorientierte Entwicklungsmodell der Familie ... idealtypisch auf Zyklen aufmerksam machen“ will, „die unterschiedliche Bewältigungskonzepte erforderlich machen.“[42] Dies gilt unabhängig von der Kontinuität der primären Bezugspersonen, wobei nicht geleugnet werden kann, „daß sich der Familienzyklus entscheidend ändert, wenn Ehen auseinandergehen.“[43]

In Bezug auf die Sozialisations- und Erziehungsaufgabe der Familie ist die Kenntnis der einzelnen familialen Phasen hilfreich, um situations- und entwicklungsspezifisch unterstützend handeln zu können. Zusätzlich gilt es zu berücksichtigen, daß die beschriebenen Tendenzen unserer modernen Lebenswelt für die Heranwachsenden zusätzliche Spannungen und Konflikte mit sich bringen.

---

41 Gruber, H.-G., Familie, 88

42 Mühlfeld, Claus, Ehe und Familie, 98

43 Hettlage, R., Familienreport, 159

II.3. Die Familie als soziale Institution: Aufgaben und Grenzen

II.3.1. Die Familie als soziale Institution

Wenn im folgenden die Familie als Institution bezeichnet wird, gilt es zunächst den Begriff der Institution zu klären:

„Institutionen haben soziologisch gesehen mehrere Dimensionen. Sie reduzieren vor allem einmal die Komplexität der vom menschlichen Antriebspotential her möglichen Vielfältigkeit menschlicher Handlungsmöglichkeiten und selektieren einige zu kulturellen Wertmustern und zu menschlichen Bedürfnispositionen aus. Insofern sind Institutionen immer normative Wertsysteme, die auf der Persönlichkeitsebene auf die Genese entsprechender Motivationen hinarbeiten“[44]. Als solche stellen sie eine relevante Voraussetzung für die Ausbildung der überzeugungsbildenden Kompetenz dar. „Neben dieser normativen Dimension gibt es in den Institutionen die Verteilung der Institutionsarbeit auf Positionen und Rollen. Dadurch entsteht ein Gruppenzusammenhang und eine bestimmte Organisation von Verhaltensmustern zwischen Institutionsmitgliedern.“[45], die für eine notwendige Balance zwischen Individualität und Sozialität hilfreich sind.

Die Kernfamilie hat sich im Prozeß der gesellschaftlichen Differenzierung zur sozialen Institution entwickelt, der ganz spezielle für die Gesellschaft wichtige Funktionen übertragen wurden. Gleichzeitig verlor jedoch die traditionelle Familie auch Aufgaben, so daß in diesem Zusammenhang vielfach von einem Funktionsverlust die Rede ist. Der Realität entsprechend wäre es jedoch richtiger, von einem Funktionswandel zu sprechen. Denn während einige traditionelle Funktionen der Familie verlorengingen, „gewann aber ihre Funktion als Sympathie- und Solidaritätssystem“ stark an Bedeutung.“[46], d. h., daß sich durch „die (partielle) Übernahme vieler Funktionen der Familie durch den Staat und spezialisierte Dienstleistungsbereiche (...) der Nutzen der Familie für die einzelnen Mitglieder heute auf ihre „Personalitätsfunktionen“, das heißt, die Befriedigung emotionaler Bedürfnisse und die Möglichkeiten der Persönlichkeitsentfaltung“ konzentriert, „während die Bedeutung der materiellen Absicherung zurückge-

---

44 Wössner, J., Familie und Religion in der Säkularisierung, 83

45 Wössner, J., Familie und Religion in der Säkularisierung, 84

46 Molinski, W., Familie heute - Versuch einer sozialethischen Bewertung, in: Wingen,M. (Hg.): Familie im Wandel - ..., Bad Honnef 1989, 144

treten ist“[47]. Dieser Funktionswandel kann somit als entscheidende Voraussetzung für eine gelingende Identitätsausbildung als Ziel menschlicher Entwicklung gewertet werden. Die Familie hat viele Funktionen verloren, „bis sie schließlich ihre eigene fand [10]; ihre eigenste Funktion sei in einem kleinen Kreis von Menschen verschiedenen Geschlechts, die in einer emotionellen Einheit gegenseitiger Liebe verbunden sind. *So habe die gegenwärtige Familie an Qualität gewonnen, was ihr an quantitativer Ausdehnung abgehe.“*[48]

„Im Zuge funktionsorientierter struktureller Differenzierung entsteht neben dem Staat, der Marktwirtschaft und der Kirche als institutionellen Trägern politischer, ökonomischer bzw. religiöser Funktionen die Familie als nunmehr auf Fortpflanzung, Erziehung und Regeneration des Arbeitsvermögens spezialisierter Handlungszusammenhang. Natürlich geschieht in Familien noch vieles mehr, aber diese drei Leistungen bedingen das öffentliche Interesse an Familie: Kein anderer Lebenszusammenhang ist in Sicht, der die sich für jede Gesellschaft stellende Aufgabe der Nachwuchssicherung, der Sozialisation des Nachwuchses und der physischen und psychischen Regeneration im Regelfall in ähnlich effektiver und emotional befriedigender Weise lösen könnte.[49] Dies ist um so notwendiger als auch schwieriger, da mit der Entstehung einer größeren Zahl von Institutionen, „die ganz bestimmte Funktionen erfüllten“ die Folge „von weniger totalen menschlichen Kontakten und mehr funktionalen zwischenmenschlichen Beziehungen“[50] verbunden war. Das Bedürfnis des Menschen nach ganzheitlichen Beziehungen wird somit auf den familialen Binnenraum beschränkt und dieser aufgrund der hohen Erwartungen der einzelnen Familienmitglieder sehr oft überfordert.

Die einzelnen Teilsysteme bilden „*heterogene* Handlungssphären und Funktionsräume“[51], die in unterschiedlicher Weise miteinander korrelieren, aber gleichzeitig „jeweils *unterschiedlichen*, teils gegenläufigen Imperati-

---

47 Köcher, R., Unterschätzte Funktionen der Familie, 24

48 König, R., Themenwandel in der gegenwärtigen Soziologie der Familie, in: Familie - Herausforderung der Zukunft ... Freiburg (Schweiz) 1982, 9
König bezieht sich hier auf Robert Mac Iver, The Elements of Social Science, London 1921.

49 Kaufmann, F.-X., Sozialpolitik und Familie, in: Aus Politik und Zeitgeschichte. Beilage zur Wochenzeitung Das Parlament B 13 (1988), 35

50 Wössner, J., Familie und Religion in der Säkularisierung, 85

51 Tyrell, H., Familie und Religion im Prozeß der gesellschaftlichen Differenzierung, in: Eid,/ Vaskovics , L. (Hg.), Wandel der Familie - Zukunft der Familie, Mainz 1982, 19

ven und Eigenlogiken folgen können."[52] Inwieweit die Korrelation der Familie mit der Gesellschaft und den Institutionen Wirtschaft und Kirche, deren Funktions- und Aufgabenbereich einschränkt, wird zu prüfen sein. Aufgrund der vorhandenen Wechselseitigkeit werden umgekehrt die im folgenden auf ihren Einflußbereich hin zu untersuchenden Bereiche Staat, Gesellschaft, Wirtschaft und Kirche ihrerseits von der Familie beeinflußt, denn „Normen, Rollenerwartungen und Kommunikation innerhalb einer Institution" können „durch entsprechende Vorgänge in anderen Institutionen oder sozialen Systemen" beeinflußt werden „und sind so imstande „Wandel auszulösen"[53]. Gleichzeitig verdeutlicht eine Annäherung dieser Art an die geforderte und die mögliche Leistung der Familie ihre gegenwärtige äußere mißliche Lage. Sie trägt zur Verstärkung der innerfamilialen Probleme und Konflikte bei, die unter anderem durch „Individualisierung" und „Überemotionalisierung" ausgelöst werden.

Familie als soziale Institution hat allgemein folgende Funktionen zu erfüllen:

- die biologische Reproduktion der Gesellschaft
- die soziale Plazierung der Kinder
- physische Erhaltung der Familienmitglieder
- Spannungsausgleich
- Haushalts- und Freizeitfunktion
- Sozialisations- und Erziehungsfunktion.[54]

Daß die oben erwähnte Korrelation der Familie mit anderen Institutionen diese Funktionen einschränkt, erschwert und verändert, wird im folgenden gezeigt. Der Schwerpunkt liegt dabei, dem Thema dieser Arbeit entsprechend, auf der Sozialisations- und Erziehungsfunktion der Familie. Eine Einschränkung ergibt sich hier schon aus der Tatsache, daß die Priorität der Familie in diesem Bereich zwar anerkannt wird, die Kinder jedoch auch durch die Schule und andere Einflußbereiche sozialisiert und erzogen werden. Für die Eltern entsteht dabei eine nicht zu unterschätzende Anforderung, „dem Kind bei der Verarbeitung einer zu großen Heterogenität der Eindrücke und einer tendenziellen Überforderung durch die konkurrieren-

52 Tyrell, H., Familie und Religion, 19
53 Wössner, J., Familie und Religion in der Säkularisierung, 99
54 vgl. hierzu: Hamann, B., Familie heute. Ihre Funktion und Aufgabe als gesellschaftliche und pädagogische Institution, Frankfurt a. M. 1988, 28-38

den Einseitigkeiten seiner Bezugssysteme behilflich zu sein, ohne den eigenen Standpunkt absolut zu setzen."[55]

II.3.2. Die Korrelation der familialen Funktionen mit anderen Institutionen

Im folgenden wird punktuell aufgezeigt, wie die Familie durch Staat, Gesellschaft, Wirtschaft und Kirche in der Ausübung ihrer Funktionen gesteuert wird. Der Gesamtzusammenhang der öffentlichen Bereiche, der sehr vielfältig ist, muß dabei notwendigerweise verkürzt dargestellt werden. Darauf wird im Text selbst an den betreffenden Stellen eigens hingewiesen.

Außerdem handelt es sich nie um direkten, sondern immer um indirekten Einfluß auf die Familie, da Art 6 Abs. 1 GG die Privatsphäre der Familie vor äußerem Zwang und damit auch direktem Einfluß schützt.

II.3.2.1. Die Korrelation von Familie und Staat[56]

Von den oben genannten Funktionen der Familie versucht der Staat vor allem die der „biologischen Reproduktion der Gesellschaft" durch politische Maßnahmen zu beeinflussen. Doch der Geburtenrückgang und das damit niedrige Level des generativen Verhaltens - „Die Bundesrepublik hat die niedrigste Geburtenrate der Welt."[57]- haben vielfältige Ursachen. Dazu zählt u. a. die individuelle Wertskala, mit einem oft sehr niedrig angesiedelten Kinderwunsch, während die Erfüllung im Beruf beispielsweise an erster Stelle rangiert. Als eine Ursache dafür kann sicher die

---

55 Kaufmann, F.-X., Zukunft der Familie, 136

56 Hier gilt es zunächst von Seiten der Regierung grundsätzlich zu klären, welchen Stellenwert sie der Familie innerhalb der Gesellschaft zuweist. Zur gegenwärtigen Diskussion um die rechtliche Gleichstellung anderer Lebensformen mit der Familie gilt es im Anschluß an Kaufmann festzuhalten: „Eine Gesellschaft, die nicht mehr in der Lage wäre, bestimmte Formen ihres Zusammenlebens deshalb zu privilegieren, weil sie sie als im Regelfalle sozial nützlicher ansieht, würde sich in Widersprüche verwickeln und ihren Mitgliedern Orientierungsleistungen vorenthalten, auf die sie im Regelfalle angewiesen sind." (Kaufmann, Zukunft der Familie, 225)

57 Köcher, R., Einstellungen zu Ehe und Familie im Wandel der Zeit. Eine Repräsentativuntersuchung im Auftrag des Ministeriums für Arbeit, Gesundheit, Familie und Sozialordnung Baden-Württemberg, Institut für Demoskopie Allensbach, Aalen 1985, 156

schwer zu realisierende Verbindung von Mutterschaft und Beruf genannt werden, „welche heute die Lebensleitvorstellungen der meisten jüngeren Frauen prägt".[58]

Auf eine gelingende Partnerschaft wird heute mehr und mehr der Akzent gesetzt, so daß nach einer Umfrage im Jahre 1984 „Die Mehrheit (...) überzeugt" ist, „daß das Eheglück durch Kinder nicht entscheidend beeinflußt wird"[59]. Vorherrschende individuelle Wertvorstellungen bilden sich jedoch in der sie umgebenden Lebenswelt und als Konsequenz der öffentlichen Meinung. Diese ist zumindest gekennzeichnet durch eine große Indifferenz Familien mit Kindern und ihren Lebensbedingungen gegenüber. Da politische Maßnahmen nicht direkt auf die Familienentwicklung einwirken können, sollte sich der Staat „darauf konzentrieren, die objektiven Folgen des Kinderhabens so zu beeinflussen, daß sich die Erwartungen junger Menschen, welche vor familialen Entscheidungen stehen, verbessern können."[60] Seine Aufgabe ist die Schaffung eines Rahmens, innerhalb dessen, „ die Bedrohung von Ehe und Familie nicht verstärkt, sondern abgebaut wird."[61], denn die familienfreundliche oder – feindliche Gestaltung der Lebensverhältnisse wirkt sich positiv oder negativ auf das generative Verhalten aus. Dabei handelt es sich jedoch nicht um ein monokausales Beziehungsgefüge, denn der veränderten Generativität liegen vielfältige Ursachen zugrunde, z. B. auch „eine Verschiebung von Pflicht- und Akzeptanzwerten zu Selbstentfaltungswerten".[62]

Der folgende schon 1979 formulierte Satz besitzt heute noch Gültigkeit: „In unserem Lande gibt es zwei leicht unterscheidbare Klassen: die Leute mit Kindern und die Kinderlosen. Die einen haben mehr Arbeit, die anderen mehr Geld."[63] Dabei sind in den vergangenen Jahrzehnten nicht „nur die direkten Kosten, sondern auch die „Opportunitätskosten" des Kinderhabens ... - insbesondere für die Frauen - stark gestiegen."[64] Gleichzeitig

---

58 Kaufmann, F.-X., Zukunft der Familie im vereinten Deutschland, 2

59 Köcher, R., Einstellungen zu Ehe und Familie, 156

60 Kaufmann, F.-X., Zukunft der Familie, 11

61 Tiling, P. v, Wehrlos gegen schicksalhaftes Scheitern? Der Staat hat gegenüber Ehe und Familie eine Schutzfunktion, in: Lutherische Monatshefte 26 (1987), 18

62 Nave-Herz, R., Familie heute, 61. Nave-Herz bezieht sich hier auf die die Analyse des Wertwandels nach Klages; vgl. hierzu: Klages, H. Wertorientierungen im Wandel – Rückblick, Gegenwartsanalyse, Prognosen, Frankfurt a. M. 1984

63 Tacke, W., Familie in der Bundesrepublik Deutschland, in: Caritas 81 (1980), 209 zitiert hier: E. Dessai, Auf dem Weg in die kinderlose Gesellschaft, Hamburg 1979, Klappentext

64 Kaufmann, F.-X., Sozialpolitik und Familie, 39

resultiert aus „der Kombination von Individuallohn und staatlicher Reglementierung des Arbeitslebens, insbesondere auch aus der Beschränkung des Arbeitslebens auf die mittlere Lebenszeit sowie aus dem Ausbau des Bildungswesens und der Kollektivierung der Alterssicherung ... eine ökonomische Entwertung der Kinder für ihre Eltern. Dem kollektiven Nutzen erweiterter Schulbildung entspricht immer weniger ein familialer Nutzen. Die Familie „investiert in Kinder", der Ertrag dieser Humankapitalbildung kommt jedoch nicht direkt den Eltern, sondern der Allgemeinheit, insbesondere der Wirtschaft und dem Staat, zugute.[65] Trotzdem „bleibt festzuhalten, daß das ökonomisch irrationale Tun des Kinderhabens offensichtlich immer noch im Regelfall mit Lust und Freude verbunden ist, sonst wäre nicht zu erklären, daß sich immer noch die Mehrzahl junger Leute früher oder später entschließt, wenigstens ein Kind zu bekommen."[66]

Insgesamt muß es bei familienpolitischen Maßnahmen um die Arbeitsmarktlage, die Wirtschaftslage, familiengerechten Wohnungsbau, kinderfreundlichere Gestaltung von öffentlichen Einrichtungen aller Art, aber auch um immaterielle Hilfen gehen. „Sie scheinen wichtiger zu sein als die materiellen Zuwendungen, wenn ein Klima der Kinderfreundlichkeit entstehen soll. Dazu gehören: bewußtseinsmäßiger Abbau der Kinderfeindlichkeit durch Verbesserung der Familiensolidarität, statusmäßige Anhebung der Ehefrau als Mutter, Anerkennung der Hausfrauentätigkeit als Vollberuf, richtiges Verstehen der Emanzipation."[67]

In den letzten Jahren verbesserten einige familienfreundliche politische Maßnahmen die Situation junger Familien. Dazu gehören unter anderem Erziehungsgeld, Erziehungsurlaub, Arbeitsplatz- und Rückkehrgarantie in den Beruf sowie" die „Anerkennung von Kindererziehungszeiten in der Rentenversicherung"[68]. Dennoch fehlen noch „kürzere Arbeitszeiten oder ein erhöhtes Angebot an Teilzeitarbeit"[69] und ein ausreichendes Angebot an Kindergartenplätzen für Familien in der Phase der Primärsozialisation. Der Staat sollte „Rahmenbedingungen schaffen", die Müttern und Vätern Alternativen bieten, zwischen denen eine Entscheidung für die konkrete Familiensituation getroffen werden kann. Der „Grundgedanke

---

65 Kaufmann, F.-X., Sozialpolitik und Familie, 37

66 Kaufmann, F.-X., Sozialpolitik und Familie, 41

67 Tacke, W., Familie in der Bundesrepublik Deutschland, 215

68 Süssmuth, R., Familie - Menschwerdung - Gesellschaft, in: Johannes Gründel (Hg.), Leben aus christlicher Verantwortung. Ein Grundkurs der Moral. Bd. 3: Partnerschaft - Ehe - Familie - Leibliches Leben - Kirche, Düsseldorf 1992, 118

69 Süssmuth, R., Familie - Menschwerdung - Gesellschaft, 118.

einer familienfreundlichen Politik muß es sein, Familien als autonome Solidargemeinschaften ernst zu nehmen, die durch die von niemandem beabsichtigte, jedoch in ihren Wirkungen offenkundige familiale Rücksichtslosigkeit[70] moderner Lebenszusammenhänge tendenziell überlastet sind. Diese Überlastung wurde bisher vor allem durch die einseitige Konzentration weiblicher Lebenszusammenhänge auf die Familie aufgefangen, zu der jedoch offensichtlich immer weniger Frauen bereit sind. ... Soll dies jedoch nicht zu Lasten der Attraktivität und sinkenden Leistungsfähigkeit familialer Lebenszusammenhänge gehen, scheinen erhebliche Umorientierungen der Arbeitsverhältnisse wie der Sozialpolitik unverzichtbar."[71]

Um dies zu ermöglichen, muß z. B. auch der vorhandene familienfeindliche Zwang zur Arbeitsplatzmobilität, die finanzielle Benachteiligung von Familien im Vergleich zu Doppelverdienern und der meist nicht familiengerechte Wohnungsbau neu überdacht werden. Es darf nicht übersehen werden, daß Familien, die mit den oben genannten Problemen zu ringen haben, auch in der Ausübung *all* ihrer Funktionen beeinträchtigt werden. „Angesichts der zunehmenden Pluralisierung familialer Lebensformen kann der Politik die Forderung nicht erspart werden, *selbst auf flexiblere Strategien* zu setzen, wenn sie familienfördernd wirken will.[72] Die konkreten Auswirkungen der politischen Maßnahmen liegen jedoch im autonomen Entscheidungsbereich der einzelnen Familien und können vom Staat nicht unmittelbar beeinflußt werden.

Insgesamt ist bei politischen Entscheidungen zu berücksichtigen, daß „man nur sehr zurückhaltend aus gesellschaftspolitischen Leitvorstellungen familienpolitische Maßnahmen ableiten" darf, „- um so mehr jedoch aus familientheoretischen Leitbildern gesellschaftspolitische Maßnahmen."[73]

---

70 Kaufmann spricht hier von struktureller Rücksichtslosigkeit, da die Strukturen unserer modernen Lebenswelt „mit ihrer fortschreitenden Spezialisierung und Rationalisierung immer selektiver und immer ausschließlicher auf die Bedürfnisse von Erwachsenen zugeschnitten" werden, wobei jedoch „auch die Erwachsenen stets nur unter bestimmten Gesichtspunkten in Betracht gezogen" werden, „worunter deren familiäre Verpflichtungen nur ausnahmsweise fallen." (Zukunft der Familie, 174)

71 Kaufmann, F.-X., Sozialpolitik und Familie, 43

72 Kaufmann, F.-X., Zukunft der Familie, 223

73 Rhonheimer, M., Sozialphilosophie und Familie. Gedanken zur humanen Grundfunktion der Familie, in: Familie - Herausforderung der Zukunft, ... Freiburg (Schweiz) 1982, 115

II.3.2.2. Die Korrelation von Familie und Gesellschaft

Die Gesellschaft beeinflußt alle familialen Aufgaben und Funktionen gleichermaßen, da die Familie insgesamt „unter dem Einfluß von gesamtgesellschaftlichen (makrosoziologischen) Bedingungsfaktoren, die positiv und/oder negativ auf die Familie einwirken“[74] steht. Die existierende Pluralität verunsichert die einzelnen Familien und beeinträchtigt ihre Funktionsausübung. Demgegenüber ist die „Gesamtgesellschaft (...) infolge ihrer Entwicklung in Richtung Anonymität, Totalisierung von Warenproduktion und Markt, Zerlegung menschlicher Ganzheit in immer kleinere und zusammenhanglosere Einzelelemente, Fremdbestimmung via kybernetisch - selbstregulierende technisch -technologische Prozesse tiefergehend denn je angewiesen auf das, was die einzelnen Menschen in ihren jeweiligen Beziehungseinheiten leisten oder nicht leisten.“[75] Diese Leistung, die Familien erbringen können und auf die unsere Gesellschaft dringend angewiesen wäre, beeinflußt sie jedoch negativ, denn den „Sinn und Zweck von Partnerschaft, Ehe und Familie können und müssen die Einzelnen miteinander erarbeiten, *aber gegen* die Gesellschaft. Denn die herrschenden Ideale einer warenproduzierenden Gesellschaft, nicht zuletzt via Medien, bis in den letzten Winkel des privaten Lebens hineintransportiert, wie: rascher Wechsel von Mode zu neuer Mode, flexibler Wechsel von Bindungen und Überzeugungen je nach Situation, jederzeitige Mobilität nach Marktlage, Orientierung ausschließlich am Käuflichen und Verkäuflichen, diese Ideale der sogenannten modernen Gesellschaft wirken unzweideutig beziehungs-, bindungs- und familienfeindlich.“[76] Dennoch darf Familie „nicht „Gegenstruktur“ zur Gesellschaft in dem Sinne werden, daß sie die gesellschaftlichen Standards nicht zur Kenntnis nimmt und ein „entfremdetes“ Eigenleben führt. Sie muß vielmehr die eigenen Werte mit den gesellschaftlichen konfrontieren und zu der Überzeugung führen, daß sie etwas Eigenes bieten kann, das in der Pluralität gesellschaftlicher Gebilde und Angebote unersetzlich ist.“[77]

Da auf die Familie jedoch unwahrscheinlich starke Außeneinflüsse einwirken - „über die öffentlichen Leitbilder, über die Werbung und die

---

74 Schmälzle, U. F., Ehe und Familie im Blickpunkt der Kirche, Freiburg 1979, 27-28

75 Schrödter, W., Familie und Beratungsarbeit. Zur Entwicklung der gesellschaftlichen Lage der Familie heute, in: WzM 38 (1986), 65

76 Schrödter, W., Familie und Beratungsarbeit, 64

77 Giers, J., Die Familie in der Heilsordnung, in: Weiler, R./ Zsifkovits, V., Familie im Wandel, Wien 1975, 180-181

Massenmedien", kann von Seiten der Eltern vielfach „nur noch Re-aktion auf eben die Einflüsse von außen"[78] erfolgen.

Mit dem Hilfsmittel „Medien" - hier sind vor allem die visuellen Medien hervorzuheben - wird außerdem versucht, die Meinung des einzelnen ebenso wie der ganzer Familien trendgemäß zu beeinflussen. Zu diesem Zwecke werden die Medien von allen öffentlichen Bereichen und Institutionen eingesetzt.

So wirken Medien mit ihrer Werbung auf das Konsum- und Freizeitverhalten der Zuschauer ein, und zeigen damit der verunsicherten Familie, wie sie ihre diesbezügliche Funktion, zeitgemäß erfüllen kann. Konsumbereitschaft und Konsumverhalten soll dadurch gesteigert werden, was jedoch inzwischen an immer deutlichere Grenzen stößt.[79]

Familiale Freizeit-, Sozialisations- und Erziehungsfunktion unterstehen dem Gebot der optimalen Förderung[80]. Die Freizeit der Kinder soll in diesem Zusammenhang möglichst vielfältig gestaltet bzw. verwaltet werden[81], oft genug auf Kosten von Spontaneität und Kreativität. „Ein Teil des Engagements der Eltern besteht darin, den Kindern Aktivitäten (Spiel-, Mal-, Musikgruppe etc.) zu organisieren, sie anzuleiten, zu bestärken, zu bewegen und unter Menschen zu bringen. Angesichts sinkender Kinderzahlen ist eine Einbettung in primäre, unmittelbar gegebene Kindergruppen mit ihren harten Anforderungen an Entsubjektivierung und das gemeinsame Aushandeln von Kontaktformen keine Selbstverständlichkeit mehr." Es stellt sich die Frage, ob „es durch elterliches Management wirklich hergestellt werden kann"?[82], da die in der traditionellen Familie mögliche ganzheitliche Erfahrung der Kinder immer mehr durch „Insel-Erfahrungen" und „Erfahrungen aus zweiter Hand" ersetzt werden, die zu diesem Zwekke eigens hergestellt werden.

Eine relevante Aufgabe von Sozialisation und Erziehung ist die Gewährleistung einer bestmöglichen sozialen Plazierung der Kinder, denn ihre „gesellschaftliche Stellung soll sich nämlich nach heutigen Vorstel-

78 Pöttgens, H., Die Familie in ihrer sozialen Gestaltungskraft, in: Neue Ordnung 34 (1980), 409

79 Das Engadiner Kollegium hielt deshalb im Jahre 1992 eine Tagung mit dem Titel: Die unersättliche Gesellschaft. Wieviel Konsum verträgt der Mensch? Freiburg-Basel-Wien 1992

80 vgl. dazu Beck-Gernsheim, E., Alles aus Liebe zum Kind, in: Beck/Beck-Gernsheim, Das ganz normale Chaos der Liebe, 168 ff.

81 vgl. dazu: Postman, N., Das Verschwinden der Kindheit, Frankfurt a.M. 1987, 146

82 Hettlage, R., Familienreport, 161

lungen nicht nach ihrer familialen Herkunft“ wie früher, „sondern nach ihren individuellen Fähigkeiten richten.“[83] Dies läßt „man“ sich auch etwas kosten, so daß die Anzahl der gewünschten Kinder zu einer Kostenfrage wird.

Die Funktion des Spannungsausgleichs, durch die Werte wie Toleranz, Kommunikationsbereitschaft und -fähigkeit, Verständnis füreinander und Konfliktfähigkeit gefördert werden, ist gefährdet durch die zunehmende Gewalt, beeinflußt durch die visuellen Medien. Obwohl die Familie als Lebensbereich der Intimität und Fürsorglichkeit eine hohe Wertschätzung erfährt, erziehen die Eltern ihre Kinder zur Durchsetzungsfähigkeit, wie es von der Wirtschaft erwünscht und praktiziert wird. Die Werteskala dafür, die Eltern dann in der Erziehung an ihre Kinder weitergeben, wird ihnen von den Medien übermittelt.

„Die Familie prägt die Entwicklung des Individuums und bestimmt“ jedoch auch „den sozialen Wandel in der Gesellschaft. Wer Einfluß nimmt auf das Leben in Ehe und Familie wird mit individuellen und gesellschaftlichen Interessen konfrontiert.“[84]

Obwohl es sich um ein wechselseitiges Beeinflussungsverhältnis von Familie und Gesellschaft und um „einen engen Zusammenhang zwischen Wandlungen auf der Ebene von Familie und Ehe einerseits und gesamtgesellschaftlichen Entwicklungen andererseits“[85] handelt, erscheint der Einfluß der Gesellschaft auf die Familie mit Hilfe der Medien als so gewaltig, daß sich die Frage stellt, inwieweit und unter welchen Bedingungen Eltern eigenständig ihre Funktionen ausüben und damit den modernen gesellschaftlichen Trends entgegenwirken können.

II.3.2.3. Die Korrelation von Familie und Wirtschaft

Mit dem Florieren der Wirtschaft steht und fällt unsere westliche Wohlstandsgesellschaft. Im Verlauf ihrer Entstehung kam es „zwar zu einer Nivellierung herkömmlicher Schichtunterschiede“, gleichzeitig entstanden

83 Molinski, W., Familie heute - Versuch einer sozialethischen Bewertung, in: Wingen, M. (Hg.): Familie im Wandel - ..., Bad Honnef 1989, 131

84 Schmälzle, U. F., Ehe und Familie im Blickpunkt der Kirche, 4

85 Wingen, M., Familie im Wandel - Situation, Bewertung, Schlußfolgerungen, Bad Honnef 1989, 14

jedoch „neue soziale Ungleichheiten, insbesondere auch hinsichtlich der Familien mit mehreren Kindern."[86]

Da finanzielles Wohlergehen für die meisten Menschen der westlichen Industrienationen eines der höchsten Güter darstellt, kann der Einfluß der Wirtschaft nicht hoch genug eingeschätzt werden. Er ist sicher eine relevante Ursache für die sinkende Geburtenrate in Deutschland, denn Familien können dem wirtschaftlichen Leitbild nicht mehr in dem Ausmaß folgen wie Alleinstehende und Ehepaare. [87]

In „der Familie geht es nicht um Gewinnmaximierung, Mobilität und Durchsetzungskraft, sondern um Verstehen und Verstanden werden, um Annehmen und Angenommen werden." Die Eltern „haben diese Gegensätzlichkeiten zwischen einer auf den einzelnen abgestellten, ökonomisch organisierten Arbeits- und Konsumwelt und einer gemeinschaftsbezogenen, persönlichen Familienwelt zu synchronisieren. Sie sind damit allein aber überfordert."[88]

So wird z. B. die soziale Plazierung der Kinder zur vorrangigen Aufgabe für die Eltern, dahinter steht der Wunsch nach einer immer besseren finanziellen Absicherung. „Mit der Betonung der Individualisierung und der Verstärkung des Konkurrenzdrucks auf die Kinder bereits im Grundschulalter wächst der Druck auf die Eltern, vor allem die Mutter, die Leistungsfähigkeit und die funktionalen Kontakte des Kindes zu fördern und es zur Autonomie zu erziehen. Für die Erziehung von weniger Kindern ist heute ungleich mehr Zeit aufzuwenden als in früheren Jahren und Jahrzehnten."[89] Das damit verbundene Konsumdenken als die *„innere Disposition"* und die *„Äußere Verfügbarkeit"*, die unsere Wirtschaft gewährleistet, „beeinflussen sich gegenseitig durch positive Rückkoppelung."[90] und in dieses „Immer-mehr-System"[91] sind schon die Kinder und Jugendlichen eingebunden. Daß damit auch Probleme entstehen, daß etwas fehlt, „wenn

---

86 Kaufmann, F.-X., Zukunft der Familie, 103

87 Gruber definiert das Leitbild der Wirtschaft als „die aktive Lebensplanung, die die eigene Person in den Mittelpunkt stellt und deren Gebote Mobilität, Unabhängigkeit, Selbständigkeit und Konsum heißen." (Gruber, H.-G., Familie, 121)

88 Gruber, H.-G., Familie, 159

89 Bertram, H./R. Borrmann-Müller: Individualisierung und Pluralisierung familialer Lebensformen, aus: Politik und Zeitgeschichte. Beilage zur Wochenzeitung Das Parlament B 13 (1988), 23

90 Grob, P., Einführung. Konsumieren wir uns zu Tode?, in: Die unersättliche Gesellschaft. Wieviel Konsum verträgt der Mensch?, Freiburg u.a. 1992, 7

91 Raab, P., Was fehlt, wenn es an gar nichts fehlt? Vom heimlichen Leid verwöhnter Kinder, in: Die unersättliche Gesellschaft, Freiburg u.a. 1992, 195

es an gar nichts fehlt[92], wird nur noch selten wahrgenommen. „Verwöhnte Kinder sind Kinder in Not, sind Problemkinder von verwöhnenden Eltern innerhalb einer bis zum Bersten mit Konsum- und Luxusgütern vollgestopften Gesellschaft, von Eltern also, die das rechte Maß auch für sich selbst verloren haben."[93]

Ein solches besitzorientiertes Denken fördert die Egozentrik des einzelnen und hemmt empathisches Verhalten gegenüber Mitmensch und Umwelt. Der Andere in seiner Not und die ökologischen Probleme werden dadurch zweitrangig. Dieses „a-soziale" Denken wird weiter verstärkt durch das in der Wirtschaft ausschließlich geltende Leistungsprinzip mit dem daraus folgenden Konkurrenzdenken. Nur wer etwas leistet, kann sich etwas leisten. Deshalb versuchen Eltern, ihren Kindern von klein an dieses Denken nahezubringen. Nicht nur im schulischen Bereich werden sie nach ihren Leistungen gemessen, sondern in allen Lebensbereichen sollen sie besser sein als die „Anderen". Daß ein solches Konkurrenzdenken den ansteigenden Gewalttendenzen in Kindergarten und Schule, auch wenn für diese noch weitere Ursachen verantwortlich sind, äußerst förderlich ist, liegt auf der Hand. Ein radikales Umdenken ist nötig, um sich den soeben skizzierten leitenden Prinzipien der Wirtschaft zu entziehen, ohne jedoch dabei zum gesellschaftlichen Aussteiger degradiert zu werden. Es kann angesichts der schon spürbaren Grenzen des Wirtschaftswachstums nicht mehr darum gehen, „die *Institution* der Familie an jene Epoche anzupassen, die vom Glauben an die technische Machbarkeit des Glücks geprägt war, sondern es gilt, diese Epoche zu überwinden."[94]

Trotz dieses immensen Einflusses der Wirtschaft auf die Familie muß auch hier von einem wechselseitigen Verhältnis ausgegangen werden, in dem die Familie einen nicht zu unterschätzenden Stabilitätsfaktor für die Wirtschaft darstellt, denn die „verinnerlichte Dauerverpflichtung zur Berufsarbeit ist in hohem Maße eine familienspezifische und familial erzeugte Einstellung." und „kann innerwirtschaftlich allein auch nicht genügend erzeugt werden."[95]

92 Raab, P., Was fehlt, wenn es an gar nichts fehlt?, 195
93 Raab, P., Was fehlt, wenn es an gar nichts fehlt?, 195
94 Millendorfer, J., Gedanken zur Funktion der Familie im Wandel der Gesellschaft, in: Weiler/Zsifkovits: Familie im Wandel, Wien 1975, 233
95 Gruber, H.-G., Familie, 71

II.3.2.4. Die Korrelation von Familie und Kirche

Während der Einfluß von Staat, Gesellschaft und Wirtschaft alle Familien gleichermaßen betrifft, steht in unserer gegenwärtigen westlichen Kultur nur noch ein geringer Prozentsatz der Familien im Einflußbereich der Kirche. Diesem kann man sich, im Unterschied zu den drei anderen Bereichen, durch Fernbleiben weitgehend entziehen.

Ein Großteil der Familien in unserer Gesellschaft pflegt keinen Kontakt mehr zur Kirche. Die feierlichen Umrahmungen von Festen, die herausragende Ereignisse des Lebensweges markieren, werden zwar oft noch in Anspruch genommen, ansonsten aber lebt man in Distanz. „Infolge der relativen Verselbständigung der Familien gegenüber religiöser Organisationen werden kirchliche Werte und Normen durch die Familien *selektiv*, d.h. nach den Kriterien des subjektiven Bedürfnisses, der Zustimmung und Auswahl der die Sozialisationsinhalte bestimmenden Personen (Eltern) tradiert. Die Familien sind also kraft ihrer Sozialisationswirkungen in der Lage auf das Wert- und Normsystem religiöser Organisationen und damit auf die Religion *als Institution* selbst einzuwirken.“[96], denn die Kirche braucht „die Familie nicht nur zur Rekrutierung ihrer Mitglieder, sondern auch zur Einsteuerung in ein entsprechendes Mitgliedschaftsverhalten.“[97] Das Weiterexistieren „kirchlich institutionalisierter Religion“ ist somit im wesentlichen abhängig von einer entsprechenden Sozialisierung.[98]

Ihr Interesse an der Familie bekundet die Katholische Kirche durch thematisches Aufgreifen des Lebensbereiches der Familie[99], verkürzt diesen jedoch fast ausschließlich auf die Bereiche schöpfungs- und erlösungstheologischer Aussagen, moraltheologischer Überlegungen - hier fast ausschließlich auf den Bereich der Sexualität, und die Familie als „Instrument kirchlicher Sozialisation.[100] Starre und verfestigte Ansichten wiederholen sich, die den einzelnen, konkreten Menschen weder wahrnehmen noch berücksichtigen, so daß sich dieser mit seinen Problemen nicht ernst ge-

---

96 Vaskovics, L., Religion und Familie - Soziologische Problemstellung und Hypothesen, in: J. Wössner (Hg.): Religion im Umbruch. Soziologische Beiträge zur Situation von Religion und Kirche in der gegenwärtigen Gesellschaft, Stuttgart 1972, 349

97 Wössner, J., Familie und Religion in der Säkularisierung, 88

98 vgl. Wössner, J., Familie und Religion in der Säkularisierung, 88

99 So befaßte sich z. B. die römische Bischofssynode 1980 mit dem Thema „Ehe und Familie“. Im Anschluß daran veröffentlichte Papst Johannes Paul II. ein Apostolisches Lehrschreiben unter dem Titel „Familiaris Consortio“.

100 vgl. hierzu: G. und X. Pfister-Schölch, Elemente einer Theologie der Familie, in: Diakonia 23 (1992) 251

nommen fühlen muß. So stellt z. B. die Sexualität für viele junge Ehepaare nicht das größte Problem dar, vielmehr werden Arbeitslosigkeit, Konfliktbewältigung und Erziehungsfragen angesichts der herrschenden Pluralität als bedrohend und damit als lösungsbedürftiger empfunden. Hier ist die Kirche angefragt, konstruktiv und kreativ helfend einzugreifen, auf den Menschen in seiner konkreten Not zuzugehen, um einerseits ihrem christlichen Auftrag gerecht zu werden und sich andererseits wieder ernsthaft Gehör zu verschaffen.

Das Thematisieren bleibt ohne pastorale Konsequenzen. Die kirchliche Praxis scheint die Familie nicht in ihrer Ganzheit wahrzunehmen.

Die Bedeutung der Familie für die religiöse Erziehung der Kinder wird erkannt und betont, da man davon ausgehen muß, „daß die spezifisch kulturellen Elemente der Kirchen nicht in abstrakter Form, sondern als situationsgebundene Verhaltensmuster weitergegeben werden. Dies geschieht auf jeden Fall im Sozialisierungs- und Enkulturationsprozeß."[101] An Hilfe und Unterstützung der Eltern bei dieser Aufgabe mangelt es jedoch. Da viele junge Erwachsene selbst eine defizitäre religiöse Erziehung hinter sich haben, sind sie der Aufgabe nicht gewachsen und können - alleingelassen - nur resignieren.

Um den Familien wertvolle Impulse geben zu können, die die Kirche kraft der christlichen Lehre zweifelsohne besitzt, muß sie zunächst realitätsgerecht deren Probleme wahrnehmen, versuchen zu deren Lösung mit beizutragen und sich von positiven Impulsen, die von zahlreichen jungen Familien ausgehen, z. B. in Bezug auf gelebte Solidarität, „des die Grenzen der Familie überschreitenden sozialen Engagements"[102] u.a.m., ebenfalls betreffen lassen. „Eine Kirche im Wandel könnte sich zusammen mit der Familie wandeln."[103]

II.3.2.5. Schaubild (siehe nachfolgende Seite)

Die folgende Skizze veranschaulicht noch einmal die vorangegangenen Ausführungen zur Korrelation von Wirtschaft und Familie, Staat und Familie, Gesellschaft und Familie, Kirche und Familie. Dabei wird die Realität vereinfacht dargestellt, da Wirtschaft, Staat, Gesellschaft und Kirche,

---

101 Wössner, J., Familie und Religion in der Säkularisierung, 89
102 Gruber, H.-G., Familie, 72
103 Bleistein, R, Familie als Thema, in: StdZ 201 (1983)3, 206

die sich gegenseitig ebenfalls beeinflussen, im Rahmen dieser Arbeit nur in ihrer Beziehung zur Familie berücksichtigt werden.

Auch wenn die Familie objektiv als soziale Institution zu betrachten ist, die bestimmte Funktionen innerhalb unserer Gesellschaft erfüllt und dabei mit der Funktionsausübung anderer Institutionen korreliert, interpretiert die „funktionalistische Sicht der Familie" diese Korrelation „einseitig in Richtung einer Ableitung familialer Rechte und Pflichten aus dem Auftrag größerer übergeordneter sozialer Zusammenhänge". „Sie verkennt" dabei „die ursprüngliche soziale Werthaftigkeit der Familie, ihren nicht ableitbaren Eigencharakter als ursprünglich menschliche Form sozialen Miteinanderlebens."[104] Familie als ursprüngliche Lebensgemeinschaft „besitzt einen spezifisch menschlichen Sinn, humane Funktionen, die zwar auf die bürgerliche Gesellschaft einwirken, aber in ihrer Sinngebung und in

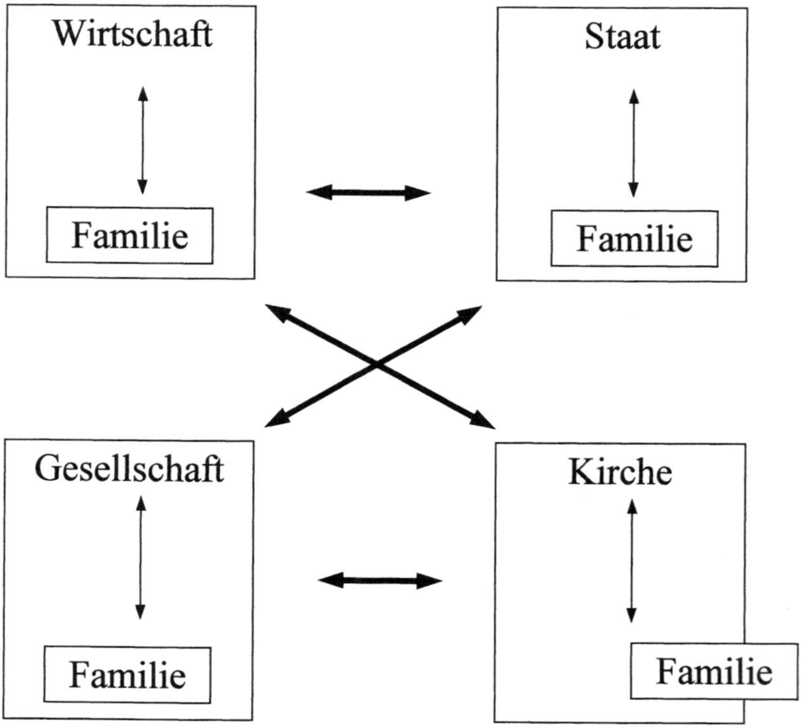

[104] Lau, E. E., Familie als Chance gemeinsamen Lebens - Gegen die funktionalistische Einengung der Familie, in : Lebendiges Zeugnis 34 (1979), 23

ihrem Inhalt nicht von ihr abhängig sind“[105], sehr wohl jedoch in den Konkretionen von Sinn und Inhalt. Somit kann die Familie „zum Bereich des dem gesellschaftlichen Handlungszusammenhangs vorgeordneten, von ihm unabhängigen und spezifisch Menschlichen“ gerechnet werden. „Trotz aller gesellschaftlichen Sekundärfunktionen, welche die Familie aufgrund ihrer sozialen Umwelt in historisch wandelbarer Weise übernehmen kann, bleibt immer noch eine spezifisch humane, und deshalb natürliche Primärfunktion bestehen.“[106] Betrachtet man Familie unter diesem Aspekt, erkennt man, daß sie Chancen und Möglichkeiten in Bezug auf ihre Funktionen, insbesondere ihre Erziehungs- und Sozialisationsfunktion besitzt, die anderen Institutionen niemals zur Verfügung stehen.

II.4. Familie als alternativlose Lebensform: Ihre Chancen und Grenzen in Bezug auf familiale Moral- und Glaubenserziehung

Familie bietet die Möglichkeit intensiven Zusammenlebens und muß deshalb primär als Lebensform und nicht als Institution pädagogischer oder sozialer Art verstanden werden. Als Lebensform, als Form gemeinsamer Lebensgestaltung, scheint sie real alternativlos dazustehen. Familien gab es schon immer, vor ihrem historischen Wandel im 19. Jahrhundert ebenso wie in den heute existierenden unterschiedlichen familialen Lebensformen.

Die Interaktion der Familienmitglieder, die verwandtschaftlich, emotional und räumlich eng miteinander verbunden sind, kann in der Familie so persönlich und intim gestaltet werden, wie dies in keiner anderen menschlichen Gemeinschaft möglich ist. Dies ist im hier vorgestellten Zusammenhang, in dem es um die Chancen der Familie in Bezug auf Moralerziehung geht, von großer Relevanz, weil in „ethischer Hinsicht ... die moderne Familie als intergenerationale personale Lebens- und Wohngemeinschaft zu definieren“[107] ist.

---

105 Rhonheimer, M., Sozialphilosophie und Familie. Gedanken zur humanen Grundfunktion der Familie, in: Familie - Herausforderung der Zukunft, ... Freiburg (Schweiz) 1982, 114

106 Rhonheimer, M., Sozialphilosophie und Familie, 119

107 Gruber, H.-G., Familie, 65

II.4.1. Familie als gelebte Wirklichkeit

Denkt man in Bezug auf die Familie nur an Funktionen und Rollen, vergißt man, daß „Familie einen Wert in sich hat - in ihrem Lebensvollzug, in der personalen Intensität des Miteinander, in ihrer Verläßlichkeit“[108]. Gleichzeitig bezieht die Sichtweise der Familie als Institution mit den dazugehörenden Funktionen „Familie einseitig auf das ihr übergeordnete System Gesellschaft. Die Bedeutung für den einzelnen bleibt ausser acht, dementsprechend auch die einzigartige Mittlerstellung der Familie zwischen Individuum und Gesellschaft.“[109] Denn die Familie steht im „Spannungsfeld zwischen Institution und Individualität“[110], aus dem sich Unsicherheit und Ambivalenzen entwickeln können, und somit ist Familie „Institution und Verhalten zugleich“[111]. Deshalb scheint es notwendig zu sein, „zwischen Familien als gelebter Wirklichkeit (= familiales Zusammenleben als konkrete Alltagswirklichkeit) und demgegenüber dem institutionellen Rahmen von Familienleben (= Familie als Institution) zu unterscheiden.“[112] Wenn man von der Familie als gelebter Alltagswirklichkeit spricht, versteht man darunter einen dynamischen Prozeß - verdeutlicht z.B. durch die unterschiedlichen Phasen des Familienzyklus-, während Familie als Institution, „gekennzeichnet u.a. durch Formen der gesellschaftlichen Anerkennung, sehr viel mehr auf Dauer gestellt“[113] ist. Im Hinblick auf die Familie als Lebensform kann man deshalb auch nicht von „der“ Familie sprechen, „es gibt in Struktur und Funktionserfüllung unterschiedliche Familien“[114]. Relevant ist dabei jedoch die Garantie eines *„sozialen Existenzminimums“*: „zu ihm gehören nicht nur Menschen in familialen Rollen; dazu gehört auch ein Minimum an familialer Solidarität und Nächstenhilfe, an Zusammengehörigkeit und Verantwortung füreinander.“[115] In diesem Zusammenhang gewinnt die Familie Relevanz für das Individuum. Ihre Wertschätzung ist demnach sowohl gesellschaftlich als auch individuell ungebrochen. „Die Bedeutung der Familie für die eigene

108 Platz, V., Ehe und Familie - eine Anfrage an die Kirche. Perspektiven einer Ehe- und Familienpastoral, in: Diakonia 11 (1980), 228

109 Lüscher, K., Bausteine zu einem zeitgemässen Verständnis von Familie, in: Reformatio 31 (1982) 10, 558

110 Lüscher, K., Bausteine, 559

111 Lüscher, K., Bausteine, 560

112 Wingen, M., Familie heute, 30

113 vgl. hierzu Wingen, M., Familie heute, 30

114 Wingen, M., Familie heute, 30f

115 Pöggeler, F., Familie und Erziehung, in: Weiler, R./Zsifkovits, V., Familie im Wandel, Wien 1975, 198-199

Existenz wird" dabei „in erster Linie über die Geborgenheit in einer Gruppe von Menschen definiert, die von Vertrauen, Liebe und Verständnis geprägt ist, dem einzelnen Entfaltungsspielraum läßt und Identifikationsmöglichkeiten bietet."[116] Bezogen auf unsere Gesellschaft und den „sogenannten modernen Menschen" ist „Familie als kleine Lebenswelt" „überlebenswichtig geworden. Sie ist zu jenem Platz geworden, wo „Lebensheiligtümer" (P. M. Zulehner) wie *Wachsen*-Können und *Heimat*-Haben einen Ort haben sollen."[117] Damit ist Familie „zu einer Art schützender Nische geworden gegenüber einer anonym-rational orientierten Öffentlichkeit. Sie wird zum Symbol für einen privaten (und oft privatisierten) Lebensraum, in dem man Gefühle und Emotionen leben und ausleben darf."[118] Gleichzeitig kann und soll sich der einzelne in der Familie als *ganzer* Mensch wahr- und angenommen fühlen, während er in der Gesellschaft immer nur aufgrund einer begrenzten Rolle oder anhand einer spezifischen Kompetenz von Bedeutung ist.[119] Deshalb ist die Familie enorm wichtig „für die Person- und Sozialentwicklung des Menschen, für die Entstehung des „Urvertrauens", als Vertrauen zu sich selbst und zu anderen Menschen, für die orientierende Vermittlung in die Gesellschaft - Gesellschaftsfähigkeit und Gesellschaftstüchtigkeit -, kurz für die weichenstellende Aufgabe in bezug auf die Lebensfähigkeit des Menschen und damit einer Gesellschaft."[120]

Die Familie prägt und bestimmt den Alltag und damit auch das Alltagshandeln ihrer Mitglieder. Dadurch bietet sie die „Chance zur gemeinsamen Alltagsbewältigung"[121]. Hier entwickeln sich „die sozialen Gewohnheiten und grundlegenden Fähigkeiten, die uns das selbstverständliche Zusammenleben mit anderen erst ermöglichen."[122]

Familie kann darüber hinaus als „Verflechtung von Lebensgeschichten" bezeichnet werden, da sie „in einzigartiger Weise die Lebensgeschichten von Individuen zu einer gemeinsamen Geschichte" verknüpft[123]

116 Köcher, R., Unterschätzte Funktionen der Familie, 24

117 Karrer, L., Familie -zwischen Wunsch und Lebbarkeit, in: Diakonia 23 (1992), 218

118 Karrer, L., Familie, 219

119 vgl. hierzu: Weiler, R., Familie: Tor zur Humanität, in: Weiler/Zsifkovits: Familie im Wandel, Wien 1975, 189-190

120 Pöttgens, H., Die Familie in ihrer sozialen Gestaltungskraft, in: Neue Ordnung 34 (1980), 405

121 Lau, E.E., Familie als Chance gemeinsamen Lebens - Gegen die funktionalistische Einengung der Familie, in: Lebendiges Zeugnis 34 (1979), 19

122 Lau, E.E., Familie als Chance, 18

123 Lau, E.E., Familie als Chance, 20

und so einen „Lebenszusammenhang" für den einzelnen und zwischen den verschiedenen Familienmitgliedern herstellt.

„Angesichts der Tatsache, daß der Mensch völlig ungebildet zur Welt kommt, bietet die Familie dem Kind jene Bezugsgruppe, in der es seine ersten sozialen Erfahrungen machen kann und in der es seine Grundstrukturierung erfährt. Durch die emotionale Wärme der Mutter wird jenes Vertrauen vermittelt, sich mit seiner Umwelt auseinanderzusetzen. Hier lernt das Kind die Geschlechterrollen und erwirbt die bestimmenden Züge eines moralischen und religiösen Bewußtseins, seiner Leistungsmotivation und schließlich werden in dieser Phase die sprachliche und kognitive Entwicklung entscheidend beeinflußt."[124]

Aus diesem Grunde wird die Familie zunächst in ihrer Relevanz als Beziehungs- und Lerngemeinschaft dargestellt. Daraus können dann die Chancen und Grenzen familialer Moral- und Glaubenserziehung entwickelt werden.

II.4.1.1. Familie als Beziehungsgemeinschaft

a) allgemein

Kein Mensch existiert für sich allein [125]. Jeder Mensch wird in eine Familie hineingeboren, deren Mitglieder für ihn immer mehr zu signifikanten Anderen werden. Im psychologischen Sinn kann Familie „als eine soziale Beziehungseinheit gekennzeichnet werden, die sich besonders durch Intimität und intergenerationelle Beziehungen auszeichnet."[126] Hier kann „Brüderlichkeit und gegenseitige Hilfe in solidarischer Verbundenheit und Verpflichtung (...) ursprunghaft (...) erlebt und gelebt"[127] werden.

Für den positiven Verlauf seiner Entwicklung muß ein Kind „angenommen sein, es muß Wertschätzung erfahren, es braucht neben der materiellen Hilfe auch affektive Zuwendung, „erzieherische Hilfestellung, spi-

124 Wössner, J., Familie und Religion in der Säkularisierung, 101

125 vgl. Kap. I.1.2.2.

126 Petzold, M., Familienentwicklungspsychologie. Einführung und Überblick, München 1992, 42

127 Giers, J., Die Familie in der Heilsordnung, in: Weiler/ Zsifkovits: Familie im Wandel, Wien 1975, 182

rituelle Förderung".[128] All dies ermöglicht das familiale Beziehungsgeflecht. Auch wenn sich Probleme aus den unterschiedlichen „Beziehungsqualitäten" ergeben können - es ist somit nicht gleichgültig, in welche Familie man hineingeboren wird [129] - gibt es keine menschliche Gemeinschaft, die auch nur annähernd gut auf die menschlichen Bedürfnisse eingehen kann, wie die Familie. „Während für die öffentlichen Bereiche in Wirtschaft und Politik" „rollenhafte"-"Beziehungen typisch" sind, kann sich der Mensch in der Familie „nicht anonym und ausschnitthaft", sondern „mit seiner ganzen Persönlichkeit in die Beziehungen einbringen."[130] Dadurch gewährleistet die Familie eine „einzigartige Verwirklichung des sozialen Miteinanders" und eine „gegenseitige Stabilisierung und Weiterentwicklung der Identitäten"[131], bei einer gleichzeitigen Gefahr der gegenseitigen „Überforderung an emotionaler Zuwendung".

Jede Beziehung be- und entsteht aus Interaktion, d.h. *„alles, was auch immer in einer Familie geschieht - geht im Medium nahezu ununterbrochener Verständigungsprozesse vor sich."*[132] Verbale und nonverbale Kommunikation verdeutlichen das Vertrauen und die Geborgenheit in der Beziehung zum anderen, z. B. wenn in der Familie ganz Persönliches zur Sprache gebracht werden kann.

b) Familie als Gruppe

Familie als Lebensgemeinschaft kann im Gegensatz zur „Institution" Familie als „Gruppe" bezeichnet werden. Eine Gruppe ist charakterisiert durch das „Vorhandensein von Wir-Gefühl", „hohe Integration des Einzelnen in der Gruppe", „face-to-face" -Beziehungen der Mitglieder , „an geschlechts- und altersspezifische Positionen" gebundene Rollen, „klar abgegrenzte Positionen und Interaktion.[133] Die Familie gilt jedoch als eine

---

128 Betz, O., Die Familie als der Plan Gottes. Paraphrase einiger Aussagen des Apostolischen Lehrschreibens Johannes Paul II. „Familiaris Consortio", Kat Bl 107 (1982) 617

129 vgl. Schmid, P. F., Die Familie als Lernort. Psychotherapeutische Erfahrungen und pastoraltheologische Konsequenzen, in: Diakonia 23 (1992) 232 (überprüfen)

130 Lau, E.E., Familie als Chance, 22

131 Lau, E.E., Familie als Chance, 22

132 Henkel, Ch., Die Privatisierung der Familie als soziales Problem für die familiale Kommunikation. Eine sozialwissenschaftliche Studie zur Begründung einer kommunikationsorientierten Familientheorie, Frankfurt u.a. 1979, 252

133 vgl. hierzu: Vaskovics, L., Religion und Familie - Soziologische Problemstellung und Hypothesen, in: J. Wössner (Hg.), Religion im Umbruch. Soziologische Beiträge zur

Gruppe besonderer Art, da hier zwei Generationen vorhanden sind, „die in einem wechselseitigen Abhängigkeitsverhältnis zueinander stehen, wobei die Eltern den permanenten und den zentralen Kern der Gruppe bilden."[134] Zentral geht es innerhalb der familialen Gruppe um die *„Gestaltung der Beziehungen zwischen Eltern und Kindern"*.[135]

Innerhalb jeder Gruppe muß sich eine Struktur bilden, die dann Beziehungen ermöglicht, „da sich nur über Normen Beziehungen regeln und Funktionsfähigkeiten nur über Struktur herstellen lassen."[136] Um als Gruppe handlungsfähig zu sein, sind die Familienmitglieder gezwungen, sich über ihre Beziehungsregeln zu einigen. Gleichzeitig benötigt jede Gruppe für ihre Handlungsfähigkeit ein Minimum *„an Solidarität ihrer Mitglieder bezogen auf die Gruppe als soziale Einheit, sowie der einzelnen Mitglieder zueinander"*[137] und die Kooperationsfähigkeit jedes einzelnen.

Als familiale Gruppe entwickelt die Familie ein Selbstbild, das gleichzeitig die soziale Identität der Familie nach außen und für die einzelnen Familienmitglieder deutlich werden läßt. Ein Ausgleich der Spannung zwischen Individualität und Sozialität ist dafür zu erbringen.

c) Ökologie der Beziehungen

Familie als Gruppe, wie auch Familie als Institution, lebt nicht unabhängig von ihrer Umwelt, sie ist im Gegenteil „in vielfältiger Weise mit Umwelt verknüpft."[138] Diese sogenannte Ökologie impliziert „Wechselbeziehungen zwischen Organismen und Umwelt."[139] Die Familie wird in dieser Sichtweise als Mikrosystem verstanden, das in ein größeres Meso-, Exo- und Makrosystem eingebettet ist. Die menschliche Entwicklung wird somit in vielfältiger Weise indirekt, aber auch direkt von der sie umgeben-

---

Situation von Religion und Kirche in der gegenwärtigen Gesellschaft, Stuttgart 1972, 328-332

134 Mühlfeld, C., Ehe und Familie, 22

135 Lüscher, K., Bausteine, 561

136 Mühlfeld, C., Ehe und Familie, 23

137 Mühlfeld, C., Ehe und Familie, 24

138 Buchholz, W., u.a., Lebenswelt und Familienwirklichkeit. Studien zur Praxis der Familienberatung, Frankfurt/New York 1992, 40

139 Bertram, H. (Hg.), Die Familie in Westdeutschland. Stabilität und Wandel familialer Lebensformen, Opladen 1991, 563

den Umwelt beeinflußt.[140] Die Familie eignet sich ihre Umwelt an und dadurch entsteht die „Lebenswelt Familie". „*Lebenswelt* bezeichnet (auf der individuellen und familialen Ebene) das Beziehungsverhältnis zwischen den Anforderungen der objektiven Umwelt (Normen/ Außenerwartungen/ strukturelle Bedingungen) und dem Subjekt (Innenerwartungen/ Bedürfnisse/ Aneignungsstrategien/ Kompetenzen)."[141]

So sozialisieren und erziehen nicht nur die Eltern ihre Kinder, sondern direkte und indirekte Umwelteinflüsse wirken über die Prägung der Eltern oder direkt auf die Kinder ein.

II.4.1.2. Familie als Lerngemeinschaft

Familie als Lerngemeinschaft übernimmt die Sozialisation und Erziehung der Kinder. Der Begriff „Gemeinschaft" soll dabei das reziproke Verhältnis von Erziehungseinflüssen betonen, denn auch Kinder wirken durch ihre Einstellungen und von außerhalb der Familie übernommene Einflüsse auf ihre Eltern ein.

Während im Bereich der Erziehung die Eltern durch direkte Maßnahmen Einfluß auf Verhalten und Entwicklung ihrer Kinder nehmen, versteht man unter Sozialisation „Lernen, d.h. Veränderung von Verhaltensweisen aufgrund von Erfahrungen"[142]. Dabei handelt es sich um indirekte, nicht intendierte Einflüsse, die jedoch den Großteil familialen Zusammenlebens bestimmen. „Das meiste von dem, was das Kind lernt und sich erwirbt, wird ihm nicht durch Lehren beigebracht: Es wird ihm vielmehr implizit vermittelt, wenn es im Laufe seiner Reifung jeweils die Bereitschaft erlangt hat, seine verschiedenen angeborenen Fähigkeiten zu nutzen. Diese Vermittlung erfolgt auf dem Wege der Interaktion mit den Eltern, durch deren Beispiel."[143]. Deshalb gilt: „Alles, was wir Kinder lehren, können sie nicht mehr selbst entdecken."[144]

---

140 vgl. hierzu vor allem: Bronfenbrenner, U., Die Ökologie der menschlichen Entwicklung. Natürliche und geplante Experimente, Frankfurt a. M. 1989

141 Buchholz, Lebenswelt und Familienwirklichkeit, 45

142 Cloer, E. (Hg.), Familienerziehung, Bad Heilbrunn 1978, 31

143 Rhonheimer, M., Sozialphilosophie und Familie, ... zitiert hier auf S. 134: Theodore Lidz, Familie und psychosoziale Entwicklung, (New Yorl 1963), Frankfurt/M. 1971

144 Lenssen, M., Familienorientierte Medienpädagogik. Forschungs- und Handlungsperspektiven, in: Baacke, D./Lauffer, J. (Hg.), Familien im Mediennetz?, Opladen 1988, 78; Lenssen zitiert hier Jean Piaget.

Verbunden mit dem Erziehungs- und Sozialisationsauftrag der Eltern - dieser soll nicht einseitig „vom gesellschaftlichen Bedürfnis her“, sondern ausgehend von seiner wichtigsten Dimension, der personal-menschlichen verstanden werden[145] - ist die Aufgabe, ihre Kinder in soziales Verhalten und soziale Verantwortung einzuführen. „Hiermit verbunden ist das Bekanntmachen mit sittlichen und religiösen Grundwerten und das Verbindlichmachen eines sinnvollen Lebensmusters als Grundorientierung für alles menschliche Handeln.“ Die Familie als primäre Bezugsgruppe ist dabei von so unersetzlichem Wert, daß „Entwicklungspsychologen“ in diesem Zusammenhang von „psychischen Initialgravuren“[146] sprechen. „Die eigentlichen Werte und Kräfte müssen innerhalb von Ehe und Familie erfahren, entwickelt, gefördert, eingeübt und immer wieder neu gesucht und gefunden werden. Die Möglichkeiten sind in einem echten Vertrauensverhältnis, in diesem umfassenden Sich-auf-einander-Verlassen-können, im miteinander Sprechen und miteinander Schweigen, in der Freude mit Kindern und in der Sorge um sie begründet.“[147] Dies ist jedoch nur möglich in emotional positiv erfahrbaren Beziehungen.

a) Familie: Lernort für die Gestaltung von Beziehungen[148]

Eltern und Geschwister sind die primären Bezugspersonen des Kindes. Somit stellt die Familie den primären „Lernort für die Gestaltung von Beziehungen“ dar. „In diesen ursprünglichen Beziehungen wird das Zusammenleben in seinen konkreten Formen gelernt. Ein Verständnis von Gemeinschaft wächst.“[149] Dieses Verständnis kann dann in andere, sekundäre Gemeinschaften, eingebracht werden. Die Kinder übernehmen das Beziehungsverhalten der Eltern zueinander und zu ihren Kindern. Das verdeutlicht schon das Imitationsverhalten von Kleinkindern. Psychologische Studien haben mehrfach auf den Zusammenhang hingewiesen, daß

---

145 vgl. Rhonheimer, M., Sozialphilosophie und Familie, 117

146 Pöggeler, F., Familie heute - Ansätze einer neuen Familienkultur, in: Wingen, M. (Hg.), Familie im Wandel - ..., Bad Honnef 1989, 163

147 Erharter, H., Zuviel „Familie“? in: Diakonia 11 (1989) 220

148 Die Anregung zur Aufsplittung der Familie als Lernort für unterschiedliche Kompetenzen lieferte folgender Aufsatz von Peter F. Schmid: Die Familie als Lernort. Psychotherapeutische Erfahrungen und pastoraltheologische Konsequenzen, in: Diakonia 23 (1992) 231-241

149 Schmid, P. F., Die Familie als Lernort, 233

Kinder, die von ihren Eltern häufig geschlagen wurden, ihre Kinder ebenfalls schlagen. Die Qualität der Beziehungen ist deshalb von entscheidender Bedeutung für die Entwicklung der Kinder. Positiv gefördert wird die Entwicklung durch Authentizität, Empathie und „die Grundhaltung der bedingungslosen Annahme des Kindes“[150].

Insgesamt trägt die Familie aufgrund dieser ursprünglichen Beziehungen „wie keine andere Institution zur Befriedigung emotionaler Bedürfnisse und zur Persönlichkeitsentfaltung“[151] bei. Nur wer dies als Kind erfahren darf, erwirbt sich die Fähigkeit, es an seine eigenen Kinder weitergeben zu können.

b) Familie: Lernort von Wertvorstellungen

Das Ziel familialer Erziehung und Sozialisation „müßte die personale ebenso wie soziale Entfaltung des Menschen sein“. „Die liebevollen Beziehungen zwischen Eltern und Kind,“ sind „vom ... Urvertrauen ausgehend,“ wesentliche Voraussetzung für ein „Vertrauensfundament als positive Anfangserfahrung des Kindes, von dem aus auch weitgehend die spätere Sensibilität für sittliche Werte und Wertentscheidungen abhängt, als die Gewissensbildung im Sinne der Aktualisierung und Ausbildung im Grunde vorhandener Kräfte.“[152]

Die Familie als primäre Beziehungsgemeinschaft stellt somit auch den „Ursprungsort moralischer Erfahrung“ dar; „dort konstituieren und entwickeln sich die ersten Beziehungen, in denen die personale Verantwortung gefordert ist und die ersten Bindungen eines Gemeinschaftslebens wachsen.“[153] Dies erfordert vom einzelnen die „entschiedene“ Ausbildung spezifischer Einstellungen, Kompetenzen und Handlungsdispositionen und zwar um so mehr, da in unserer „modernen pluralistischen Gesellschaft“ „Wertvorstellungen privatisiert“ sind und „die Anerkennung der Toleranznorm (...) als Garant einer spannungsfreien Koexistenz verschiedener Anschauungen“ gilt.[154] Obwohl die Sozialisationsleistung der Eltern kleiner Kinder in einer Reduktion der Umweltkomplexität besteht, werden Kinder

---

150 Schmid, P. F., Die Familie als Lernort, 238-239

151 Köcher, R., Unterschätzte Funktionen der Familie, 24

152 Weiler, R., Familie: Tor zur Humanität, in: Weiler, R./Zsifkovits, V., Familie im Wandel, Wien 1975, 192

153 De Oliveira, C.-J., Die Familie - Ethische Werte und historische Modelle, in: Familie - Herausforderung der Zukunft ... Freiburg (Schweiz) 1982, 1

154 Köcher, R., Unterschätzte Funktionen der Familie, 30

schon sehr früh mit den unterschiedlichsten, sich zum Teil widersprechenden Anschauungen konfrontiert. Sie können nur dann spezifische Wertvorstellungen für ihr eigenes Leben übernehmen, wenn sie ihnen in der Familie überzeugend vermittelt und vorgelebt werden. Gleichzeitig besteht ein krasser Gegensatz zwischen der „personal und kommunikativ“ orientierten „Binnenmoral der Familie“ und der „funktions- und konkurrenzorientierten Aussenmoral (Berufsmoral)“[155], der vom einzelnen die Fähigkeit erfordert, diese Spannung in seinem Leben auszuhalten, oder die von ihm als wertvoll erkannte „Binnenmoral der Familie“ in die Außenbereiche mit einzubringen. Dies ist immer weniger gewährleistet, da Eltern sehr viel Wert auf eine gute soziale Plazierung ihrer Kinder legen und deshalb auf die Vermittlung sozial orientierter Wertmaßstäbe verzichten und statt dessen Durchsetzungsvermögen und Konkurrenzverhalten der Kinder stärken, so daß „>ich-bezogene< Werte und individualistisches Denken und Handeln gegenüber sozialen Werten und solidarischem Denken und Handeln weiter in den Vordergrund rücken werden. Dies wäre angesichts der zukünftig zu lösenden gesellschaftlichen Probleme eine kaum vorteilhafte und wünschenswerte qualitative Veränderung.“[156] Hier scheint deshalb eine in unserer Gesellschaft existente Grenze familialer Moralerziehung in Bezug auf die in dieser Arbeit als wesentlich erkannten Basiskompetenzen auf dem Weg zu einer gelingenden Selbstgestaltung der eigenen Identität und damit des eigenen Lebens zu liegen. Eine Chance für ihre Vermittlung wird es deshalb nur geben, wenn den Eltern die Relevanz dieser Kompetenzen und der damit verbundenen Werte transparent gemacht werden kann. Zunehmende Bedeutung muß deshalb in Zukunft die *„Elternbildung“* erlangen, denn die „Mentalität der Kinder hängt entscheidend von derjenigen der Eltern ab; diese sind die wichtigsten und wirksamsten Multiplikatoren bei der Fundierung von Wertauffassungen und Verhaltensweisen; wer diese ändern will, muß zunächst die Mentalität der Eltern ändern.“[157]

c) Familie: Lernort des Glaubens

Einer einheitlichen religiösen Weltanschauung wird auch innerhalb der Familie in unserer westlichen Welt immer weniger an Bedeutung zu-

---

155 Höffe, O., Ethisch-sozialphilosophische Überlegungen, in: Familie - Herausforderung der Zukunft, Herausgegeben von Bernhard Schnyder, Fryburg/Schweiz 1982, 341

156 Wingen, M., Familie heute, 42

157 Pöggeler, F., Familie und Erziehung, 204

gemessen. Dementsprechend muß sich der einzelne selbst für eine Weltanschauung, die seinem Leben Sinn und Fundament verleiht, entscheiden. Dafür gilt es Kinder und Jugendliche zu befähigen. Der Heranwachsende „soll in der Welt, in der er sich vorfindet, zurechtfinden und sich eigenständig seine Sicht der Welt entwerfen können.“[158]

Demgegenüber „erziehen z. B. Eltern ihre Kinder bewußt nicht in einem spezifischen Glauben, damit sie sich später selbst frei entscheiden können. Untersuchungen haben jedoch ergeben, „daß die Bedeutung von weltanschaulichem Konsens weit unterschätzt wird.“[159] So hängt z.B. die „Qualität einer Partnerschaft eindeutig auch ... mit Übereinstimmung in den grundsätzlichen religiösen Positionen zusammen“ und ein Dissens darüber innerhalb der Familie „beeinträchtigt Selbstbewußtsein und Selbstsicherheit, soziales Vertrauen und Verantwortungsbereitschaft.“[160]

Es wird einem Heranwachsenden außerdem nicht möglich sein, aufgrund von noch so zahlreichen Angeboten, sich für eine religiöse Überzeugung zu entscheiden. Wenn in der familialen Erziehung nicht entschieden eine religiöse Überzeugung vermittelt wird, „wird damit nicht Wahlfreiheit eröffnet, sondern verstellt. Untersuchungen dokumentieren, daß es ungleich leichter ist, sich aus einem Wertesystem zu lösen, als den Zugang zu Anschauungen zu finden, die in der Erziehung nicht entschlossen vermittelt wurden. Jugendlichen und Erwachsenen, die als Kind nicht religiös erzogen wurden, ist der Zugang zum Glauben weitgehend verstellt“[161] Da eine Weltanschauung gelebt werden will, ist damit auch der „Zusammenhang zwischen der religiösen Praxis der Eltern und ihrer Kinder“ sehr eng.[162] Damit wiederum hängt eine enge Korrelation zwischen Elternhaus und Kirche zusammen, denn die „Familie als Lernort von Gemeinschaft ist natürlich auch der erste Lernort von Gemeinde und Kirche“[163], da die „spezifisch kulturellen Elemente der Kirchen (...) nicht in abstrakter Form, sondern als situationsgebundene Verhaltensmuster weitergegeben“ werden. „Dies geschieht auf jeden Fall im Sozialisierungs- und Enkulturationsprozeß.“[164] Entscheidend für die Vermittlung religiöser Grundorientierungen ist die frühe Kindheit und damit die Familie als wichtigster Soziali-

---

158 Gruber, H.-G., Familie, 142-143 Fußnote 192

159 Köcher, R., Unterschätzte Funktionen der Familie, 30

160 Köcher, R., Unterschätzte Funktionen der Familie, 30

161 Köcher, R., Unterschätzte Funktionen der Familie, 33

162 vgl. Vaskovics, L., Religion und Familie, 346

163 Schmid, P. F., Die Familie als Lernort, 235

164 Wössner, J., Familie und Religion in der Säkularisierung, 89

sationsträger. „Sie >verteilt< Religion auf die nachwachsende Generation und ist somit wichtigste Ursache für die Religiosität des Menschen.“[165]

Die „funktionalen Leistungen der Familie für die Kirche (Reproduktion, Plazierung, Sozialisation) bilden insgesamt jedoch keine geschlossene Einheit mehr, sondern differenzieren sich je nach religiöser Überzeugung der Eltern“[166], wenn sie überhaupt noch wahrgenommen werden.

Ein Kind wächst in den christlichen Glauben hinein, wenn er in der Familie glaubwürdig gelebt wird. Der christliche Glaube an Gott, „der den Menschen als freien Partner liebt und ruft und der ein Gott des Lebens ist“[167] wird für ein Kind erfahrbar anhand der Einstellung und des daraus folgenden Handelns der Eltern, deren Umgang miteinander und mit den Kindern. Dabei stellt sich natürlich die Frage, was das spezifisch Christliche in einer Familie ausmacht. Besteht es „in einer anderen, nämlich religiösen und nicht (nicht nur) humanistischen *Motivation* oder aber in einer anderen Art, in einer weit stärker vom Prinzip der Liebe bestimmten Weise des *Zusammenlebens*?“[168] Beides trifft m. E. zu. Der Christ erhält seine Motivation vom Blick auf Jesu, auf sein Leben, Handeln und Sterben. Erkennbar wird diese Motivation jedoch erst durch ein entsprechendes Handeln jedes einzelnen, in der Familie z. B. im liebenden Umgang miteinander. Dadurch entsteht „ein christliches Verständnis der Familie,“ das unter Bezugnahme auf die gegenwärtigen Lebensbedingungen, „so zu präzisieren und weiterzuentwickeln“ ist, „daß darin alle wesentlichen christlichen Sinn- und Wertgehalte familialen Lebens anthropologisch und ethisch angemessen zum Ausdruck kommen.“[169] Den Glauben an den Leben und Liebe schenkenden Gott kann christlich geprägte Familie in ihrem Selbstvollzug spürbar werden lassen.[170] Christlicher Glaube will gelingendes Leben ermöglichen und die familiale Lebensform stellt dafür einen zentralen Realisations-Ort dar. Die hier zu konkretisierenden „Einstellungen und Verhaltensweisen“ sind jedoch „für jede Zeit und Kultur je neu in Erfahrung zu bringen.“[171]

---

[165] Wössner, J. Familie und Religion in der Säkularisierung, 90

[166] Schmälzle, U. F., Ehe und Familie im Blickpunkt der Kirche, Freiburg 1979, 24

[167] Karrer, L., Familie -zwischen Wunsch und Lebbarkeit, Diakonia 23 (1992) 220

[168] Höffe, O., Ethisch-sozialphilosophische Überlegungen, 341

[169] Gruber, H.-G., Familie, 61

[170] vgl. hierzu H.-G. Gruber, Familie, 59-83

[171] Gruber, H.-G., Familie, 89

II.4.2. Chancen und Grenzen familialer Sozialisation und Erziehung

Eine der wichtigsten Funktionen der Familie besteht in ihrem Erziehungs- und Sozialisationsauftrag. Die Eltern als die primären Bezugspersonen ihrer Kinder nehmen hierbei eine einmalige Stellung ein. Als erste Soziali-sationsagentur können sie durch ihr Handeln, Reden oder einfach nur ihr „Sein" ihre Kinder prägen.

Die vorangegangenen Erläuterungen haben jedoch verdeutlicht, daß die Familie und ihre Sozialisations- und Erziehungsaufgabe nicht isoliert zu betrachten sind. Die „Umweltoffenheit" der Familie ist ein „Kanal für indirekte" und direkte „Einflüsse sozialer Netzwerke auf die familiale Sozialisation."[172] Dabei darf „Umweltoffenheit" jedoch nicht „nur als passive Öffnung unter äußerem Druck"[173] verstanden werden, da Familienmitglieder auch freiwillig Kontakte zur Außenwelt herstellen. Die Eltern selektieren, begrenzen und bewerten die Umwelteinflüsse und stellen dadurch eine größere Übersichtlichkeit und Überschaubarkeit der Umwelt für ihre Kinder her. Wenn dadurch zwar die Entwicklungsmöglichkeit der Kinder begrenzt wird, entsteht gleichzeitig die Chance einer konkreten Identitätsentwicklung.

„Die Primärverantwortung der Eltern für die Erziehung ihrer Kinder bedingt, daß die erste Aufgabe der Familienerziehung die Einübung des Kindes in soziales Verhalten ist, das Vertrautmachen mit sozialen Spielregeln und Tugenden, mit Vertrauen und Verantwortung, Hilfsbereitschaft und Solidarität, Fairplay und Rücksichtnahme, Partnerschaft und Kooperation.

Hiermit verbunden ist das Bekanntmachen mit sittlichen und religiösen Grundwerten und damit das Verbindlichmachen eines sinnvollen Lebensmusters als Grundorientierung für alles menschliche Handeln. Die Institutionen der Erziehung leisten das ihnen Mögliche zur Erfüllung dieser Aufgabe, aber sie können nicht die Grundlage legen, weil dies zur Primärverantwortung der Eltern gehört. - Entwicklungspsychologen sprechen von >psychischen Initialgravuren<, die dem Kind schon in den ersten Le-

172 Bertram, H. (Hg.), Die Familie in Westdeutschland, 40
173 Bertram, H., (Hg.), Die Familie in Westdeutschland, 41

bensjahren in der Familie eingeprägt werden, damit es Orientierungspunkte an seinem Lebensweg erkennen kann."[174]

II.4.2.1. Chancen und Grenzen familialer Moralerziehung

Moralerziehung mit dem Ziel der Identitätsausbildung benötigt die Basiskompetenzen der Wahrnehmung, der Überzeugung und der Verantwortung. Diese konkretisieren sich in spezifischen Teilkompetenzen, mit denen sie in reziproker Wechselwirkung stehen. Die Relevanz ihrer familialen Vermittlung soll anhand einiger Teilkompetenzen in Bezug auf die Identitätsausbildung des Menschen verdeutlicht werden.

a) Familiale Vermittlung von Beziehungsfähigkeit

Die menschliche Beziehungsfähigkeit, grundgelegt in der menschlichen Intentionalität, kann in der Familie wie in keiner anderen menschlichen Gemeinschaft spürbar werden. Grundlage dafür bildet die Tatsache, daß ein Großteil der Ehen in den westlichen Industrienationen aus Liebe geschlossen werden. Außerdem werden in diesen Ländern die meisten Kinder - aufgrund der weit verbreiteten Verhütungsmethoden und der hohen Abtreibungsrate - bewußt geplant und damit auch von ihren Eltern geliebt. Die „nicht an irgendwelche Bedingungen gebundene Wertschätzung und Liebe" gilt „als wesentlicher Identität und Wachstum fördernder Faktor".[175] Sie ist die wesentliche Voraussetzung für ein Klima der gefühlsmäßigen Zuwendung, in dem sich ein Kind geborgen fühlen und dadurch Vertrauen zum anderen, zur Welt und zu sich selbst aufbauen kann. Das Erlebnis von Geborgenheit „erscheint ohne eine gewisse Kontinuität des Lebens und eine Gleichförmigkeit gewohnter Situationen," - beides wird durch die Alltagswirklichkeit des Familienlebens gewährleistet - „kaum als möglich."[176] Dieses sogenannte Urvertrauen ermöglicht das Entstehen von Beziehungsfähigkeit zum menschlichen als auch zum göttlichen Du. Das Kind muß spüren, daß es geliebt wird, aber auch, den liebenden Umgang der Eltern miteinander erleben, um selbst fähig zu werden, eine Beziehung zu anderen Menschen aufzunehmen und durchzutragen.

---

174 Pöggeler, F., Familie heute, 163

175 Schmid, P. F., Die Familie als Lernort, 239

176 Höffe, O., Ethisch-sozialphilosophische Überlegungen, 340

Vor „lauter Statistiken über Ehescheidungen und Krisenbewußtsein für Konfliktursachen verliert man leicht aus den Augen, daß in vielen Familien personale Solidarität gelebt und erfahren wird wie wohl in keiner anderen Lebensform.“[177] Dadurch wird Beziehungsfähigkeit ermöglicht.

Die Voraussetzung für ihre positive Entwicklung stellen die *drei Basiskompetenzen* dar. Um eine Beziehung zum anderen aufzubauen, ist es nötig, den konkreten Mitmenschen *wahrnehmen* zu können. Hilfreich dabei ist die Fähigkeit der „sozialen Perspektivenübernahme“[178]. Sie ist beim Menschen nicht von vornherein vorhanden, sondern bildet sich im Laufe seiner Entwicklung in verschiedenen Stufen aus. Dies können die Eltern - getragen von der liebenden Beziehung zum Kind - unterstützen und fördern, indem sie je nach Altersstufe versuchen, die Perspektive ihrer Sichtweise einer Situation, die von der des Kindes abweichend ist, ihm zu vermitteln. Dadurch entsteht die Möglichkeit, Menschen so kennenzulernen und anzunehmen, wie sie sind. Nur dann kann eine tragfähige Beziehung entstehen.

Nur wer die Fähigkeit besitzt, *überzeugt* zu sein, von der Beziehung, in der er lebt, von der Ehrlichkeit und dem Bemühen des Partners, wird sie trotz aller Konflikte und Krisen durchhalten können. Deutlich wird hier die Relevanz der Vermittlung von Basiskompetenzen und spezifischen Teilkompetenzen in einer Gesellschaft, in der vom Austausch des Partners bei eventuell auftretenden Problemen von vornherein ausgegangen wird. Nur wer bereit ist *Verantwortung* für sich selbst, den Partner und die zwischen beiden bestehende Beziehung zu übernehmen, kann als beziehungsfähig gelten. Verantwortung bedeutet hier Engagement für die Beziehung und die Bereitschaft, für den anderen einzustehen .

Aufgrund der reziproken Wechselwirkung wirkt die Beziehungsfähigkeit verstärkend auf den Erwerb der Basiskompetenzen. Ein sich ganz

177 Karrer, L., Familie, 219

178 Der amerikanische Entwicklungspsychologe Robert Selman unterscheidet vier Stufen der sozialen Perspektivenübernahme. Während der Mensch bei der egozentrischen Perspektivenübernahme der Stufe 0 es noch gar nicht versteht, daß es auch eine andere Perspektive als seine eigene geben kann, spricht er auf der Stufe 1 mit einer subjektiven Perspektivenübernahme anderen eigene Gefühle und Gedanken zu. Die Stufe 2 ermöglicht dann eine selbstreflexive Perspektivenübernahme, d.h. daß die Perspektive anderer erschlossen werden, jedoch noch nicht gleichzeitig mit der eigenen eingenommen werden kann. Dies ermöglicht erst die Stufe 3.

Die Darstellung der Stufen der sozialen Perspektivenübernahme nach Selman sind übernommen aus: Aufenanger, Stefan: Familien im Mediennetz - auf ewig verstrickt?, in: Baacke, D./Lauffer, J. (Hg.), Familien im Mediennetz?, Opladen 1988, 41

Einlassen in eine Beziehung ermöglicht vertiefte Wahrnehmungen, die nicht nur an der Oberfläche bleiben, läßt die Überzeugung in die Dauerhaftigkeit der Beziehung wachsen und ermöglicht die Entstehung eines Verantwortungsgefühls für den geliebten Partner und die aufgebaute Beziehung.

Sowohl der Erwerb der Teil- als auch der Basiskompetenzen ist auf das Ziel der Identitätsentwicklung des Menschen ausgerichtet.

Die signifikanten Bezugspersonen, mit denen jeder Mensch zusammenlebt, sein Alltagsleben gestaltet und mit deren Hilfe er lernt, Beziehungen aufzubauen, ermöglichen ihm gleichzeitig, eine Kontinuität seines Lebens herzustellen. Nur wer fähig ist, eine ernsthafte Beziehung zu entwickeln, kann erkennen, was von ihm in dieser Beziehung und vom Partner erwartet wird, kann wahrnehmen, wie der Partner ihn und sein Handeln sieht, und kann dann aus diesen Erwartungen und seinen eigenen eine Einheit herstellen, d. h. aus „der Balance zwischen sozialer und persönlicher Identität“ „die sogenannte >Ich-Identität<„[179] erwerben.

Beziehungsfähigkeit erfordert und fördert die Autonomie der zueinander in Beziehung stehenden Menschen. Sobald einer versucht, heteronom aufzutreten, den anderen zu beherrschen und zu beeinflussen, oder ein anderer versucht, sich seinem Partner zu unterwerfen, liegt keine echte Beziehungsfähigkeit vor und die Beziehung ist gestört. Deshalb ist es wichtig, schon in der Familie mit den Kindern Beziehungen aufzubauen, in denen jeder, als autonomer Mensch anerkannt und behandelt wird, und dadurch die Chance zur Entwicklung wahrer Beziehungsfähigkeit zwischen autonomen Menschen erhält.

Beziehungsfähigkeit impliziert ferner, dem Partner, trotz aller Gemeinsamkeiten, die sich im Laufe des Lebens herauskristallisieren, seine ihm eigene Individualität, seine Einmaligkeit, zuzugestehen und an seiner eigenen festzuhalten. In der Ursprungsfamilie und jeder ihr folgenden Beziehung und Gemeinschaft entsteht so eine Spannung zwischen den Polen Individualität und Sozialität, zwischen denen eine Balance hergestellt werden muß. Familie als „partnerschaftliche Beziehung (...) schließt affektive Solidarität und individuelle Selbstverwirklichung mit ein“.[180] Sich mit seiner Einmaligkeit in eine Beziehung einzubringen bereichert diese und ermöglicht es den Partnern, sich als voneinander getrennte Personen wahrzunehmen und anzuerkennen. Trotz gemeinsamer Beziehung muß der ein-

179 Fabian, U., Das Problem der Identität, 166
180 vgl. Mühlfeld, C., Ehe und Familie, 30-31

zelne erkennen, daß jedem zu seiner je eigenen Selbstgestaltung ganz besondere Handlungsdispositionen zur Verfügung gestellt werden. Diese wird in Vollzug und Resultat in die Beziehung eingebracht und hält bereichernd neue Chancen zur gemeinsamen Lebensgestaltung bereit, denn da Individualität ein dynamischer Prozeß ist, muß auch die Beziehung dynamisch sein, um der konkreten Lebenssituation des einzelnen gerecht werden zu können. Nur wem diese Erfahrung von klein auf in der Familie ermöglicht wird, erwirbt sich die Fähigkeit, Beziehungen trotz Individualität in Solidarität aufzubauen.

Es ist ferner wichtig, trotz einer gemeinsamen Beziehung mit geliebten Menschen, ein konsistentes Bild von sich selbst und seinem Leben zu haben. Besitzt man nicht gewisse selbst gewonnene Grundorientierungen und Grundüberzeugungen, verschwimmen die Konturen des Selbst-Bildes und es kann keine Stabilität im Verhalten erfolgen. Es handelt sich hier um Menschen, die sich „keine eigene Meinung“ bilden können und sich statt dessen immer wieder anderen und neuen Meinungsäußerungen anschließen. Eine Beziehung ist unter dieser Voraussetzung sehr schwer zu führen, da keine Konsistenz in Überzeugung und Verhalten vom Partner vorausgesetzt werden kann. Familie ist als primäre Lebensgemeinschaft hier wiederum gefordert, Konsistenz vorzuleben und wertvolle Identifikationen für das Kind bereitzuhalten.

b) Familiale Vermittlung von Konfliktfähigkeit

Es genügt aber nicht nur, eine Beziehung zum anderen aufbauen zu können. Soll diese dauerhaft sein, müssen auch auftretende Probleme und Konflikte miteinander ausgehalten, ausgetragen und gelöst werden. Konfliktfähig zu werden ist in und mit der Familie möglich, da hier durch das Zusammenleben von zwei Generationen genügend Konfliktpotential vorhanden ist. Unterschiedliche individuelle Interessen treffen aufeinander und es gilt einen für alle befriedigenden Ausgleich zwischen Individualität und Kollektivität zu finden. Voraussetzung hierfür stellt über eine „grundsätzliche Gesprächs- und Kompromißbereitschaft hinaus ... eine kooperations- und versöhnungsbereite Einstellung“[181] dar.

Auch zwischen der Konfliktfähigkeit als spezifischer Teilkompetenz und den drei Basiskompetenzen besteht ein reziprokes Verhältnis. Um einen Konflikt für alle befriedigend zu lösen, müssen dessen Ursache und

181 Gruber, H.-G., Familie, 128

die unterschiedlichen Interessenlagen der einzelnen Familienmitglieder richtig wahrgenommen werden. Jeder ist angefragt, seine ihm eigene Überzeugung entschieden zu vertreten, die der anderen jedoch ebenso anzuerkennen. Im Bewußtsein der gegenseitigen Verantwortung kann dann versucht werden, eine gerechte Lösung zu erzielen. Die Fähigkeit, Konflikte auszuhalten und besonnen auszutragen, wirkt sich umgekehrt positiv auf die Entwicklung der Basiskompetenzen der Wahrnehmung, der Überzeugung und der Verantwortung aus.

Gleichzeitig beeinflußt die zunehmende Kompetenz, Konflikte zu bewältigen, die Entwicklung der menschlichen Identität. Der Mensch baut sich durch Konflikte eine Einheit und Kontinuität in Denken und Handeln auf, weil sich durch Konflikte bestimmte Grundüberzeugungen und -orientierungen verfestigen. Seine Autonomie wird gestärkt durch das Vertreten der eigenen Positionen. Dadurch entsteht eine Abgrenzung gegen heteronome Außeneinflüsse. Das bedeutet jedoch nicht ein starres Festhalten an der eigenen Position, weil auch die der anderen Familienmitglieder geachtet werden soll. Ein Konflikt wird nur durch einen Kompromiß gelöst, durch den die Individualität jedes einzelnen gewahrt bleibt. So wird ein Konflikt als bereichernd erfahren, da sich die einzelnen Familienmitglieder besser kennenlernen. Für jeden Konflikt ist es wichtig, daß die Teilnehmer sich mit sich selbst identifizieren können. Sie erhalten gleichzeitig die Möglichkeit, sich besser mit den eigenen Grundorientierungen zu identifizieren, oder notfalls sie als falsch zu erkennen.

c) Familiale Vermittlung von Kommunikationsfähigkeit

„Familie als soziales Gebilde impliziert *familiale Kommunikation* und faßt den Sachverhalt: *alles was auch immer in einer Familie geschieht - geht im Medium nahezu ununterbrochener Verständigungsprozesse vor sich.*“[182] Deshalb kann Familie „in der Tradition des Interaktionismus als Kommunikationszusammenhang intentional handelnder Individuen, die mit ihrem Handeln einen subjektiven Sinn verbinden“[183] definiert werden. Nicht nur Familie, sondern jede Beziehung und Gemeinschaft besteht aus

---

182 Henkel, Chr. Die Privatisierung der Familie, a.a.O. 252
Henkel nennt in diesem Zusammenhang (253) folgende Kommunikationsdimensionen: Komplexität, Reziprozität (Empathie), Konfliktgehalt, Problematisierung und Dominanz

183 Buchholz u.a., Lebenswelt und Familienwirklichkeit, Frankfurt/New York 1992, 43-44 zitieren hier Hess & Handel (1975)

ununterbrochenen Interaktions- und Kommunikationsprozessen. Sie sind wesentliche Voraussetzung z. B. auch für das Austragen eines Konflikts. Hierzu treten alle Beteiligten in einen Diskurs miteinander, artikulieren ihre Interessen, bringen aber auch Verständnis für die der anderen auf, um so im Sinne von Habermas zu einem Konsens zu gelangen. Die Familie kann die Fähigkeit zur Kommunikation fördern, da im Rahmen der gefühlsmäßigen Zuwendung der Familienmitglieder zueinander leichter ein Vertrauensvorschuß zu geben ist, wenn man über Emotionen oder persönliche Probleme sprechen möchte. Die Familie dient so „im Sinne von Habermas (1981)" als Lebenswelt „der Sozialintegration des Subjekts durch kommunikatives Handeln"[184]. Dieser Prozeß wird jedoch vielfach bedroht und gefährdet, z. B. durch die sog. Neuen Medien. Sie verhindern einerseits die „Gelegenheiten zur Ausbildung von kommunikativem Handeln", zum anderen verhindert das „nur gering vorhandene Potentiale einer kommunikativen Rationalität in Familien eine kritische Auseinandersetzung mit der sozialen Welt und die in sie eindringenden subversiven Kräfte der instrumentellen Vernunft."[185] Ist die Interaktion und Kommunikation in der Familie nur sehr gering ausgebildet, hat dies für die Entwicklung des einzelnen als auch für die Gemeinschaft als solche schwerwiegende Folgen. Ein Beispiel dafür wäre die stark ansteigende Gewalttätigkeit in den westlichen Industrienationen. Wer nicht gelernt hat, auftretende Konflikte durch Verhandlungen, durch gegenseitige Verständigungsprozesse zu lösen, wird aggressiv reagieren.

Kommunikation und Interaktion setzen Wahrnehmungsfähigkeit voraus, und verstärken sie im Interaktionsverlauf. Wer sich Grundüberzeugungen gebildet hat, kann diese kompetenter vertreten und andere davon überzeugen, und ist gleichzeitig besser gewappnet gegen Manipulation. Er wird in einem Kommunikationsprozeß aufgrund seiner Teilnahme Verantwortungsgefühl für sich, die anderen und den Verlauf des Prozesses empfinden. Der positive Verlauf wiederum wird dieses Verantwortungsgefühl stärken.

In Bezug auf die vier Komponenten der Identität als Ziel familialer Erziehung gelten die gleichen Erläuterungen wie unter dem Punkt „Familiale Vermittlung der Konfliktfähigkeit".

---

184 Aufenanger, St., Familien im Mediennetz - auf ewig verstrickt?, in: Baacke. D./ Lauffer, J. (Hg.): Familien im Mediennetz? Opladen 1988, 36

185 Aufenanger, Stefan, Familien im Mediennetz, 37

d) Familiale Vermittlung von Gemeinschaftsfähigkeit

Jeder Mensch, jede Beziehung ist in eine größere Gemeinschaft eingebettet. Durch das gemeinsame miteinander Leben, Reden und Handeln in der Familie entsteht ein Gemeinschaftsgefühl, das den Heranwachsenden befähigt, sich auch in andere Gemeinschaften einfügen zu können. Hierbei handelt es sich um eine Aufgabe, die der Familie von der Gesellschaft zuerkannt und auferlegt wird , weil es „in der Familie nicht nur um eine Fülle möglicher personaler Begegnungen, sondern auch um das Leben und Gestaltung des familialen Lebens nach Prinzipien, die für die „große“ Gesellschaft von fundamentaler Wichtigkeit sind“[186], geht. Denn der „Fortbestand der Gesellschaft ist eine Notwendigkeit, weil es für jeden einzelnen Menschen gut ist zu leben, und weil, um zu leben, und um gut zu leben, um alle Bedürfnisse zu decken, es nötig ist, dass sich der Mensch zur gesellschaftlichen Kommunikation zusammenschließt.“[187] Nur gemeinschaftsfähige Menschen sind auch gesellschaftsfähig. Dasselbe gilt auch für die Mitgliedschaft in religiösen Organisationen.

„Menschliches Reifen zur Eigenständigkeit und Freiheit läßt sich nur subsidiär im humanen Miteinander verwirklichen.“[188] Das Familienleben ist insgesamt den Seinsgesetzen der Polarität, der Integration und der Subsidiarität unterworfen. Sie lassen eine Gemeinschaft erst entstehen. Für die Kompetenz zu gemeinschaftlichem Leben bilden die drei in dieser Arbeit herausgestellten Basiskompetenzen ebenfalls eine Grundvoraussetzung. Umgekehrt werden sie durch die Gemeinschaftsfähigkeit positiv verstärkt.

Jede Gemeinschaft steht wie auch jede Beziehung zwischen der Spannung von Individualität und Solidarität. „Die Beziehungen zwischen den Mitgliedern der Familiengemeinschaft werden vom Gesetz des *unentgeltlichen Schenkens* geprägt und geleitet, das in allen und in jedem einzelnen die Personwürde als einzig entscheidenden Wertmaßstab achtet und fördert, woraus dann herzliche Zuneigung und Begegnung im Gespräch, selbstlose Einsatzbereitschaft und hochherziger Wille zum Dienen sowie tiefempfundene Solidarität erwachsen können. Angesichts einer Gesellschaft, die in Gefahr ist, den Menschen immer mehr seiner personalen Einmaligkeit zu berauben und zur „Masse“ zu machen ... besitzt und entfaltet die Familie auch heute noch beträchtliche Energien, die imstande sind, den Menschen seiner Anonymität zu entreißen, in ihm das Bewußt-

---

186 Giers, J., Die Familie in der Heilsordnung, 181

187 Rhonheimer, M., Sozialphilosophie und Familie, 121

188 Petzold, M., Familienentwicklungspsychologie, 130

sein seiner Personwürde wachzuhalten, eine tiefe Menschlichkeit zu entfalten und ihn als aktives Mitglied in seiner Einmaligkeit und Unwiederholbarkeit der Gesellschaft einzugliedern."[189] Individualität in Solidarität muß somit das Ziel jeder familialen Sozialisation und Erziehung sein, das gleichzeitig verdeutlicht, daß Identität, deren eine Komponente die Individualität darstellt, nicht egozentrisch verkürzt werden darf.

Einheit und Kontinuität sind ebenfalls eng mit der Gemeinschaftsfähigkeit des Menschen verknüpft. Die Gemeinschaft selbst tritt nach außen oft als Einheit auf. Die Eltern filtern für ihre Kinder die Außeneinflüsse und werten sie aus ihrer Sicht. So wird eine Einheit im Denken und Handeln vermittelt, wenn die Eltern diese selbst überzeugt und überzeugend vorleben. Den Ursprungsort für die Erfahrung von Kontinuität stellt die familiale Gemeinschaft dar. Ein Kind gewinnt z.B. Urvertrauen nur dann, wenn die Mutter ihm durch ihr ständiges Vorhandensein und ein kontinuierliches Handeln Kontinuität vermittelt. Gleichzeitig wird im alltäglichen Miteinander einheitliches Handeln erprobt.

„Um sich als Gruppe erfahren zu können, entwickelt, entfaltet und verfestigt die Familie ein Selbstverständnis über ihre Selbstdarstellung im Alltag."[190] Ein Bild von sich selbst benötigt jedoch auch jedes einzelne Familienmitglied. In diesem Zusammenhang übernehmen die Eltern eine besondere Rolle. Dieses Bild von sich selbst „beruht auf dem Wissen, das ein Mensch über seine Biographie hat, die Art und Weise, wie er es in einen kohärenten Zusammenhang bringt und sich in seinem Handeln daran orientiert. Unter diesen Prämissen handeln die Eltern idealerweise als Sachverwalter für die Entwicklung der persönlichen Identität des Kindes, noch bevor es eine Vorstellung seiner selbst hat und auch dann noch lange, wenn es sich allmählich über sich selbst zu äußern vermag. Dies geschieht dadurch, daß die Eltern vom Zeitpunkt der Geburt des Kindes an - eigentlich schon vorher - ein bestimmtes Wissen über die Tatsachen im Leben des Kindes haben."[191] Gleichzeitig werden in der Familie wesentlich Grundorientierungen und Wertvorstellungen vermittelt, an denen sich das entstehende Selbstbild orientieren kann.

---

189 Familiaris Consortio 33 (1981) 47-48
190 Mühlfeld, C., Ehe und Familie, 24
191 Lüscher, K./Böckle, F., Familie, in: CGG 7, Freiburg u.a. 1981, 121

II.4.2.2. Familiale Glaubenserziehung

In der frühkindlichen Phase von Sozialisation und Erziehung wird in der Familie der Grundstock gelegt für die religiöse Grundhaltung des Menschen. Sie bildet den Schnittpunkt zwischen Familie und Religion. „In diesem komplexen Zusammenhang vermittelt die Familie dem Kind einmal die strukturelle Basis für potentielle Religiosität, sie vermittelt zweitens innerhalb dieses strukturellen Rahmens zugleich die von ihr selbst getragene Religiosität, und sie vermittelt drittens mit der Grundlegung der Persönlichkeitsmerkmale dem Kind bestimmte Umgangsmöglichkeiten mit den Sozialisationsprodukten.“[192] Das Kind erhält dadurch religiöse Grundorientierungen, die sich auf die Wertvorstellungen auswirken und gleichzeitig bei der Ausbildung von Identität eine entscheidende Rolle spielen.

Religiöse Erfahrungen macht jedes Kind in seinen ersten Lebensjahren. Dies ist unabhängig von einer spezifischen Gläubigkeit der Eltern oder deren Integration in eine bestimmte Kirchengemeinschaft. „Ob es sich dabei um die Entdeckung des Lebens und Vergehens in der Natur handelt, um die Erfahrung von Krankheit oder Tod eines geliebten Menschen, um die Geburt eines Geschwisters oder um die Scheidung der Eltern - all dies sind Fragen, die unmittelbar betroffen machen, nach dem Sinn fragen lassen, Erklärung und Tröstung erfordern. Eine ganz andere Frage ist es, ob derartige Erfahrungen ein Glaubensbewußtsein zur Folge haben, das sich mit den Glaubensvorstellungen jener Kirche deckt, in der das jeweilige Kind getauft ist.“[193] Solche Erfahrungen macht jeder Mensch im Laufe seines Lebens. Wie er mit ihnen umgeht und sie deutet, hängt vielfach vom vorgelebten Beispiel der Eltern ab, ob sie von ihrem Glauben motiviert diese Erfahrungen für ihr Kind in den Rahmen ihres Glaubenshorizontes stellen und sie so aus dem Glauben erklären. Dem damit unbewußten Prozeß des Hineinwachsens in den Glauben auf der Seite des Kindes steht die Intention der Eltern gegenüber, ihre Glaubensüberzeugung an ihr Kind weiterzugeben. Daß dies gelingt, ist jedoch in unserer pluralen Gesellschaft nicht mehr ohne weiteres gewährleistet. So „sind die traditionellen Vermittlungsmuster weithin unbrauchbar und ineffizient geworden, nicht zuletzt weil ein jede familiale religiöse Erziehung stützendes Milieu kaum

---

192 Fraas, H.-J., Familie: Ort der religiösen Sozialisation, in: Lebendige Seelsorge 39 (1979), 86

193 Siefer, G., Ehe und Familie als Verwirklichung von Kirche. ..., Frankfurt/M. 1982, 31

noch vorhanden ist.[194] Da die Familie und jedes Mitglied für sich zahlreichen Einflüssen aus der sie umgebenden Lebenswelt ausgesetzt sind, ist keine „genaue Planung oder gar eine Technik mit Erfolgsgarantie“ möglich. Dies gilt aber auch generell für jede Art von Erziehung. Vor allem „ > Bewahrungstaktiken < und > Konfliktvermeidungsstrategien <„[195] sind heute fehl am Platz. Denn „Einführung und Einübung in den Glauben bzw. Unterricht im Glauben sind ... keine isoliert wirkenden Leistungen, sondern geschehen in einem Kontext nicht kontrollierbarer Vorgänge. Was für den späteren Glauben oder die Religiösität eines Menschen an äußeren Einflüssen relevant ist, läßt sich dabei nicht von vornherein durch seinen Bezug zur *expliziten Religion* bestimmen. Die explizite Religion, die in Europa, vor allem durch die christlichen Kirchen repräsentiert wird, ist gerade in der Gegenwartsgesellschaft nur ein partikuläres Moment der gesamten kulturellen Tradition und der sozialisationsrelevanten sozialen Strukturen, innerhalb derer junge Menschen heute heranwachsen und Erwachsene ihre Erfahrungen machen.“[196] Es gilt deshalb inmitten dieser heutigen Lebenswelt mit all ihren Erfahrungen, seinen Glauben zu leben. „Vom Leitbild der christlichen Familie ausgehend“ ist deshalb die Frage zu stellen, „wie wir sie in dieser sich verändernden Welt verwirklichen können. Dabei setzt eine bewußt metawissenschaftliche Entscheidung das Festhalten an dem christlichen Leitbild voraus, nicht jedoch das Festhalten an bestimmten geschichtlich gewordenen Verwirklichungen dieses Leitbildes. Das Ziel bleibt dasselbe, über die Wege müssen wir auf der Basis einer möglichst umfassenden Kenntnis der Fakten nachdenken.“[197]

Stellt der christliche Glaube die Grundüberzeugung der Eltern dar, wird er das gesamte Familienleben prägen, das innerhalb unserer pluralen Gesellschaft mit all ihren Einflüssen, Erfahrungen und Möglichkeiten gelebt werden muß. So gelebter Glaube kann von den heranwachsenden Kindern in bewußter Entscheidung zur eigenen Überzeugung werden. „Es kommt demnach im Interesse der Weitergabe des Glaubens, (...), entscheidend darauf an, daß in den Familien als Hauskirchen wieder echter und überzeugender Glaube lebt.“[198]

---

194 Siefer, G., Ehe und Familie als Verwirklichung von Kirche, 27

195 vgl. Siefer, G., Ehe und Familie als Verwirklichung von Kirche, 49

196 Siefer, G. Ehe und Familie als Verwirklichung von Kirche, 28; Siefer zitiert hier Kaufmann, F.-X./Stachel, G., Religiöse Sozialisation, in: Christlicher Glaube in moderner Gesellschaft, Bd. 25, Freiburg 1980, 121

197 Millendorfer, J., Gedanken zur Funktion der Familie, 236

198 Molinski, W., Familie heute, 135

Angesichts dieser Relevanz der Familien in Bezug auf die Glaubensweitergabe an die nachfolgende Generation müßten auch die katholische Kirche und Theologie der Familie einen bedeutenderen Rang zuerkennen. Bisher wurde die Familie in theologischen und kirchlichen Aussagen oft nur als Anhängsel an die Ehe und damit nicht als eigenständige Größe wahrgenommen. Die spezifischen Probleme der Familie kommen dadurch nicht ins Blickfeld und die kirchentheologischen Aussagen stoßen auf das Unverständnis der Familien, weil sie keine Relevanz für deren konkretes Leben besitzen.[199] Es sollte nicht übersehen werden, daß „Während in der Theologie der Ehe der Aspekt des Sakramentes sowie Partnerschaft und Geschlechtlichkeit im Vordergrund stehen," es „in der Theologie der Familie darüber hinaus um die Gestaltung einer größeren Gemeinschaft, um Über- und Unterordnung der Glieder, um viel differenziertere Rollenbilder, um Erziehung, Tradition, wirtschaftliche Sicherung, Beruf usw."[200] geht. Es fehlt in diesem Zusammenhang „eine methodisch bewußtere und konsequentere theologische Grundlegung eines christlichen Familienverständnisses."[201]

Außerdem hält man von Seiten der Kirche vielfach an einem Idealbild der „christlichen Familie" fest, das der Realität nicht gerecht wird. Man geht dabei „von theologischen, religiösen und kirchlichen Gegebenheiten aus und versucht, sie in die Familienrealität zu integrieren."[202] Ohne dieser deduktiven Verfahrensweise ihre Relevanz abzusprechen, denn Ideale sind zur Orientierungshilfe vor allem auch in unserer pluralistischen Gesellschaft notwendig, würde diese in Kombination mit dem induktiven Zugang der Realität gerechter, denn „je strahlender das Ideal, (...), desto größer wird die Gefahr, daß alle jene, die diesem Leitbild nicht entsprechen, sich zurückgesetzt, verletzt, diskriminiert fühlen."[203] Deshalb ist eine Theologie der Familie zu fordern, „die von realer Familienerfahrung ausgeht, nach religiös und theologisch Relevantem fragt und aus diesem Interesse theo-

---

199 Auf einen herausragenden Neuentwurf von Hans-Günter Gruber muß jedoch in diesem Zusammenhang hingewiesen werden. Gruber versucht „die christliche Gestalt der Familie – unter Bezugnahme auf diese veränderten Lebensbedingungen – so zu präzisieren und weiterzuentwickeln, daß darin alle wesentlichen christlichen Sinn- und Wertgehalte familialen Lebens anthropologisch und ethisch angemessen zum Ausdruck kommen. (Gruber, H.-G., Familie und christliche Ethik, Darmstadt 1995, 61)

200 Rotter, H., Theologie der Familie, in:Lebendige Seelsorge 30 (1979), 78

201 Rotter, H., Theologie der Familie, 78

202 Pfister-Schölch, G. und X., Elemente einer Theologie der Familie, in: Diakonia 23 (1992), 251

203 Erharter, H., Zuviel Familie? In: Diakonia 11 (1980) 217

logische Aussagen zu formulieren sucht.“ Familie würde so vom Objekt zum „Subjekt einer Familientheologie.“[204] Zu berücksichtigen ist jedoch, daß es nur dann gerechtfertigt ist, von einer Theologie der Familie zu sprechen, wenn gezeigt werden kann, daß in der Verwirklichung von Familie etwas vom Wort und Tun Gottes in seinem Heilswirken an den Menschen erfahrbar und erkennbar wird.“[205]

Ein Ausgangspunkt könnte in diesem Zusammenhang in dem Streben der Familie nach einem gelingenden Leben als Familie, aber auch für jeden einzeln, gesehen werden. Das konkrete Bemühen um soziale und persönliche Identität ist theologisch aufzugreifen und zu unterstützen. Zahlreiche biblische Geschichten haben gelingendes Leben zum Thema, denn dies will Gott für den Menschen. Im Blickpunkt steht dabei der Mensch nie isoliert, sondern inmitten seiner Bezüge zu sich selbst, seinen Mitmenschen, seiner Umwelt und zu Gott. Jesus hat den Menschen, die in ihrer damaligen Lebenswelt gescheitert waren, immer wieder neue Perspektiven gelingenden Lebens aufgezeigt. Voraussetzung dafür war jedoch eine vom jeweiligen Menschen ausgehende Aktivität. Man kann deshalb von einem handlungstheoretischen Ansatz ausgehend „Grund- und Grenzerfahrungen“ suchen, „angesichts derer die Erinnerung an die jüdisch-christliche Tradition neue Handlungsmöglichkeiten eröffnen kann.“[206]

In Bezug auf das familiale Streben nach sozialer wie persönlicher Identität ist ein liebendes Miteinander relevant, in dem Eltern ihre Kinder „vorbehaltlos ernst“[207] nehmen. Der Erwachsene gibt dabei dem Kind einen Vertrauensvorschuß und geht dabei das Risiko ein, bei der Begleitung der krisenhaften Entwicklung des Kindes seine eigene Identität neu überdenken zu müssen. Dieses Risiko verhilft gleichzeitig dem Kind zur eigenen Identitätsfindung. Es darf jedoch nicht übersehen werden, daß diese Bemühung jederzeit scheitern kann.

„Die Suche nach Glück, das Streben nach Heil gehören zu den Grundeinsichten einer theologischen Anthropologie, aber auch die Erfahrung davon, wie zerbrechlich und darum auch nie voll herstellbar ein Zustand des Glücks und des Heils ist.“[208]

---

204 Pfister-Schölch, G. und X., Elemente einer Theologie, 252

205 Giers, J., Die Familie in der Heilsordnung, 166-167

206 Giers, J., Die Familie in der Heilsordnung, 273

207 Mette, N., Die Familie als Kirche im Kleinen. Vorüberlegungen, in: Eid, V./L. Vaskovics (Hg.): Wandel der Familie - Zukunft der Familie, Mainz 1982, 273-274

208 Mette, N., Die Familie als Kirche, 275

Angesichts der Möglichkeit des Scheiterns und den damit verbundenen Ängsten fragt der christliche Glaube nach befreienden Handlungsmöglichkeiten. „Mut ängstigendes Erleben anzugehen, erfordert Vertrauen; seine Bewältigung ist letztlich ein Vertrauens- bzw. Glaubensakt.“[209] Durch die unbedingte Bejahung des anderen, die ein Vertrauensvorschuß in der Familie beinhaltet, wird „über alle endlichen Freiheiten hinausgegriffen ... auf eine absolute Freiheit, die die unbedingte Anerkennung des anderen erst ermöglicht und gewährleistet. Biblisch gesprochen: Nächstenliebe ist zugleich Liebe zu Gott. „Die Liebe zum Ehepartner und zu den Kindern ist für einen Christen eine konkrete Form und Bewährung der Gottes- und Nächstenliebe. In der Mitwirkung an der Personwerdung der Kinder und an der personalen Stabilisierung des Ehepartners sieht der Christ einen wesentlichen Daseinssinn. Diese Liebe ist für ihn aber kein Glaubens- oder Religionsersatz. Sie ist für ihn vielmehr eine Folge der vorausgegangenen Liebe Gottes.“[210]

Von hier aus ist der nach katholischem Verständnis sakramentale Charakter der Ehe unter Christen sowie die Teilhabe der Familie an dieser Sakramentalität zu erschließen.[211] Denn die zwischenmenschliche, personale Liebe in Ehe und Familie ist dann „letztlich Teilhabe an der göttlichen Liebe“ und wird „von ihr getragen.“[212] Eine entstehende Familie bereichert die Ehe durch das Hinzukommen neuer reziproker Beziehungen. Die Eltern erhalten dadurch die Möglichkeit, ihren Glauben an Gott zu vertiefen und in ihrer eigenen Identität zu reifen, indem sie „die Dimension der Bezüglichkeit als Grundelement des Lebensvollzuges entdecken. Anhand dieser Erfahrungen mit ihrem Kind können sie sich neu in ihrer Bezüglichkeit orientieren und nach ihrer Beziehung zu andern und zum Andern befragen. So eröffnet die bewußt wahrgenommene und gelebte Erzieheraufgabe einen Weg zu Gott. Dabei wird dieser Weg nicht als Wahrheit von außen in das Leben hineinprojiziert, sondern als Tiefendimension des eigenen Lebens wahrgenommen. Religion wird als Tiefendimension der Familie im Vollzug sichtbar.“[213] Dies verdeutlicht die Bereicherung der ehelichen Beziehung durch Kinder, die gleichzeitig zu einer neuen Dimension der Sakramentalität im gegenseitigen Helfen bei der Entwicklung des einzelnen führt.

---

209 Mette, N., Die Familie als Kirche, 275
210 Gruber, H.-G., Familie, 117-118
211 Mette, N., Die Familie als Kirche, 275
212 Mette, N., Die Familie als Kirche, 276
213 Pfister-Schölch, G. und X., Elemente einer Theologie, 253-254

Wenn Soziologie, Pädagogik, Psychologie und Psychotherapie sich zunehmend mit der sozialen und persönlichen Identität des Menschen beschäftigen, kann die Theologie, wie aufgezeigt wurde, den motivationalen Hintergrund liefern. Moraltheologische und -pädagogische Erkenntnisse wären den Eltern Hilfen auf dem Weg zur Ausbildung einer gelingenden Identität, für sich selbst und ihre Kinder.

Die Familie als der primäre Lernort „für grundlegende Lebensvorgänge und Lebenseinstellungen“[214] - hierzu gehören moralische als auch religiöse Grundorientierungen - besitzt als Lebensform, wie aufgezeigt wurde, enorme und einzigartige Möglichkeiten im Bereich der Sozialisation und Erziehung. Realistisch ist, daß „das Sein, das Werden und die Zukunft jedes menschlichen Wesens sowie sein Personalisationsprozess und seine Sozialisation zunächst vom familiären Milieu“[215] abhängt. Dies verdeutlicht, daß es „neben dem Faktum der biologischen Reproduktion und jenem der Gesellschaft ...ein anderes, grundlegenderes und bedeutsameres Faktum zu geben“ scheint: „das menschliche Leben, Würde, Sinn und Inhalt dieses Lebens.“[216] Den Eltern als Gründer einer Familie und als Erzieher muß deshalb deutlich gemacht werden, daß trotz aller Beeinflussung von außen „Leitbild, Form und Verhaltensweisen ... eine *Aufgabe* der Selbstgestaltung aus familialem Selbstwertbewußtsein“[217] ist. Die Familie als relevante Vermittlungsinstanz zwischen Gesellschaft und dem einzelnen stellt in ihrem auf Polarität hin ausgelegten Aufgabenbereich einen Spannungsausgleich her. Ihre Leistung besteht nämlich „in der Verknüpfung zweier sich wechselseitig bedingender, jedoch unterschiedlicher Zielsetzungen; bezogen auf den einzelnen Menschen handelt es sich um die Herausbildung personaler Identität, bezogen auf die gesellschaftlichen Strukturen um die relativ dauerhafte Integration sozialer Teilbereiche und die sich daraus ergebende Erhaltung sozialer Systeme.“[218]

Den Chancen gegenüber stehen die Gefahren der Manipulation von außen und damit des passiven Übernehmens von Außeneinflüssen. Es gilt Familien in ihrem Willen zu Selbstgestaltung und dem Erkennen von Möglichkeiten zu stärken.

---

214 Schmid, P. F., Die Familie als Lernort, 232
215 De Oliveira, C.-J., Die Familie., 1
216 Rhonheimer, M., Sozialphilosophie und Familie, 121
217 Pöggeler, F., Familie und Erziehung, 202
218 Lüscher, K., Bausteine, 563

Will eine Familie ihre Kinder im Bereich der Moral- und Glaubenserziehung auf dem Weg der Identitätsfindung unterstützen, sind neben dem Überzeugtsein von der eigenen Grundorientierung auch pädagogische und psychologische Kenntnisse von der Moral- und Glaubensentwicklung erforderlich, um ihre Erziehung am Entwicklungsstand des Kindes orientieren zu können. Mit den dazu erforderlichen Grundkenntnissen beschäftigt sich das folgende Kapitel.

III. Moral - Identität - Religiosität: ihre Ausbildung in Stufen

III.1. Die moralische Entwicklung des Menschen

Die hier vorausgesetzte menschliche Urintentionalität mit dem ihr inhärenten Willen zum Zugriff auf Welt, beinhaltet den Wunsch und die Aufgabe des Menschen, sein Leben selbst zu gestalten. Die moralische Entwicklung stellt in diesem Zusammenhang einen Teilbereich dar. In konkreten Alltagssituationen, in der Begegnung mit anderen oder aber in Problemsituationen erfährt sich der Mensch sittlich gefordert. Dieses sittliche Sollen ist gekoppelt an die Aufgabe der Lebensgestaltung, läßt sich nicht noch einmal a priori begründen, sondern ist dem Menschen vorgegeben.[1] Durch sittliche, d.h. sinnvolle und verantwortliche Ausgestaltung erhält das Leben seine Werthaftigkeit, seine Qualität. Sie schuldet sich der Mensch, indem ihm sein ureigenstes Selbstsein aufgegeben ist.[2] Er kann das jedoch nicht für sich allein, sondern immer nur im Umgang und der Begegnung mit anderen entfalten.[3] „Der Bereich des wirklich moralischen Lebens beginnt erst dort, wo das kollektive Leben anfängt - oder mit anderen Worten, wir sind nur insoweit moralische Wesen, wie wir soziale Wesen sind.“[4]

Die signifikanten Anderen greifen im Rahmen der Moralerziehung diese ursprünglich vorhandene Bereitschaft nach einem sittlichen Leben auf und vermitteln konkrete Gegenangebote. Grundmotivationen werden zur Verfügung gestellt, aber auch einzelne Normen tradiert, die in konkreten Situationen angewandt werden können.

Die theoretische Basis dafür liefern Moralpsychologie, -pädagogik und -theologie. Den weitreichendsten Einfluß auf sie hatten in den letzten Jahrzehnten die kognitionspsychologischen Stufentheorien nach Jean Piaget und Lawrence Kohlberg.

---

1 Vgl. hierzu das nicht veröffentlichte Skript zur Vorlesung „Fundamentalmoral I“ von Prof. Dr. Volker Eid im WS 1987/88 an der Universität Bamberg, 18

2 vgl. hierzu die Existentialphilosophie Martin Heideggers

3 vgl. hierzu vor allem Martin Buber und Emmanuel Levinas als Vertreter des Dialogischen Personalismus

4 Kay, W., Die moralische Entwicklung des Kindes. Entwicklungspsychologische Untersuchungen zur Bildung der Moralvorstellungen in Kindheit und Jugend, Düsseldorf 1975, 130; Kay zitiert hier Durkheim, E., Moral Education, New York 1960, 64

Im Rahmen dieser Arbeit wird den Stufentheorien deshalb eine zentrale Position eingeräumt, weil sie dem hier entworfenen Grundkonzept entsprechen, das von der Aktivität des Individuums bei seiner Entwicklung ausgeht und Moralerziehung im Sinne der genannten „Gegenangebote" als Reaktion der Umwelt auf eben diese Entwicklung versteht. Gleichzeitig kann mit ihrer Hilfe die Relevanz der drei Basiskompetenzen und der Zusammenhang zwischen der moralischen Entwicklung, der Identitätsausbildung und der religiösen Entwicklung des Menschen verdeutlicht werden.

III.1.1. Kognitionspsychologische Stufentheorien der Moralentwicklung[5]

Die Urintentionalität gilt als anthropologische Grundvoraussetzung für jede menschliche Weiterentwicklung. Im Bereich der Kognition als Basis für die Ausbildung moralischer Urteile, die als Untersuchungsgegenstand bei Piaget und Kohlberg zur Entwicklung der Stufentheorien führten, können dabei „Widersprüche logischer Art und Schwierigkeiten beim Erkenntnis- und Operationsprozeß"[6] entstehen. Da der menschliche Organismus jedoch nach Äquilibration strebt, versucht der Mensch entweder im Prozeß der Assimilation zu einer an die schon vorhandenen eigenen Strukturen angepaßten Konstruktion der Umwelt, oder im umgekehrten Prozeß der Akkomodation durch die Anpassung der eigenen Strukturen an die Umwelt einen Gleichgewichtszustand zu erlangen. Diesen Prozeß legen Piaget und Kohlberg ihren Stufentheorien zugrunde und verdeutlichen damit ihre Sichtweise von einem aktiv an der Konstruktion seiner Wirklichkeit beteiligten Subjekt. „Piaget sieht den Menschen von Anfang an als offenes Wesen, das in einem umfassenden Austausch mit seiner Umwelt steht. Entwicklung gibt es aber nicht schon dann, wenn die nötigen Voraussetzungen von Anlage und Umwelt gegeben sind, sondern erst, wenn der Säugling bzw. das Kleinkind mit seinen schon vorhandenen Strukturen an die äußere Wirklichkeit herangeht (210). So kommt es zu einer ent-

---

5 Da die im folgenden zu erläuternden Stufentheorien schon in zahlreichen Publikationen ausführlich behandelt wurden, sollen hier nur die im Zusammenhang dieser Arbeit relevanten Aussagen berücksichtigt werden. Zur umfassenderen Information verweise ich auf: Bernhard F. Hofmann, Kognitionspsychologische Stufentheorien und religiöses Lernen. Zur (korrelations-)didaktischen Bedeutung von J. Piaget, L. Kohlberg und F. Oser/P. Gmünder, Freiburg u.a. 1991; sowie auf die von den entsprechenden Autoren veröffentlichten Publikationen. Vergleiche hierzu die Literaturliste!

6 Hofmann, B.F., Kognitionspsychologische Stufentheorien, 67

wicklungsfördernden Auseinandersetzung, da sich die Strukturen im Lauf der Zeit durch den Erfahrungsgewinn und die wachsenden physischen Voraussetzungen ständig verfeinern.“[7] „Moralstufen sind“ deshalb „in erster Linie als Resultat der Interaktion des Kindes mit anderen zu verstehen.“[8]

Zentrales Anliegen dieser Arbeit ist es, die Relevanz der Stufentheorien für die familiale Moralerziehung aufzuzeigen. Es wird dabei berücksichtigt, daß die Stufen des moralischen Urteils nicht „geradewegs einen Niederschlag der von den Eltern gelehrten Werte oder eine direkte >Introjektion< von Werten durch das Kind“ darstellen. „Stufentheorien der hier vertretenen Art verstehen den Einfluß der elterlichen Erziehung nur als einen Teil der Welt bzw. der sozialen Ordnung, die das Kind wahrnimmt. Das Kind kann die moralischen Werte seiner Eltern und seiner Kultur erst dann verinnerlichen und sich zu eigen machen, wenn es so weit ist, diese Werte mit einer sozialen Ordnung, die es verstanden hat, und mit seinen eigenen Zielen als einem sozialen Selbst in Beziehung zu setzen.“[9] Inwieweit der Erwerb der Basiskompetenzen hierbei nützlich sein kann, zeigen die folgenden Ausführungen.

III.1.1.1. Operationalisierung der hier vorgestellten Theorie mit Hilfe der Stufentheorien *Jean Piagets* und *Lawrence Kohlbergs*

Die moralische Entwicklung des Menschen umfaßt drei Teilaspekte:

- den kognitiven
- den affektiven (emotionalen) und
- den Handlungsaspekt (pragmatischen A.).

Die Stufentheorien Piagets und Kohlbergs beschränken sich, indem sie moralische Entwicklung anhand des moralischen Urteils untersuchen, zunächst auf die kognitive Komponente. Den unterschiedlichen Stufen des moralischen Denkens liegen kognitive Strukturen zugrunde, die in Paralle-

7 Hofmann, B.F., Kognitionspsychologische Stufentheorien, 64-65

8 Kohlberg, L., Die Psychologie der Moralentwicklung, Frankfurt a. M. 1996, 31

9 Kohlberg, L., Die Psychologie der Moralentwicklung, 31-32

lität zu den Stufen des logischen Denkens nach Piaget[10] zu sehen sind. Dabei gilt, daß „eine bestimmte logische Stufe (...) *eine notwendige, aber keine hinreichende* Bedingung für die parallele Moralstufe“[11] darstellt, denn „Stufen moralischen Urteilens implizieren soziale Rollenübernahme und Gleichgewicht der Rollenübernahme in Form reversibler Gerechtigkeitsstrukturen, Strukturen der Reziprozität und Gleichheit (Kohlberg 1971b). Gerechtigkeitsprinzipien setzen reziproke Operationen voraus, ähnlich denen in der Logik, aber der Gebrauch von Prinzipien der Gerechtigkeit ist nicht einfach bloß eine Anwendung logischer Reziprozität auf moralische Situationen.“[12] Diese Aussage beinhaltet die Annahme Kohlbergs, daß die Entwicklung der sozialen Kognition in Form der Stufen „der sozialen Wahrnehmung oder sozialen Perspektiven- bzw. Rollenübernahme, wie sie Selman darstellt, ebenso in Parallelität zu den Stufen des moralischen Denkens zu setzen sind, wie die Stufen des logischen Denkens. Sie geht „wie im Falle der Logik“ „der Entwicklung der parallelen Stufe moralischen Urteilens voran“.[13]

Moralische Entwicklung wird somit vertikal als eine Weiterentwicklung zu den höheren Stufen des moralischen Urteils verstanden. Auf jeder Stufe findet jedoch eine horizontale Entwicklung statt, die von der Logik über die soziale Wahrnehmung und das moralische Urteil zum moralischen Verhalten führt.

Nach Piaget führt die vertikale Stufenfolge von der Heteronomie zur Autonomie, die Stufenfolge nach Kohlberg kann man beschreiben als „eine sequentielle Entwicklungstypologie des moralischen Denkens vom

---

10 vgl. Hierzu Tabelle 1, in Kohlberg, L., Zusammenhänge zwischen der Moralentwicklung in der Kindheit und im Erwachsenenalter - neu interpretiert (1973), in: Ders., Die Psychologie der Moralentwicklung. ..., Frankfurt a. M. 1996, 93

11 Kohlberg, L., Zusammenhänge - neu, 95

12 Kohlberg, L., Zusammenhänge - neu, 95

13 Kohlberg, L., Der kognitiv-entwicklungstheoretische Ansatz (1976), in: Ders., Die Psychologie der Moralentwicklung . ..., Frankfurt a. M. 1996, 125; Selman unterscheidet folgende fünf Niveaus der Perspektivenübernahme:
- die undifferenzierte und egozentrische P. im Alter von ungefähr 3 - 8 Jahren
- die differenzierte und subjektive P. im Alter von ungefähr 5-9 Jahren
- die selbstreflexive/Zweite Person- und reziproke P. im Alter von ungefähr 7-12 Jahren
- die Dritte Person - und gegenseitige P. im Alter von ungefähr 10-15 Jahren
- die tiefenpsychologische und gesellschaftlich-symbolische P. ab ungefähr 12 Jahren bis ins Erwachsenenalter

vgl. hierzu: Robert L. Selman, Die Entwicklung des sozialen Verstehens .... Frankfurt a.M. 1984

Egoismus zum Universalismus und von situationsspezifischen Regeln zu verallgemeinerungsfähigen und reversiblen Prinzipienurteilen".[14]

Die Moralität des Menschen wird jedoch mit der Erfassung seines moralischen Urteils noch nicht in vollem Umfang erfaßt. So ist selbst Kohlberg davon überzeugt, „daß moralisches Handeln aus verantwortlicher Entscheidung erwächst, die durch intuitives Erfassen moralischer Werte gesteuert wird und nicht notwendigerweise von der Stufenhöhe abhängig ist."[15] Durch empirisches Überprüfen der Unterteilung seiner einzelnen Stufen in A- und B-Unterstufen weist er folgendes nach: „Urteile auf Unterstufe B enthüllen ein intuitives Erkennen von Teilaspekten der Form und des Inhalts der Lösungen, wie sie auf Stufe 5 oder 6 erreicht werden, aber in ihnen wird noch nicht das Zentralprinzip der Gerechtigkeit artikuliert, das diesen Inhalt und diese Struktur auf rationale Weise rechtfertigt."[16] Tests haben empirisch nachgewiesen, daß bei Probanden, deren moralisches Urteil auf einer B-Unterstufe oder auf den Stufen 5 oder 6 eingeordnet werden konnte, das moralische Handeln in höherem Maße mit ihrem Urteil korrelierte als bei anderen Testpersonen.

Da Kohlberg das moralische Urteil für eine notwendige, aber keine hinreichende Bedingung für moralisches Handeln hält, unterteilt er das moralische Urteil in ein deontisches Urteil, das dem Menschen verdeutlicht, was moralisch richtig ist, und in ein Verantwortlichkeitsurteil, durch das der Mensch erkennt, daß er selbst in die Verantwortung genommen ist, moralisch zu handeln. Damit geht Kohlberg auf die berechtigte Kritik Gilligans ein, die seine Theorie des Gerechtigkeitsdenkens als die männliche Variante des moralischen Denkens und Verhaltens bezeichnet, und ihr als weibliches Element eine Moral der Fürsorge und Verantwortlichkeit gegenüberstellt.[17] Folglich kann also eine nur an Prinzipien orientierte Gesinnungsethik die Moralität des Menschen nicht in vollem Umfange erfas-

---

14 Kohlberg stimmt dieser Charakterisierung seiner Stufentheorie durch Carter (in: What is Lawrence Kohlberg doing? Journal of Moral Education 9, 88-102) in folgendem Aufsatz zu: Kohlberg, L., Zum gegenwärtigen Stand der Theorie der Moralstufen (mit Charles Levine und Alexandra Hewer, 1984), in: Ders., Die Psychologie der Moralentwicklung. ..., Frankfurt a.M. 1990, 307

15 Kohlberg, L., Zum gegenwärtigen Stand der Theorie der Moralstufen (mit Charles Levine und Alexandra Hewer, 1984), in: ders., Die Psychologie der Moralentwicklung. ..., Frankfurt a.M. 1996, 288-289

16 Kohlberg, L., Zum gegenwärtigen Stand, 303

17 vgl. Hierzu : Gilligan, C., Die andere Stimme. Lebenskonflikte und Moral der Frau. Aus dem Amerikanischen von Brigitte Stein, München 1996

sen. Sie muß vielmehr durch eine an den Konsequenzen orientierte Verantwortungsethik ergänzt werden. „Unsere Moral hängt nicht allein von unseren Prinzipien ab, sondern wird auch durch unsere Fähigkeit, positive Konsequenzen für unsere Kinder abzuschätzen und zu erreichen, bestimmt, und das erfordert vor allem das Verständnis und die Vorhersage psychologischer und sozialer Fakten. Das gilt allerdings nur für einen so umgrenzten Bereich wie die Familie, in dem wir die Verantwortung für die Folgen unseres Handelns tragen."[18] Verantwortung auf den familialen Bereich zu beschränken greift jedoch angesichts der heute immer weitreichenderen Handlungszusammenhänge zu kurz. Wie oben schon erläutert, muß neben diesen Bereich der persönlichen Verantwortung, der die unmittelbaren menschlichen Beziehungen betrifft, derjenige einer partizipativen Verantwortung in größeren sozialen Zusammenhängen treten.

Außerdem können andere „Wissens- und Motivationsfaktoren, die nicht spezifisch moralisch sind, ... notwendig sein", „um ein positives Ergebnis sicherzustellen."[19] Für die moralische Entwicklung des Menschen scheinen z. B. neben der kognitiven Entwicklung auch „Gelegenheiten zur Teilhabe und zur Rollenübernahme in denjenigen Gruppen zu sein, zu denen das Kind gehört" von großer Bedeutung zu sein. In Bezug auf die Familie heißt das, daß sich Differenzen in der moralischen Entwicklung ergeben aufgrund „unterschiedlicher Möglichkeiten zur Rollenübernahme", d. h. „infolge unterschiedlicher Teilhabe am Familienleben, Kommunikation, emotionaler Wärme, Beteiligung an Entscheidungen, dem Kind übertragener Verantwortung, Aufzeigen von Konsequenzen, die die eigenen Handlungen für andere haben"[20]. Den Eltern und deren affektiven Beziehungen zu ihren Kindern wird von Kohlberg eine große Relevanz für die moralische Weiterentwicklung ihrer Kinder zuerkannt, „weil positive und gefühlsbetonte Beziehungen zu anderen Menschen für die Ich-Entwicklung, die Rollenübernahme und die Anerkennung sozialer Wertmaßstäbe generell wichtig sind"[21].

---

18 Kohlberg, L., Die Beziehung zwischen moralischem Urteil und moralischem Handeln (mit Daniel Candee, 1984), in: ders., Die Psychologie der Moralentwicklung ... Frankfurt a. M. 1996, 395

19 Kohlberg, L., Die Beziehung zwischen moralischem Urteil und moralischem Handeln, 394

20 Kohlberg, L., Moralische Entwicklung (1968), in: ders., Die Psychologie der Moralentwicklung. ... Frankfurt a. M. 1996, 34

21 Kohlberg, L., Moralische Entwicklung, 37

Deutlich wird aufgrund der vorangegangenen Erläuterungen, daß die Kritik, Kohlbergs Stufentheorie werde durch die ausschließliche Konzentration auf die Kognition der moralischen Entwicklung nicht in vollem Umfange gerecht, so nicht aufrechterhalten werden kann. Denn Kohlberg erkennt an, „daß Gemütsbewegungen eine Rolle spielen, wenn an die Achtung vor der Menschenwürde appelliert oder für zwischenmenschliche Anteilnahme und Verantwortlichkeit eingetreten wird. Affekt wird in unserer Theorie aber immer als durch kognitive Prozesse - wie etwa Rollenübernahme - vermittelt oder strukturiert angesehen. Ein solcher kognitiv strukturierter Affekt kann sich dann als Mitgefühl für das Opfer, als Empörung gegenüber dem Ausbeuter und/oder als Engagement für andere und Übernahme von Verantwortung äußern."[22] Damit wird „der Affekt als integraler Bestandteil des moralischen Urteilens oder Gerechtigkeitsdenkens nicht geleugnet".[23] Diese Einordnung als integraler Bestandteil, seine Rolle im Zusammenhang mit der horizontalen Entwicklung, und damit auch die Beziehung zwischen Kognition, Emotion und Handeln, wird jedoch kontrovers diskutiert. Betroffen von der Kritik sind sowohl die Reihenfolge der drei genannten Bestandteile des moralischen Entscheidungsprozesses als auch die Gewichtung von Affekt und Verantwortlichkeit.

Nach Kohlberg gibt ein Mensch in einer moralischen Konfliktsituation, der Entwicklungsstufe entsprechend, auf der er sich befindet, ein deontisches Urteil ab. Im Anschluß daran fällt er ein Verantwortlichkeitsurteil, das ihn dann zu moralischem Handeln veranlaßt oder nicht. So findet auf jeder moralischen Stufe ein dreiphasiger Prozeß statt, der in Krisensituationen eine Beziehung zwischen moralischem Urteil und moralischem Handeln herstellt. Kohlberg und Candee wurde vorgeworfen, daß in diesem Modell „Verantwortlichkeit als Verpflichtung des *Selbst* zum Handeln (...) die üblicherweise dem Affekt zugeschriebene energetisierende Funktion" übernimmt, „allerdings ohne eine affektive Dimension zu implizieren."[24] Gleichzeitig kritisierte man die Einfügung der Verantwortlichkeit als „*intervenierende Variable* zwischen deontischer Entscheidung und Handeln als unzureichend. Als relevant für den aufzuzeigenden Zusammenhang zwischen moralischer Entwicklung und den drei Basiskompeten-

22 Kohlberg, L., Zum gegenwärtigen Stand, 331-332

23 Kohlberg, L., Zum gegenwärtigen Stand, 331

24 Weinreich-Haste, H., Moralisches Engagement. Die Funktion der Gefühle im Urteilen und Handeln, in: Edelstein, W./Nunner-Winkler, G., Zur Bestimmung der Moral. Philosophische und sozialwissenschaftliche Beiträge zur Moralforschung, Frankfurt a. M. ^{2}1996, 380

zen erweist sich hier die Auffassung Gilligans, nach der Verantwortlichkeit neben dem Gerechtigkeitsdenken Kohlbergs als eine Alternative gesehen wird, um in Krisensituationen eine moralische Entscheidung treffen zu können. Demnach handelt es sich um „eine Art der Wahrnehmung, eine <andere Stimme> in moralischen Fragen.“[25] Dennoch schließen sich die weiteren Ausführungen dieser Arbeit dem Modell Kohlbergs an. Auch das Gerechtigkeitsdenken wird nur dann in moralisches Handeln umgesetzt, wenn der jeweilige Mensch sich selbst verantwortlich fühlt. Verantwortlichkeit als Kompetenz wurde weiter oben als Gefühl definiert, das als Antwort auf den durch die Einsicht vermittelten Appell zu verstehen ist[26], und den Menschen zum Handeln veranlaßt. Dementsprechend ist das Verantwortlichkeitsurteil zwischen deontischem Urteil und dem daraus folgenden Handeln einzuordnen.

Die vertikale Stufenabfolge der beiden Theorien mit ihren formalen Implikationen ist relativ gut empirisch abgesichert. Die differenziertere Stufeneinteilung Kohlbergs wird deshalb als Voraussetzung für die familiale Moralerziehung gewertet.[27]

Die drei Basiskompetenzen sind jedoch vor allem für den horizontalen moralischen Entwicklungsprozeß relevant, der in moralischen Konflikt- oder Entscheidungssituationen auf jeder Stufenhöhe stattfindet und mit zunehmender Ausdifferenzierung auf die vertikale Stufenabfolge einwirkt. Er führt von der Logik über die soziale Wahrnehmung, das deontische moralische Urteil und das Verantwortlichkeitsurteil zu moralischem Verhalten. Die Beziehung zwischen den Basiskompetenzen und dieser horizontalen Entwicklung wird deshalb im folgenden zu klären sein.

---

25 Weinreich, Haste, H., Moralisches Engagement, 381

26 vgl. die Definition von Hans Jonas, die schon im I. Kapitel für die Verantwortungskompetenz zugrundelegt wurde: Jonas, H., Das Prinzip Verantwortung, 162-163

27 Kohlberg unterscheidet drei Niveaus mit je zwei Stufen der moralischen Entwicklung. Das erste „präkonventionelle“ Niveau führt von der heteronomen Moral der Stufe 1, in der das Kind einen egozentrischen Gesichtspunkt besitzt, zum Individualismus der Stufe 2 und ihrer konkret individualistischen Perspektive. Auf der Stufe 3 und damit dem zweiten sog. „Konventionellen“ Niveau orientieren sich moralische Entscheidungen an wechselseitigen Erwartungen, während auf der Stufe 4 ein starkes Pflichtgefühl gegenüber dem sozialen System und dem Gewissen vorherrscht. Das postkonventionelle dritte Niveau führt dann über die 5. Stufe des sozialen Kontraktes zur 6. Stufe der universalen ethischen Prinzipien.

Zur umfassenderen Information vgl. Kohlberg, L., Moralstufen und Moralerwerb: Der kognitiv-entwicklungstheoretische Ansatz (1976), in: Ders., Die Psychologie der Moralentwicklung. ..., Frankfurt a. M. 1996, 123-174

III.1.1.2. Die Basiskompetenz der Wahrnehmung und ihre Relevanz für den horizontalen moralischen Entwicklungsprozeß

„Nach den Stufen der logischen Entwicklung sind jene der sozialen Wahrnehmung oder sozialen Perspektiven- bzw. Rollenübernahme[28] zu beachten. Wenn wir die Moralstufen definieren, ist darin eine teilweise Beschreibung dieser Stufen der Rollenübernahme enthalten. Sie erfassen das Niveau, auf dem die Person andere Menschen wahrnimmt, ihre Gedanken und Gefühle interpretiert und ihre Rolle bzw. Stellung in der Gesellschaft versteht. Diese Stufen hängen sehr eng mit den Moralstufen zusammen, sind jedoch allgemeineren Charakters, da sie nicht nur mit Fairneß und Entscheidungen zwischen >richtig< und >falsch< zu tun haben. Es ist schwieriger, ein Gerechtigkeitsurteil eines bestimmten Niveaus zu fällen, als die Welt einfach auf dieser Ebene wahrzunehmen.“[29] Deshalb hat Kohlberg in Anlehnung an Selmans kognitiv-strukturelle Theorie der Rollenübernahme oder der sozialen Wahrnehmung für seine Stufentheorie der moralischen Entwicklung das Konzept der sozio-moralischen Perspektive entwickelt. Sie bildet die Grundlage für die Rollenübernahme und das moralische Urteil. Diese Perspektive stellt ein einzelnes, vereinheitlichendes Konstrukt dar, „aus dem sich die strukturellen Hauptmerkmale einer jeden Stufe ableiten lassen.“[30] Jedem der drei Niveaus und jeder einzelnen Stufe kann eine entsprechende sozio-moralische Perspektive zugeordnet werden. Während das Individuum auf dem präkonventionellen Niveau eine konkret-individualistische Perspektive einnimmt, vertritt es auf der konventionellen Ebene die Perspektive eines Mitglieds der Gesellschaft und auf dem postkonventionellen Niveau einer der Gesellschaft vorgeordnete Perspektive. Die Weiterentwicklung dieser Perspektive führt auch zu einem „höheren“ moralischen Urteil, d.h. ihre Entwicklung geht der des moralischen Urteils voran. Deshalb kann die moralische Erziehung durch die Förderung der Wahrnehmungskompetenz, denn die sozio-moralische Perspektive stellt einen Teilbereich der Wahrnehmung dar, diesen Prozeß unterstützen. Vor allem die beiden über die sinnliche Wahrnehmung hinausgehenden Komponenten dieser Basiskompetenz sind hier relevant.[31]

---

28 vgl. Selman 1976, dt. 1982

29 Kohlberg, L., Moralstufen und Moralerwerb, 125

30 Kohlberg, L., Moralstufen und Moralerwerb, 133

31 vgl. Hierzu Kapitel I.2.1.1.

Während das Individuum auf der ersten Stufe des präkonventionellen Niveaus zunächst eine egozentrische Perspektive einnimmt, mit der es nicht erkennen kann, daß es außer eigenen auch andere Interessen gibt und daß hinter Handlungen bestimmte Intentionen stehen, besitzt es auf der Stufe 2 eine konkret individualistische Perspektive, mit der es andere Interessen zwar erkennt, die Befriedigung der eigenen Interessen jedoch im Vordergrund steht. In Bezug auf die Förderung der Wahrnehmungsfähigkeit sollte es moralischer Erziehung hier vor allem darum gehen, Sensibilität und Empathie für andere zu wecken. Der Heranwachsende muß zunächst fähig werden, die Rolle eines anderen übernehmen zu können, um so dessen Empfindungen und Interessen besser nachempfinden zu können. Diese Fähigkeit besitzt er dann auf der Stufe 3, auf der er „unterschiedliche Standpunkte miteinander in Beziehung“[32] setzt. Auf der vierten Stufe unterscheidet das Individuum zwischen gesellschaftlichem Standpunkt, der die einzelnen Rollen und Regeln festlegt, und der individuellen Ausgestaltung. Dabei übernimmt es den Standpunkt der Gesellschaft und rückt Recht und Pflicht in den Vordergrund des Urteilens. Seine Fähigkeit der Perspektivenübernahme hat sich damit wiederum vergrößert, wobei jedoch die Interessen und Bedürfnisse des einzelnen stark in den Hintergrund rükken. Die Möglichkeit, die Interessen des Staates und des einzelnen miteinander in Korrelation zu bringen, besitzt der Mensch erst auf der fünften Stufe der moralischen Entwicklung. Hier nimmt er eine der Gesellschaft vorgeordnete Perspektive ein und erkennt dabei die Existenz von Werten und Rechten, „die sozialen Bindungen und Verträgen vorgeordnet sind“.[33] Erst auf der Stufe 6 übernimmt das Individuum einen „moralischen“ Standpunkt, „von dem sich gesellschaftliche Ordnungen herleiten. Es ist dies die Perspektive eines jeden rationalen Individuums, das das Wesen der Moralität anerkannt bzw. anerkennt, daß jeder Mensch seinen (End-) - Zweck in sich selbst trägt und entsprechend behandelt werden muß.“[34] Dieser (End-)-Zweck ist mit der dem Menschen ureigenen Identität, die es auszugestalten gilt, gleichzusetzen.

Kohlberg untermauert die in dieser Arbeit behauptete Relevanz der Wahrnehmungskompetenz für die moralische Entwicklung und Erziehung des Menschen, da er die soziale Wahrnehmung als eine Komponente im horizontalen moralischen Entwicklungsprozeß einsetzt, die gleichzeitig

---

32 Kohlberg, L., Moralstufen und Moralerwerb, 129

33 Kohlberg, L., Moralstufen und Moralerwerb, 131

34 Kohlberg, L., Moralstufen und Moralerwerb, 132; vgl. Zu den vorangegangenen Erläuterungen insgesamt: Kohlberg, L. , Moralstufen und Moralerwerb, 126-142

auch durch eine sich entwickelnde größere Differenziertheit zu einem höheren moralischen Urteil führt und damit die Weiterentwicklung der vertikalen Stufenabfolge begünstigt. Gleichzeitig gilt für die Förderung der Basiskompetenz der Wahrnehmung durch die familiale Moralerziehung, daß die Eltern die Stufenabfolge der moralischen Entwicklung kennen sollten, um den Entwicklungsprozeß zur nächst höheren Stufe mit der ihr entsprechenden erweiterten Wahrnehmungsperspektive zu unterstützen. Nach Kohlberg reicht jedoch die Verbesserung der Wahrnehmungskompetenz nicht aus, um die Stufe 6 seiner Entwicklungtheorie zu erreichen. „Bis Stufe 4 handelt es sich um einen sich immer mehr erweiternden und angemessener werdenden Prozeß der Rollenübernahme, der Wahrnehmung des sozialen Systems. Beim prinzipienorientierten Denken geht es jedoch nicht um eine noch angemessenere Wahrnehmung des sozialen Systems, *so wie es ist*; vielmehr handelt es sich um die Aufstellung von Prinzipien, denen die Gesellschaft und das Selbst *verpflichtet sein sollten.*“[35] Dennoch bildet die Wahrnehmungskompetenz die Grundlage, auf der Prinzipien erarbeitet werden, denn bei „der Entwicklung des moralischen Denkens in der Kindheit handelt es sich um ein zunehmend angemesseneres Begreifen von bestehenden sozialen Normen und Idealen, und entsprechend entwickelt es sich aufgrund der üblichen Erfahrung der sozialen symbolischen Interaktion und Rollenübernahme.“ Zur Bildung von Prinzipien sind dann noch zusätzlich „Erfahrungen der persönlichen moralischen Entscheidung und Verantwortlichkeit“[36] nötig.

Voraussetzung für die nächst höhere Stufe der moralischen Entwicklung ist jedoch das Erreichen der parallelen Stufen der Logik und der sozialen Wahrnehmung. Ihrer Höhe entsprechend wird der Heranwachsende in einer moralischen Entscheidungssituation ein deontisches Urteil darüber abgeben, was er für moralisch richtig hält.

Um dem Urteil entsprechend zu handeln, hat der Mensch zusätzlich ein Veranwortlichkeitsurteil zu treffen, das ihn für die moralische Handlung persönlich verantwortlich macht. Damit ist auch die zweite relevante Basiskompetenz für die moralische Entwicklung bei Kohlberg direkt in den moralischen Entscheidungsprozeß integriert.

---

35 Kohlberg, L., Zusammenhänge zwischen der Moralentwicklung in der Kindheit und im Erwachsenenalter - neu, 105

36 Kohlberg, L., Zusammenhänge - neu, 82

III.1.1.3. Die Basiskompetenz der Verantwortung und ihre Relevanz für den horizontalen moralischen Entwicklungsprozeß

Einen Sachverhalt wahrzunehmen, zu erkennen, was richtig ist, führt nicht unbedingt auch zu einer dem Urteil entsprechenden Handlung. Verdeutlicht werden kann dies am Beispiel eines Verkehrsunfalls, bei dem es zahlreiche Zuschauer gibt. Alle wissen sicher, daß es in dieser Situation richtig wäre, den Verletzten zu helfen. Dennoch hilft keiner. Niemand fühlt sich persönlich verantwortlich. Kohlberg hat die Relevanz dieses Verantwortlichkeitsgefühls für den Zusammenhang zwischen moralischem Urteil und moralischem Handeln hervorgehoben und es als eigenständige Komponente in den horizontalen Entscheidungsprozeß eingefügt. In Bezug auf die vertikale Stufenabfolge konnte empirisch nachgewiesen werden, daß mit steigender Moralstufe die Übereinstimmung zwischen Urteil und Handeln gleichförmig zunimmt.[37] Dies wird mit der „Hypothese erklärt, daß mit steigender Stufe das deontische Urteil immer häufiger im Einklang mit einem Verantwortlichkeitsurteil, diese Entscheidung in die Tat umzusetzen, steht."[38] Dennoch konnte nachgewiesen werden, daß auch bei bestimmten Testpersonen auf niedrigeren Stufen im Vergleich zu anderen Testpersonen der gleichen Stufenhöhe Urteil und Verhalten stärker miteinander korrelierte. Kohlberg geht davon aus, „daß moralisches Handeln verantwortliches Entscheiden ist, das durch intuitives Erkennen moralischer Werte gelenkt wird und nicht von einer differenzierten Urteilsfähigkeit abhängt, wie sie sich mit den höheren Stufen ergibt."[39] Um diesem Unterschied bei Personen der gleichen Stufenhöhe gerecht zu werden, untergliederte Kohlberg die einzelnen Stufen in die Unterstufen A und B, wobei die Personen mit der empirisch nachgewiesenen größeren Übereinstimmung von Urteil und Handeln der B-Stufe zugeordnet wurden.

Weil ein zunehmendes Verantwortlichkeitsgefühl sich nicht ausschließlich durch die sich höher entwickelnde Kognition erklären läßt, stellt sich die Frage, wie sich das Urteil über die persönliche Verantwortung entwickelt, damit dieser Prozeß durch Erziehung gefördert werden kann. Empirische Untersuchungen ergaben einen „Zusammenhang zwischen konsistent erlebter Verantwortlichkeit und Autonomie", der ein

---

37 Kohlberg, L., Zum gegenwärtigen Stand, 285

38 Kohlberg, L., Zum gegenwärtigen Stand, 285

39 Kohlberg, L., Die Beziehung zwischen moralischem Urteil und moralischem Handeln, 428

„Merkmal der höher entwickelten Stufen und Unterstufen“[40] darstellt. Dadurch entsteht auch eine größere Konsistenz im Handeln. Dieses Verhältnis zwischen Verantwortlichkeit und Autonomie, bzw., Verantwortlichkeit und Konsistenz, als Komponenten von Identität, verdeutlicht die Relevanz der Basiskompetenzen für die Moralentwicklung als auch für die Identitätsausbildung.

Neben der Autonomie beeinflußt sicher eine mit der sich höher entwickelnden Wahrnehmungskompetenz einhergehende Sensibilität das persönliche Verantwortungsurteil. Gleichzeitig wirken auf es im Unterschied zum deontischen Urteil „spezifische Situationsmerkmale“ ein. Mit zunehmender Autonomie jedoch läßt sich der Mensch immer weniger von ihnen beeinflussen.

Moralische Verantwortlichkeit als eigenständige moralische Orientierung stellte Gilligan dem Gerechtigkeitsdenken Kohlbergs gegenüber. Sie erwies sich als charakteristisch für „partikularistische Situationen oder Beziehungen der Anteilnahme und Fürsorge“.[41] Nach Kohlberg setzen jedoch „persönliche Verpflichtungen zur Anteilnahme die allgemeine Pflicht zur Gerechtigkeit voraus, reichen aber noch darüber hinaus, so daß Gerechtigkeit notwendig, aber noch nicht hinreichend für sie ist.“[42] Kohlberg sieht den Unterschied zwischen der Theorie Gilligans und seiner eigenen in einem unterschiedlichen moralischen Standpunkt. Für ihn betont der moralische Standpunkt „als Merkmale einer gerechten Problemlösung - Unparteilichkeit, Universalisierbarkeit sowie das Bestreben und die Bereitschaft mit anderen Personen zu einer Übereinkunft oder einem Konsens darüber zu kommen, was richtig ist.“[43] Damit bezieht er sich auf die „Sphäre außerpersönlicher moralischer Entscheidungen“.[44] Während diese Kriterien dem von Gilligan eingenommenen moralischen Standpunkt fehlen, geht es hier um „die Anteilnahme am Wohlergehen einer anderen Person“, „um ein Gefühl der Verantwortlichkeit oder Verpflichtung“ und um „ ein Bemühen um Kommunikation oder“ um den „Dialog mit den anderen beteiligten Personen.“[45] Sie bezieht sich damit auf die „Sphäre persönlicher mo-

---

40 Kohlberg, L., Die Beziehung zwischen moralischem Urteil und moralischem Handeln, 422; vgl. hierzu auch die Ausführungen, 424-425

41 Kohlberg, L., Zum gegenwärtigen Stand, 245

42 Kohlberg, L., Zum gegenwärtigen Stand, 245-246

43 Kohlberg, L., Zum gegenwärtigen Stand, 246

44 vgl.Kohlberg, L., Zum gegenwärtigen Stand, 247

45 Kohlberg, L., Zum gegenwärtigen Stand, 247

ralischer Konflikte".[46] Diese beiden Bereiche sind jedoch nicht strikt voneinander zu trennen. Persönliche moralische Konflikte können als Sensibilisierung für bzw. Einübung in moralisches Entscheiden gewertet werden und bilden somit die Voraussetzung dafür, daß der Mensch außerpersönliche moralische Konfliktsituationen überhaupt wahrnehmen kann. Durch die Vergrößerung globaler Probleme der Menschheit und der Vernetzung in Verantwortungszusammenhänge, ergeben sich auch für jeden einzelnen bedrohende Konfliktsituationen. Sicherlich ist er hier nicht in dem Maße persönlich involviert wie in moralischen Konflikten mit signifikanten Anderen, dennoch stellt dies eine Ausweitung der Sphäre persönlicher moralischer Konflikte dar. Aufgrund der Möglichkeit einer distanzierteren Sichtweise kann der einzelne deshalb den „Merkmalen einer gerechten Problemlösung", wie sie oben genannt sind, entsprechend urteilen und handeln. Persönliche Betroffenheit, um die eigene Verantwortung für den Problemlösungsprozeß zu erkennen und sich aktiv daran zu beteiligen, ist jedoch ausschlaggebend. Umgekehrt trifft der einzelne auch in persönlichen moralischen Konflikten Entscheidungen, die er z.B. für unversalisierbar hält. In dieser Ansicht liegt eine Übereinstimmung mit Vertretern „einer sprachanalytischen Ethik und Philosophen wie z.B. Habermas" vor, die ebenfalls annehmen „daß moralisches Urteilen in universalisierbarer Absicht geschieht, daß also, wenn man überhaupt ein moralisches Urteil abgibt, man zumindest denkt, eine verallgemeinerungsfähige Aussage zu machen."[47]

Mit der Zunahme globaler Problemsituationen nähern sich die beiden Sphären immer mehr. Es ist deshalb notwendig, die beiden unterschiedlichen moralischen Standpunkte miteinander zu vereinigen. Das Verantwortlichkeitsgefühl erweist sich dabei als das entscheidende Bindeglied. Eingebaut in den horizontalen moralischen Entwicklungsprozeß bei Kohlberg und als entscheidendes Element bei Gilligans persönlichen moralischen Konfliktsituationen erweist es sich als notwendig bei jeder wie auch immer gearteten moralischen Entscheidung und der daraus resultierenden Handlung.

In der Familie Verantwortlichkeit vorzuleben und Verantwortung übernehmen zu lassen, erscheint deshalb als die beste Voraussetzung für den Erwerb der Verantwortungskompetenz, deren Relevanz in moralischen Konfliktsituationen oben aufgezeigt wurde.

---

46 Kohlberg, L., Zum gegenwärtigen Stand, 247

47 Kohlberg, L., Zum gegenwärtigen Stand, 320

Verantwortungsübernahme bedarf jedoch einer Basismotivation. Die Wahrnehmung logischer und sozialer Zusammenhänge reicht dafür nicht aus. Diese Basismotivation oder Grundüberzeugung fällt in den Bereich, den Kohlberg als „andere Wissens- und Motivationsfaktoren“ bezeichnet, „die nicht spezifisch moralisch sind,“[48] die dennoch notwendig sein können, um zu einem positiven Handlungsergebnis zu kommen. Moralische Urteile enthalten nach Kohlberg ein deskriptives und ein präskriptives Element. Die Präskription ist m. E. im Verantwortlichkeitsurteil enthalten und führt zu einem dem Denken entsprechenden Handeln. „Aber moralische Präskriptionen sind nicht einfach nur Anweisungen zur *Ausführung* bestimmter Handlungen. Sie sind vielmehr sittliche Gebote oder Pflichten, die sich aus Regeln oder Handlungsprinzipien herleiten, welche der Sprecher als für seine Handlungen verbindlich ansieht.“[49] Diese Verbindlichkeit erwächst aus Überzeugungen.

III.1.2. Die moralische Entwicklung des Menschen in Abhängigkeit von Einstellungen

Für die Relation zwischen der Stufe des moralischen Urteils, der Motivation und des Verhaltens gilt: „Was wir mit dem Begriff des moralischen Denkens erfassen, ist eine kognitive Kompetenz, die notwendig, aber nicht hinreichend ist, um bestimmte Arten von Motivation und Verhalten entstehen zu lassen.“[50] Hierfür entscheidend sind Einstellungen oder Überzeugungen. Im sozialpsychologischen Sinn versteht man unter Einstellung „eine relativ *überdauernde* Tendenz eines Individuums (...), die soziale Umwelt in einer bestimmten Weise zu bewerten.“[51] Man nimmt von ihr an, daß sie Verhalten jetzt und in Zukunft verursacht. „Wir erwarten daher von jemandem, dem wir diese oder jene Einstellung zugeschrieben haben, ganz bestimmte Verhaltensweisen.“[52] Übertragen auf den christlichen Glauben

---

48 Kohlberg, L., Die Beziehung zwischen moralischem Urteil und moralischem Handeln, 394

49 Kohlberg, L. Zum gegenwärtigen Stand, 328

50 Kohlberg, L., Die Bedeutung und Messung des Moralurteils (1) (1979), in: Ders., Die Psychologie der Moralentwicklung. ..., Frankfurt a. M. 1996, 182

51 Hinsch, R./ Jürgens, B., Sozialpsychologie, in: Psychologie. Eine Einführung in ihre Grundlagen und Anwendungsfelder. Hg. Von D. Dörner und H. Selg, Stuttgart u.a. 1985, 231

52 Hinsch, R./ Jürgens, B., Sozialpsychologie, 231

als Einstellung oder Überzeugung heißt das: Wir erwarten von Christen, daß sie ihr Verhalten an Jesus Christus ausrichten.

Die Basiskompetenz der Überzeugungsbildung kann den gesamten Prozeß der moralischen Entwicklung unterstützen. „Bei der Entwicklung des moralischen Denkens in der Kindheit handelt es sich um ein zunehmend angemesseneres Begreifen von bestehenden sozialen Normen und Idealen, und entsprechend entwickelt es sich aufgrund der üblichen Erfahrung der sozialen symbolischen Interaktion und Rollenübernahme. Im Gegensatz dazu erfordert die Bildung von Prinzipien Erfahrungen der persönlichen moralischen Entscheidung und Verantwortlichkeit, die gewöhnlich zu einer >Moratoriums<-Periode des Infragestellens hinzutreten."[53] Bestehende Normen und Ideale werden vor dem Hintergrund gewonnener Einstellungen von Kindern besser verstanden. Gleichzeitig entwickelt der Mensch Prinzipien nicht nur kognitiv, sondern auf der Basis für sich selbst akzeptierter Überzeugungen, die von Erfahrungen getragen werden. „Beim prinzipienorientierten Denken geht es jedoch nicht um eine noch angemessenere Wahrnehmung des sozialen Systems, *so wie es ist*; vielmehr handelt es sich um die Aufstellung von Prinzipien, denen die Gesellschaft und das Selbst *verpflichtet sein sollten.*"[54] Diese Verpflichtung ist dem Menschen zusammen mit der Aufgabe seiner Lebensgestaltung vorgegeben. Er kann sie jedoch nur mit Hilfe der Übernahme eines Sinnangebotes erkennen, übernehmen und ausgestalten. Die aus einem Sinnangebot gewonnene Überzeugung ermöglicht es dem Menschen, die prinzipienorientierte oder intentionale Komponente des Handelns als auch die konsequenzenorientierte oder Verantwortungskomponente in seinem Verhalten zu berücksichtigen. Kohlberg muß in Bezug auf die Verantwortungsethik an dieser Stelle widersprochen werden, wenn er eine an Konsequenzen orientierte Ethik beschränkt auf den persönlichen Lebensbereich, in dem „zwischenmenschliche Fürsorge und Anteilnahme wirksam sein kann und in denen Erfahrung und Umgang mit dem anderen möglich sind."[55] Mit der schon erwähnten steigenden Zahl an globalen Problemen und Gefährdungen und der Vernetzung in immer größere Handlungszusammenhänge ist der einzelne Mensch auch immer stärker in die Verantwortung genommen, die Konsequenzen seines Handelns im größeren Rahmen zu bedenken. Getragen von einer Überzeugung, die aus dem christlichen Glauben erwächst,

---

53 Kohlberg, L., Zusammenhänge - neu, 82

54 Kohlberg, L., Zusammenhänge - neu, 105

55 Kohlberg, L., Die Beziehung zwischen moralischem Urteil und moralischem Handeln, 396

weiß sich der Mensch verantwortlich für die gesamte Schöpfung und für seinen Nächsten. Dieser Nächste ist im unmittelbaren Lebensbereich des einzelnen der signifikante Andere, mit dem er zusammenlebt, und für dessen Wohlergehen er direkt verantwortlich ist, aber beispielsweise auch der hungernde Mensch in Afrika, dem er nur auf indirekte Weise helfen kann.

In „Theorien mit harten Strukturstufen", abstrahiert man „vom konkreten, je besonderen Selbst oder Ego" und bezieht „sich statt dessen auf ein anhand der Grundformen seiner Erkenntnis beschriebenes - epistemisches -Selbst (bei Piagets Stufen des logischen Denkens) oder ein rationales moralisches Subjekt (im Falle der Kohlbergschen Stufen des Gerechtigkeitsdenkens) (...). Deshalb kann man in solchen Modellen Stufen statt anhand von Reflexionen über Selbst, Moralität oder Natur allein durch kognitive oder sozio-moralische Operationen definieren."[56] Da es im Rahmen dieser Arbeit jedoch um das konkrete Subjekt, seine moralische Entwicklung und die Möglichkeiten der familialen Erziehung als Angebote für diese Entwicklung geht, also Praxisorientierung als ein Schwerpunkt neben der Theoriebildung gesehen wird, ist die Stufentheorie der Moralentwicklung durch die Basiskompetenz der Überzeugungsbildung zu ergänzen. Sie ist nach Kohlberg unter der Rubrik „andere Wissens- und Motivationsfaktoren" einzuordnen, die sehr wohl nötig sind, um ein positives moralisches Handeln auszulösen. Die bloße logische Erkenntnis einer richtigen Handlung besitzt ohne Verankerung in einer lebens- und sinnstiftenden Überzeugung keine ausreichende und dauerhafte Handlungsmotivation. Durch sie wird der einzelne zum konkreten Individuum, das sein Leben persönlich ausgestaltet.

Moralische Entwicklung, Überzeugungsbildung und Lebensgestaltung geschieht jedoch nicht im luftleeren Raum. Will man die abstrakten universalisierbaren Prinzipien Kohlbergs konkretisieren, muß die Lebenswelt des einzelnen berücksichtigt werden.

III.1.3. Die moralische Entwicklung des Menschen in Abhängigkeit von seiner Lebenswelt

Auch für Kohlberg wird moralisches Handeln nicht nur „durch psychische, subjektive Faktoren determiniert", „denn gewöhnlich handelt man in einem sozialen oder Gruppenkontext, und dieser Kontext beeinflußt

[56] Kohlberg, L., Zum gegenwärtigen Stand, 267

meist in starkem Maße die moralischen Entscheidungen von Personen. Moralische Entscheidungen des einzelnen stehen im realen Leben fast immer im Zusammenhang mit Gruppennormen oder Gruppenentscheidungsprozessen, ja die einzelne moralische Handlung hängt häufig sogar direkt von diesen Normen oder Prozessen ab."[57] So hat die Familie als Primärgruppe die bestmögliche Voraussetzung, die Prozesse moralischer Entscheidungsfindung positiv zu unterstützen. Dasselbe gilt für moralisches Handeln, denn moralisches „Verhalten kann zusammengefaßt, bei gleichbleibender Stufe des individuellen moralischen Urteils durch die moralische Atmosphäre und damit durch kollektive Normen und durch ein Gemeinschaftsgefühl sehr stark beeinflußt werden."[58] Entscheidend dafür ist der situative und institutionelle Kontext der Gruppe,[59] der getragen wird von der jeweiligen Kultur, in der sie lebt. Nach Kohlberg finden sich in jeder Kultur, die er und seine Mitarbeiter untersucht haben, „dieselben moralischen Normen und Elemente in derselben strukturellen Entwicklungssequenz (...), die durch das Merkmal zunehmender Universalisierbarkeit gekennzeichnet ist."[60] Gleichzeitig hat er durch seine Forschung empirisch nachgewiesen, „daß sich im Verlauf der Individualentwicklung des moralischen Urteilens aus stärker subjektiven oder kulturspezifischen Gewohnheiten und Überzeugungen kontinuierlich größere moralische Universalisierbarkeit ausdifferenziert."[61] Während „moralische Verhaltensweisen oder Konventionen von Kultur zu Kultur (...) variieren;" gibt es „auf einer tieferen Ebene (...) anscheinend dennoch auch universelle Beurteilungs- oder Bewertungsweisen."[62] Die moralische Atmosphäre in der Familie beeinflußt jedoch „nicht nur den Inhalt, sondern auch die Form des moralischen Urteilens und Handelns (...) "[63] und kann somit die moralische Entwicklung des einzelnen im allgemeinen wie im speziellen fördern, aber auch behindern. Zusätzlich kann moralisches Verhalten durch sie „und damit durch kollektive Normen und durch ein Gemeinschaftsgefühl" „bei gleichbleibender Stufe des individuellen moralischen Urteils" sehr stark beeinflußt werden.[64]

---

57 Kohlberg, L., Zum gegenwärtigen Stand, 292-293

58 Kohlberg., L., Zum gegenwärtigen Stand, 298

59 vgl. Kohlberg, L., Zum gegenwärtigen Stand, 301

60 Kohlberg., L., Zum gegenwärtigen Stand, 320

61 Kohlberg., L., Zum gegenwärtigen Stand, 321

62 Kohlberg, L., Zum gegenwärtigen Stand, 321

63 Kohlberg, L., Zum gegenwärtigen Stand, 301

64 Kohlberg, L., Zum gegenwärtigen Stand, 298-299

Bei einer positiven moralischen Atmosphäre in der Familie werden die Interessen der anderen berücksichtigt, Probleme miteinander gelöst, Regeln des Zusammenlebens gemeinsam aufgestellt, man bemüht sich, gerecht miteinander umzugehen. Eine solche Atmosphäre unterstützt die moralische Entwicklung gemäß der kognitionspsychologischen Stufentheorien bei gleichzeitigem Tradieren von kulturspezifischen Überzeugungen, Normen und Werten. Der christliche Glaube als sinnstiftendes Angebot besitzt in den westlichen Industrieländern eine andere Ausprägung als in den Ländern der Dritten Welt. Gesellschaft und Kultur als Makrobereich von Lebenswelt wirkt so über die Familie auf den einzelnen ein und muß deshalb bei jeder Form von Erziehungstheorie berücksichtigt werden.

Insofern ist sie auch relevant für die Identitätsausbildung, die jeden spezifischen Bereich menschlicher Entwicklung umfaßt. Ihre Korrelation mit der Moralentwicklung sowie den drei Basiskompetenzen will folgender Abschnitt klären.

III.2. Moralentwicklung und Identitätsausbildung

Wie im Bereich der Moralentwicklung die Kognitionspsychologie hat Erikson, der sich psychoanalytisch orientiert, für die Ausbildung der Persönlichkeit eine Stufenfolge entwickelt, der von Seiten der Wissenschaft große Relevanz zuerkannt wird, so daß sie hier ebenfalls nicht in aller Ausführlichkeit dargestellt wird, sondern nur aufgrund ihrer Bedeutung für die vorliegende Arbeit. Im Unterschied zu Kohlbergs Modell der *harten* Strukturstufen, nach dem auf allen Stufen spezifische formale Eigenschaften erfüllt sein müssen, entwirft Erikson *funktionale* Stufen, die „die Entwicklung der reifer werdenden Person im Verlaufe ihrer Erfahrungen mit neuen sozio-kulturellen Bereichen und Rollen“[65] widerspiegeln. „Eine integrierte Theorie sozialen Handelns und moralischen Urteilens würde“ nach Kohlberg „versuchen, beide Perspektiven miteinander zu verknüpfen.“[66] Im Rahmen der hier vertretenen Korrelation von Moralentwicklung und Identitätsausbildung soll dies ansatzweise versucht werden. Doch zunächst wird ausgehend von dem hier verwendeten Begriff von Identität die Bedeutung der Stufentheorie Eriksons für die vorliegende Arbeit geklärt.

---

65 Kohlberg, L., Zum gegenwärtigen Stand, 257

66 Kohlberg, L., Zusammenhänge - neu, 117

III.2.1. Die Relevanz der Stufentheorie E. H. Eriksons für die Ausbildung der vier Komponenten von Identität

Ausgehend von der Urintentionalität des Menschen, nach der „die Persönlichkeit in Abschnitten wächst, die durch die Bereitschaft des menschlichen Organismus vorherbestimmt sind, einen sich ausweitenden sozialen Horizont bewußt wahrzunehmen und handelnd zu erleben, einen Horizont, der mit dem nebelhaften Bild einer Mutter anfängt und mit der Menschheit endet - oder doch mit jenem Ausschnitt der Menschheit, der für das spezielle Leben dieses Menschen zählt,“[67] hat E. H. Erikson eine Stufentheorie der gesunden Persönlichkeit in Form eines epigenetischen Diagramms entworfen. Neben der schon erwähnten Grundlage für diese Tabelle, „daß sich die menschliche Persönlichkeit im Prinzip gemäß bestimmter Schritte entwickelt, die in der Bereitschaft der wachsenden Person vorgegeben sind, auf einen sich erweiternden sozialen Radius hin angetrieben zu sein, seiner gewahr zu werden und mit ihm in Wechselbeziehung zu treten“ wird weiterhin angenommen „daß die Gesellschaft im Prinzip darauf eingerichtet ist, dieser Aufeinanderfolge von Möglichkeiten zur Wechselwirkung gerecht zu werden und ihnen entgegenzukommen, und daß sie versucht, das richtige Maß und die richtige Reihenfolge ihrer Entfaltung zu sichern und zu ermutigen.“[68]

„Das menschliche Wachstum soll hier unter dem Gesichtspunkt der inneren und äußeren Konflikte dargestellt werden, welche die gesunde Persönlichkeit durchzustehen hat und aus denen sie immer wieder mit einem gestärkten Gefühl innerer Einheit, einem Zuwachs an Urteilskraft und der Fähigkeit hervorgeht, ihre Sache >gut zu machen<, und zwar gemäß den Standards derjenigen Umwelt, die für diesen Menschen bedeutsam ist.“[69] „Aus dieser Selbsteinschätzung entspringt die Überzeugung, daß das Ich lernt erfolgreiche Schritte auf eine greifbare kollektive Zukunft hin zu tun, sich zu einem definitiven Ich innerhalb einer sozialen Wirklichkeit zu entwickeln. Das heranwachsende Kind muß bei jedem Schritt ein belebendes Wirklichkeitsgefühl aus dem Bewußtsein ziehen, daß seine individuelle Art der Lebensmeisterung (seine Ichsynthese) eine erfolgreiche Variante

---

67 Erikson, E. H., Wachstum und Krisen der gesunden Persönlichkeit, in: E. H. Erikson, Identität und Lebenszyklus, Frankfurt a. M. 1993[13], 58

68 Erikson, E. H., Kindheit und Gesellschaft, Stuttgart [4]197, 265

69 Erikson, E.H., Wachstum und Krisen, 56

einer Gruppenidentität ist und in Übereinstimmung mit der Raum-Zeit und dem Lebensplan seiner Gesellschaft steht.“[70]

Das epigenetische Diagramm sieht fünf Stufen für das Kindheits- und Jugendalter und drei Entwicklungsstufen für das Erwachsenenalter vor. Die Entwicklung wird dabei horizontal als auch vertikal aufgezeigt. Das „Diagramm schematisiert also einen Vorgang *zeitlich fortschreitender Differenzierung von Komponenten.* Es soll damit angedeutet werden, daß erstens jedes zu diskutierende Problem der gesunden Persönlichkeit *systematisch mit allen anderen verbunden* ist und daß alle von der *richtigen Entwicklung zur rechten Zeit* abhängen, und daß zweitens jedes Problem in irgendeiner Form schon existiert bevor es normalerweise in seine entscheidende, kritische Zeit eintritt.“[71]

Die kritische Phase für die Ausbildung von Identität stellt für Erikson die Adoleszenz, und damit die fünfte Stufe seiner Theorie dar. Wenn diese Phase glückt, erwirbt sich der Jugendliche Ich-Identität, d.h. einen spezifischen Zuwachs „an Persönlichkeitsreife (...), den das Individuum am Ende der Adoleszenz der Fülle seiner Kindheitserfahrungen entnommen haben muß, um für die Aufgaben des Erwachsenenlebens gerüstet zu sein.“[72] Identität als Fähigkeit zur Selbstverwirklichung umfaßt jedoch das ganze Leben von der Geburt bis zum Tod. Dies wird von Erikson in der horizontalen Linie seines Diagramms berücksichtigt: „Das Ende der Adoleszenz ist also das Stadium einer sichtbaren Identitäts*krise*. Das heißt aber nicht, daß die Identitäts*bildung* mit der Adoleszenz beginne oder ende: sie ist vielmehr eine lebenslange Entwicklung, die für das Individuum und seine Gesellschaft weitgehend unbewußt verläuft. Ihre Wurzeln gehen bis in die Zeit der ersten Selbst-Wahrnehmung zurück: schon im ersten antwortenden Lächeln des Säuglings ist etwas von einer Selbst-Erkennung, verbunden mit einer gegenseitigen Anerkennung, enthalten.“[73] Insgesamt fehlt jedoch „eine genauere Abgrenzung zwischen der spezifisch *adoleszenten* Problemstellung und der allgemeineren, die *gesamte Biographie übergreifenden* Betrachtung.“[74]

Identitätsausbildung als Ziel gelingenden Lebens umfaßt m. E. jedoch auch die in den anderen Lebensaltern relevanten Komponenten und ist so

70 Erikson, E. H., Kindheit und Gesellschaft, 230
71 Erikson, E. H., Wachstum und Krisen, 59
72 Erikson, E. H., Das Problem der Ich-Identität, in: Ders., Identität und Lebenszyklus, 123
73 Erikson, E. H., Das Problem der Ich-Idenität, 140-141
74 Schweitzer, Fr., Identität und Erziehung, 45

eher mit dem Begriff der gesunden Persönlichkeit als mit Eriksons Identitätsbegriff deckungsgleich.

Die Korrelation der vier Komponenten von Identität mit der Stufentheorie Eriksons bedarf im folgenden der Klärung.

III.2.1.1. Die Identifikation mit sich selbst als Chance des Jugendalters

Das Gelingen von Identität als Identifikation mit sich selbst sieht Erikson als die entscheidende Chance der Adoleszenz, der letzten Phase der Kindheit. In ihren zeitlichen Rahmen setzt er die entscheidende Krise für den Menschen, die zu einer geglückten oder mißglückten Identitätsausbildung führt. Dabei bedingen sich Adoleszenz und Identität wechselseitig, denn der „Prozeß der Adoleszenz ist ... nur dann wirklich abgeschlossen, wenn das Individuum seine Kindheitsidentifikationen einer neuen Form von Identifikation untergeordnet hat, die es in der intensiven Gemeinschaft und im Wetteifern mit Gleichaltrigen errungen hat. Diese neuen Identifikationen sind nicht mehr durch das Spielerische der Kindheit und die Probierfreude der Vorpubertätszeit charakterisiert. Unerbittlich zwingen sie den jungen Menschen, Entscheidungen zu treffen, die mit wachsender Beschleunigung zu immer endgültigeren Selbstdefinitionen, zu irreversiblen Rollen und so zu Festlegungen >fürs Leben< führen."[75]

Identitätsbildung wird dabei neben Introjektion-Projektion und Identifikation als letzte der drei Mechanismen gesehen, „durch die das Ich einen immer reiferen Umgang mit den Identitäten der Vorbilder des Kindes entwickelt." Sie „beginnt dort, wo die Brauchbarkeit der Identifikationen endet. Sie entsteht dadurch, daß die Kindheitsidentifikationen teils aufgegeben, teils einander angeglichen und in einer neuen Konfiguration absorbiert werden, was wiederum von dem Prozeß abhängt durch den eine Gesellschaft (oft mittels Untergesellschaften) den jungen Menschen identifiziert, indem sie ihn als jemanden annimmt und anerkennt, der so werden mußte, wie er ist."[76] Der sozialen Komponente des Menschseins als des vorzufindenden Lebens in Beziehungen wird dabei Rechnung getragen, da „Identität von etwas im Kern des Individuums Angelegtem und einem wesentlichen Aspekt des inneren Zusammenhalts der Gruppe" definiert wird:

---

75 Erikson, E. H., Das Problem der Ich-Identität, 137

76 Erikson, E. H., Das Problem der Ich-Identität, 139-140

„denn der junge Mensch muß lernen, dort am meisten er selbst zu sein, wo er auch in den Augen der anderen am meisten bedeutet - jener anderen natürlich, die wieder für ihn die höchste Bedeutung erlangt haben. Der Begriff „Identität" drückt also insofern eine wechselseitige Beziehung aus, als er sowohl ein dauerndes inneres Sich-Selbst-Gleichsein wie ein dauerndes Teilhaben an bestimmten gruppenspezifischen Charakterzügen umfaßt."[77]

Berücksichtigt werden muß dabei auch, daß jene „endgültige Identität also, die am Ende der Adoleszenz ersteht, ... jeder einzelnen Identifikation mit den Beziehungspersonen der Vergangenheit durchaus übergeordnet" ist; „sie schließt alle wichtigen Identifikationen ein, aber verändert sie auch, um aus ihnen ein einzigartiges und einigermaßen zusammenhängendes Ganzes zu machen."[78]

Identität als Identifikation mit sich selbst muß sicher im Sinne Eriksons als die bewußte Übernahme eines Standortes in der jeweiligen Gesellschaft verstanden, und somit auch in die Phase der Adoleszenz eingeordnet werden. „Die Aufgabe, die der junge Mensch und seine Gesellschaft hier zu leisten hat, ist oft schwierig; notwendigerweise ergeben sich für den einzelnen und die verschiedenen Gesellschaften große Unterschiede in bezug auf Dauer, Intensität und Ritualisierung der Adoleszenz."[79]

Betont sei jedoch, daß nach dem Verständnis von Identität im Konzept dieser Arbeit die Identitätsausbildung mit der Phase der Adoleszenz nicht abgeschlossen ist. Auch für Erikson stellt sie einen lebenslangen Prozeß dar, deren relevante Grundsatzentscheidung jedoch in die Adoleszenz fällt. Diese Datierung trifft sicher zu, wenn man nur das Einnehmen des je spezifischen Platzes in der Gesellschaft im Auge behält. Betrachtet man allerdings die Ausgestaltung eines in der Gesellschaft eingenommenen Platzes durch eine den Menschen tragende Überzeugung, hängt dies von der überzeugungsbildenden Kompetenz des Menschen, losgelöst vom jeweiligen Alter, ab. Die entscheidende Festlegung eines Menschen in Bezug auf eine lebensgestaltende Überzeugung, die durch ein ihr entsprechendes verantwortungsbewußtes Handeln die erreichte innere Identität nach außen hin erst sichtbar werden läßt, kann vor, in, nach der Adoleszenz oder aber überhaupt nicht getroffen werden. Da diese Basiskompetenz der Überzeugung jedoch auch in einem längeren Prozeß entwickelt werden muß, kann sie vor der Jugendzeit noch nicht voll verwirklicht werden. Der Zeitpunkt

---

77 Erikson, E. H., Das Problem der Ich-Identität, 124

78 Erikson, E. H., Das Problem der Ich-Identität, 139

79 Erikson, E. H., Das Problem der Ich-Identität, 137

der bewußten Übernahme einer Überzeugung darf ebenfalls nicht mit deren voller Verwirklichung gleichgesetzt werden. Sie ist statt dessen immer wieder neu zu konkretisieren. Daran wird der Prozeß der Identitätsausbildung sichtbar, den Erikson auf der Horizontalen darstellt, er faßt dabei jedoch den Begriff der Identität, wie bereits verdeutlicht, zu kurz.

Wenn sich Identität auf der Basis der Kindheitsidentifikationen bildet, stellt sich die Frage, welche Identifikationsmöglichkeiten die Gesellschaft für die heranwachsende Generation zur Verfügung stellt. In diesem Zusammenhang erhält die Moralerziehung mit ihren Angeboten für die Moralentwicklung ihren relevanten Stellenwert im Rahmen der Identitätsausbildung des Menschen. "Menschen, die derselben Volksgruppe angehören, in derselben geschichtlichen Zeit leben oder auf dieselbe Art und Weise ihr Brot verdienen, werden auch von gemeinsamen Vorstellungen von gut und böse geleitet. Diese Vorstellungen spiegeln in unendlicher Variation das Ungreifbare des historischen Wandels wider und dennoch nehmen sie für die Ich-Entwicklung jedes Einzelnen in Gestalt der herrschenden soziologischen Modelle und Leitbilder von gut und böse sehr konkrete Formen an."[80] Dabei übermitteln kleinste „Zeichen von Gefühlen wie Zuneigung, Stolz, Ärger, Schuld, Angst, sexuelle Spannung, und nicht so sehr die gebrauchten Wörter, die intendierten Bedeutungen oder die ihnen zugrunde liegende Anschauung ... dem Kind die Grundzüge dessen, was in dieser Welt wirklich zählt, d.h. die Variablen der Raum-Zeit seiner Gruppe und die Perspektiven ihres Lebensplans."[81]

Authentizität und Vorbildcharakter, die eine gelebte Überzeugung mit sich bringt, sind deshalb auch in unserer Pluralität Garanten für die Weitergabe von Wertvorstellungen, die ein gelingendes Leben ermöglichen.

III.2.1.2. Einheit als Konsequenz der Identifikation mit sich selbst

Die Adoleszenz versteht Erikson als „*psychosoziales Moratorium*: während dessen der Mensch durch freies Rollen-Experimentieren sich in irgendeinem der Sektoren der Gesellschaft seinen Platz sucht, eine Nische, die fest umrissen und doch wie einzig für ihn gemacht ist. Dadurch gewinnt der junge Erwachsene das sichere Gefühl innerer und sozialer Kontinuität, das die Brücke bildet zwischen dem, was er als Kind war, und

---

80 Erikson, E. H., Ich-Entwicklung und geschichtlicher Wandel, 11

81 Erikson, E. H., Ich-Entwicklung und geschichtlicher Wandel, 24

dem, was er nunmehr im Begriff ist zu werden; eine Brücke, die zugleich das Bild, in dem er sich selber wahrnimmt, mit dem Bilde verbindet, unter dem er von seiner Gruppe, seiner Sozietät erkannt wird."[82] Dieses *„subjektive Gefühl* einer bekräftigenden *Gleichheit und Kontinuität"* bezeichnet Erikson als „Identitätsgefühl.[83] Es entsteht auf der Basis „der unmittelbaren Wahrnehmung der eigenen Gleichheit und Kontinuität in der Zeit, und der damit verbundenen Wahrnehmung, daß auch andere diese Gleichheit und Kontinuität erkennen." Deshalb meint Ich-Identität „mehr als die bloße Tatsache des Existierens, vermittelt durch persönliche Identität; es ist" vielmehr „die Ich-Qualität dieser Existenz."[84] Die Ausbildung einer sensiblen Wahrnehmungskompetenz ist somit Grundlage für die Ich-Qualität des menschlichen Lebens. Sensible Wahrnehmung ist erforderlich in Bezug auf sich selbst, auf den oder die anderen und auf Veränderungen, damit das Selbstgefühl „zu der Überzeugung" erstarken kann, „daß das Ich wesentliche Schritte in Richtung auf eine greifbare kollektive Zukunft zu machen lernt und sich zu einem definierten Ich innerhalb einer sozialen Realität entwickelt."[85] Damit kann Ich-Identität auf der Grundlage der Wahrnehmungsfähigkeit umschrieben werden als subjektive Erfahrung, als dynamische Tatsache und als gruppenpsychologisches Phänomen.[86]

III.2.1.3. Die zweite Kindheitsphase und die Krise des Autonomiegefühls

Nicht in der für die Identität entscheidenden Phase der Adoleszenz kommt die nach unserer Definition dritte Komponente von Identität, nämlich die Autonomie, zum Tragen, sondern sie muß selbst als krisenhaftes Problem in der zweiten Kindheitsphase bewältigt werden. Da alle auf der Diagonalen des epigenetischen Diagramms liegenden Krisenmomente miteinander in Verbindung stehen und einander bedingen, meistert der Jugendliche seine Identitätskrise nur dann, wenn er schon in der frühen Kindheit das Gefühl von Autonomie erfolgreich ausbilden konnte. Gleichzeitig entwickelt sich dieses auf der Horizontalen ebenfalls weiter, so daß gelebte Autonomie in dem Sinne einer autonomen Gestaltung des eigenen

---

82 Erikson, E. H., Das Problem der Ich-Identität, 137-138

83 Erikson, E. H., Jugend und Krise. Die Psychodynamik im sozialen Wandel, München 1988, 15

84 Erikson, E. H., Ich-Entwicklung und geschichtlicher Wandel, 18

85 Erikson, E. H., Ich-Entwicklung und geschichtlicher Wandel, 17

86 vgl. Erikson, E. H., Ich-Entwicklung und geschichtlicher Wandel, 18

Lebens erst später auf der Horizontalen zu finden ist, als die krisenhafte Ausgestaltung der Autonomie in der zweiten Kindheitsphase nach dem Stufenmodell Eriksons. Hier handelt es sich vielmehr um den positiven Beginn eines autonomen Lebensgefühls.

Unter der Voraussetzung, daß sich in der ersten Kindheitsphase das Urvertrauen bilden konnte, entsteht in der folgenden aus „einer Empfindung der *Selbstbeherrschung ohne Verlust des Selbstgefühls* (...) ein dauerndes Gefühl von Autonomie und Stolz;“[87] Diese Phase ist deshalb „entscheidend für das Verhältnis von Liebe und Haß, Zusammenarbeit und Eigensinn, Freiheit der Selbstentfaltung und ihrer Unterdrückung. Aus dem Gefühl der Herrschaft über sich selbst ohne Verlust der Selbstachtung stammt ein dauerhaftes Gefühl guten Willens und des Stolzes; aus dem Gefühl verlorener Selbstkontrolle und fremder Oberherrschaft erwächst ein dauernder Hang zu Zweifel und Scham.“[88]

Ausschlaggebend dafür ist „die Art und der Grad des Gefühls von Autonomie, das die Eltern ihren kleinen Kindern zu gewähren imstande sind, von dem Selbstgefühl und dem Gefühl persönlicher Unabhängigkeit (...), das die Eltern aus ihrem eigenen Leben beziehen.“[89] Ein Gefühl von Autonomie kann beim Kind gefördert werden „durch ein Verhalten der Eltern ihm gegenüber (...), in welchem sich das Rechtsgefühl und die Unabhängigkeit der Eltern ausdrücken und das im Kinde die Zuversicht erweckt, daß die in der Kindheit genährte Autonomie später nicht frustriert werden wird. Dazu aber ist wiederum eine Beziehung der Eltern zu einander, der Eltern zu ihren Arbeitgebern und der Eltern zur Regierung nötig, die das Selbstgefühl und die persönliche Würde der Eltern innerhalb der Hierarchie der sozialen Stellungen bestätigt.“[90]

Das Kind nimmt die gelebte Autonomie der Eltern wahr und wird je nach ihrem Beispiel Identität im Sinne von Autonomie für sich selbst verwirklichen lernen. Die Basiskompetenz der Wahrnehmung wird entsprechend dem Alter des Heranwachsenden heteronome Zwänge deutlich erkennen lassen und das zu erwerbende Gefühl der Verantwortlichkeit für das eigene Leben wird sie durch autonome Gestaltung ersetzen helfen. Gleichzeitig fördert die zunehmende Autonomie das Verantwortlichkeitsgefühl, wie es schon Kohlberg verdeutlichte.

---

87 Erikson, E. H., Wachstum und Krisen, 78
88 Erikson, E. H., Kindheit und Gesellschaft, 248
89 Erikson, E. H., Wachstum und Krisen, 84
90 Erikson, E. H., Wachstum und Krisen, 85

III.2.1.4. Die Allgemeingültigkeit einer Stufentheorie und die Individualität des konkreten Subjekts

Eine Stufentheorie, gleich welcher Ausrichtung, versucht Allgemeingültigkeit und Universalisierbarkeit für sich selbst und damit auch für den Ablauf des menschlichen Lebens zu beanspruchen. Deshalb muß es vom konkreten Individuum abstrahieren und kann somit die konkrete individuelle Ausgestaltung des Lebens durch den einzelnen Menschen nicht berücksichtigen. Es ist so auch nicht weiter verwunderlich, daß die im Rahmen dieser Arbeit aufgestellte vierte Komponente von Identität, die Individualität, in der Stufentheorie Eriksons nicht eigens vorzufinden ist.

Individualität steht in großem Zusammenhang mit der hinter ihr stehenden Basiskompetenz der Überzeugungsbildung. Da diese ebenfalls sehr subjektiven Charakter besitzt, kann sie empirisch nur an dem Verhalten, das sie auslöst, überprüft werden. Sie verhilft jedoch dem einzelnen dazu, den je eigenen in der Gesellschaft eingenommenen Platz individuell auszugestalten. Dies kann in der vorherrschenden Pluralität auf sehr vielfältige Weise in Abhängigkeit vom motivierenden Hintergrund geschehen.

Im Zentrum dieser Arbeit steht eine praxisorientierte Handlungstheorie, die, ausgehend von der Theorie zum konkreten Subjekt, in seiner Individualität vordringen muß, will sie in der familialen Praxis relevant werden. Individualität findet sich auf jeder Stufe der Ausgestaltung konkreter Situationen. Immer wird sie beeinflußt von übernommenen Überzeugungen und ist so auch abhängig vom Grad der Entwicklung der überzeugungsbildenden Basiskompetenz. Gleichzeitig wird sie getragen von der Lebenswelt, in der der einzelne lebt.

III.2.2. Zur Korrelation von Moral- und Identitätsentwicklung

Die aller Korrelation vorausgehende Grundannahme beinhaltet, daß Moralität im Sinne eines sinnvoll und gut gestalteten Lebens zum Gelingen von Identitätsausbildung beiträgt. Umgekehrt ist jedoch auch Identität „unerläßlich für die ethische Stärke".[91] So bedingen sich beide Bereiche wechselseitig. Basis für den Entwicklungs- und Erziehungsprozeß in Bezug auf Moral und Identität bilden die drei Grundkompetenzen der Wahrnehmung,

---

91 Erikson, E. H., Einsicht und Verantwortung. Die Rolle des Ethischen in der Psychoanalyse, Stuttgart 1966, 114

der Überzeugungsbildung und der Verantwortlichkeit, deren Ausbildung sich für beide Bereiche als positiv darstellt. Doch bevor dies näher erläutert wird, sollen noch die für die vorliegende Arbeit grundlegenden Thesen beider Stufentheorien miteinander verglichen werden.

III.2.2.1. Zur Sichtweise von ethischer Entwicklung in der strukturellen und der funktionellen Stufentheorie

Während beide Theorien auf dem epigenetischen Prinzip basieren, das heißt, frühere Stufen werden nicht durch spätere ersetzt, sondern „sie gehen in ein hierarchisches System von zunehmender Differenzierung ein“[92], variiert die Art der Begründung, „warum spätere Stufen adäquater sind als vorhergehende“[93]. Die strukturelle Stufentheorie argumentiert logisch, moralphilosophisch, die funktionelle dagegen psychologisch.

Nach Kohlbergs Theorie bilden kognitive Erfahrungen die Basis für die Entwicklung. Deshalb sind spätere Stufen „kognitiv angemessener als frühere“, die „Denkstrukturen der früheren Stufen sind in ihnen aufgehoben,“, „die gleichen Probleme werden auf späteren Stufen besser gelöst“ und sie sind universell darin „wie sie die Erfahrungen ordnend umgreifen.“[94]

Im Unterschied dazu bewirken bei Erikson persönliche Erfahrungen einen Entwicklungsfortschritt. “Spätere Stufen sind angemessener als frühere, aber nicht in bezug auf den kognitiven Umfang, sondern in bezug auf Tugend oder Ich-Stärke, d.h. in ihrer Fähigkeit, persönliche Erfahrungen auf stabile, positive und sinnvolle Weise zu ordnen.“[95]

Da man in der strukturellen Theorie die Struktur vom Inhalt abstrahiert, ist ein „empirisches Aufdecken universeller, invarianter Stufenabfolgen“ leichter möglich. Dabei kommt es jedoch gleichzeitig zu einer „Abstraktion von der Lebensgeschichte“. Bei Erikson ist genau das Gegenteil zu beobachten. Die Stufen seiner Theorie sind als universelle Sequenzen nicht empirisch verifiziert worden, „dienen aber dazu, Biographien und Lebensgeschichten zu beschreiben.“[96] In der hier angestrebten Handlungs-

---

92 Erikson, E. H., Lebensgeschichte und historischer Augenblick, 213

93 Kohlberg, L., Zusammenhänge - neu, 115

94 Kohlberg, L., Zusammenhänge - neu, 114

95 Kohlberg, L., Zusammenhänge - neu, 114

96 Kohlberg, L., Zusammenhänge - neu, 115

theorie werden also beide zu berücksichtigen sein. Eine zugrundeliegende Theorie mit universeller Gültigkeit erleichtert es für die Praxis, Handlungsprämissen zu entwickeln, die jedoch das konkrete Subjekt in den Mittelpunkt ihrer Überlegungen stellen müssen.

Ausgehend von der gemeinsamen Grundannahme, daß „die Entwicklung des Selbst und die Hinwendung zur Welt" parallel verlaufen, betont das kognitive Stufenmodell in diesem Zusammenhang den Welt-Pol, das funktionale dagegen den Selbst-Pol. In Bezug auf die Rolle der Wahrnehmung in diesem Prozeß wird später noch ausführlicher auf diesen Unterschied eingegangen.

„Die Strukturtheorie stimmt mit Erikson in bezug auf die >Fakten< der ethischen Entwicklung überein, interpretiert danach Entwicklung aber als Stabilisierung und nicht als strukturellen Stufenwechsel"[97], während für Erikson die Entwicklung von der ideologischen Orientierung des Jugendlichen zur ethischen Orientierung im Erwachsenenalter fortschreitet.[98]

Zwischen den Stufen der Ich-Entwicklung und den Stufen des moralischen Urteilens gibt es folgende lockere Entsprechung:

Wird das Kind fähig, die ihm zugeschriebene Identität zu akzeptieren, steht es im Bereich der Stufentheorie Kohlbergs auf dem Niveau der konventionellen Moral. Gerät der Jugendliche in die Identitätskrise, vertritt er im Bereich der Moral den üblichen moralischen Relativismus oder den Relativismus, wie er in der Regressionsphase auftritt. Festigt sich die Identität im Erwachsenenalter kann der Mensch die prinzipienorientierte Moral erreichen.[99]

Zu berücksichtigen ist jedoch, „daß Ich - Entwicklung ohne einen begleitenden Entwicklungsfortschritt im moralischen Urteilen auftreten könnte", wenn z. B. ein Jugendlicher auf einer bestimmten Moralstufe steht, in die Identitätskrise gerät und danach wieder auf dieselbe Stufe zurückkehrt. Beide Entwicklungen können bei Personen ausbleiben, „die permanent konventionell sind und ihre Identität nicht in Frage stellen"[100].

„Sowohl die Zentrierung auf das Selbst als auch die Zentrierung auf Wahlmöglichkeiten oder Entscheidungen entsprechen der Konzeption von Ich-Stufen eines Ichs, das Handlungen ausführt oder entscheidet und das

97 Kohlberg, L., Zusammenhänge - neu, 110-111

98 Kohlberg, L., Zusammenhänge - neu, 112

99 vgl. Kohlberg, L., Zusammenhänge - neu, 113

100 vgl. Kohlberg, L., Zusammenhänge - neu, 113

dabei kognitive und andere Stufen benutzt. Im Gegensatz dazu konzentriert man sich bei den Stufen des moralischen Urteilens primär auf Form und Inhalt >objektiver< moralischer Prinzipien, nicht so sehr auf den Prozeß ihrer Auswahl, ihrer Benutzung oder Anwendung durch das Selbst. Eine integrierte Theorie sozialen Handelns und moralischen Urteilens würde versuchen, beide Perspektiven miteinander zu verknüpfen.“[101]

Gemeinsame Basis, beide Perspektiven miteinander zu verbinden, können die drei grundlegenden Kompetenzen der Wahrnehmung, der Überzeugungsbildung und der Verantwortlichkeit sein.

III.2.2.2. Die Basiskompetenzen als Verbindungslinie zwischen moralischer Entwicklung und Identitätsausbildung

Eine lockere Entsprechung zwischen den Stufen der beiden Theorien wurde bereits oben aufgezeigt. Für die Entwicklung in beiden Bereichen bilden die drei Kompetenzen der Wahrnehmung, der Überzeugungsbildung und der Verantwortlichkeit die entscheidende Grundvoraussetzung.

Die für den Menschen wohl relevanteste Entwicklung findet nach beiden Theorien in der Jugendzeit statt. Das wertet die vorhergehenden Stufen nicht ab, denn aufgrund des epigenetischen Prinzips, das beiden Theorien zugrundeliegt, bilden die früheren Stufen die Voraussetzung für die späteren, durch die sie jedoch nicht ersetzt werden, sondern in ihnen aufgehoben sind. Die dem Jugendalter nachfolgenden Stufen können ohne dessen Gelingen ebenfalls zu keinem positiven Abschluß kommen.

Das prinzipienorientierte Denken der Stufe 5 wird erst im Jugendalter erreicht. Ursache dafür ist die Entwicklung der Wahrnehmungskompetenz. „Bis Stufe 4 handelt es sich um einen sich immer mehr erweiternden und angemessener werdenden Prozeß der Rollenübernahme, der Wahrnehmung des sozialen Systems. Beim prinzipienorientierten Denken geht es jedoch nicht um eine noch angemessenere Wahrnehmung des sozialen Systems, *so wie es ist*; vielmehr handelt es sich um die Aufstellung von Prinzipien, denen die Gesellschaft und das Selbst *verpflichtet sein sollten.*“[102] In Bezug auf die Wahrnehmungskompetenz bedeutet dies, daß von den drei im ersten Kapitel festgelegten Teilbereichen, nun mehr „die Fähigkeit, repro-

---

101 Kohlberg, L., Zusammenhänge - neu, 117

102 Kohlberg, L., Zusammenhänge - neu, 105

duktive und produktive Vorstellungen zu bilden," und „die Fähigkeit, logische Zusammenhänge zu erkennen und damit das Erlebte zu analysieren und Gesetzmäßigkeiten aufzudecken" in den Vordergrund rücken.[103]

Während für Piaget und Kohlberg die „entwicklungsmäßigen Veränderungen (...) primär Veränderungen der Wahrnehmung der physikalischen, sozialen und moralischen Welt" darstellen, betreffen für Erikson die „entwicklungsmäßigen Veränderungen (...) primär eine selbstgewählte, selbstwahrgenommene Identifikation mit Zielen."[104] Die Betonung des Weltpols und die des Selbstpols stehen dabei einander gegenüber. Beide Sichtweisen sind hier zu einseitig, denn es besteht für den Menschen von Geburt an „eine komplizierte Beziehung zwischen der inneren (kognitiven und emotionalen) Entwicklung einerseits und einer stimulierenden und fördernden Umwelt andererseits (...), so daß es eigentlich unmöglich ist, solche Stadien und Krisen begrifflich zu erfassen, ohne zugleich die wechselseitige Anpassung von Individuum und Umwelt darzustellen".[105] Die Wahrnehmung der Umwelt und die Wahrnehmung seiner selbst bedingen und beeinflussen sich wechselseitig.

Für Piaget und Kohlberg entsteht moralische Entwicklung und Entscheidung als Folge der „Veränderung in den wahrgenommenen moralischen Prinzipien". Für Erikson dagegen ist die moralische Entwicklung „als Entscheidung (...) des moralischen Selbst" zu werten, da für ihn schon die „Stufen in der Wahrnehmung des Selbst und seiner Weiterentwicklung Stufen der Optionen eines Selbst" sind.[106] Da die Wahrnehmung der Welt und des eigenen Selbst jedoch zum großen Teil unbewußt verläuft und die Interpretationsmöglichkeiten von Wahrnehmung weitgehend durch die Umwelt zur Verfügung gestellt werden, reicht die bloße Wahrnehmung für eine bewußte Entscheidung noch nicht aus. Deshalb wird von Kohlberg in der horizontalen Entwicklung von der Kognition über die Wahrnehmung hin zum moralischen Handeln das Verantwortlichkeitsurteil zwischengeschaltet. Während sich das kognitive Bewußtsein von Prinzipien in der Adoleszenz bildet, entsteht „die Verpflichtung zu ihrer ethischen Anwendung erst im Erwachsenenalter."[107] Hier vertreten beide Theorien die Auffassung, daß der Jugendliche zu einem Bewußtsein universeller ethischer

---

103 vgl. hierzu die ausführliche Definition in Kapitel I.2.1.1.

104 Kohlberg, L., Zusammenhänge - neu, 114

105 Erikson, Lebensgeschichte und historischer Augenblick, 104-105

106 Kohlberg, L., Zusammenhänge - neu, 116-117

107 vgl. hierzu Kohlberg, L., Zusammenhänge - neu, 110

Prinzipien fähig ist, obwohl nur der Erwachsene konsistent *ethisch sein* kann".[108] Das kognitive Bewußtsein moralischer Prinzipien, das im Jugendalter entstehen kann, entspricht dem deontischen Urteil, das ohne das Gefühl, Handeln zu müssen, getroffen werden kann. Das Gefühl der Verpflichtung die moralischen Prinzipien auch anzuwenden, „erfordert Prüfungs- und Entscheidungssituationen; dazu ist erforderlich, daß die Prinzipien in einer Ideologie verkörpert werden, an der man sein Festhalten und das Festhalten anderer an den Prinzipien überprüfen kann und die Teil der Festlegung auf eine Identität ist."[109] Wenn der Jugendliche also eine Überzeugung für sein Leben übernimmt, legt er sich einerseits auf eine (einzigartige) Identität fest und erhält dadurch gleichzeitig die Möglichkeit gemäß seiner Überzeugung konsistent moralisch zu handeln. Deshalb erscheint es hier als sinnvoll die überzeugungsbildende Kompetenz des Subjekts als Motor für Entscheidungen zwischenzuschalten. Denn der Jugendliche steht „zwischen der vom Kind erlernten Moralität und der Ethik, die der Erwachsene entwickeln muß. Er ist ein ideologischer Geist - und tatsächlich ist es die ideologische Warte der Gesellschaft, die am verständlichsten zum Jugendlichen spricht, der (...) bereit ist, sich durch Rituale, Glaubenssätze und Programme überzeugen zu lassen, die gleichzeitig festlegen, was böse, was unheimlich und was feindlich ist."[110]

Demnach fällt in die Phase des Jugendalters die Bereitschaft des Heranwachsenden, eine Überzeugung, die sein Leben prägt, bewußt zu übernehmen. Voraussetzung dafür ist, daß er Menschen kennt bzw. kennenlernt, die erkennbar aufgrund einer Überzeugung ihr (gesamtes) Leben gestalten. Die auf den früheren Stufen erworbenen Stärken und Konflikte werden „während der Loslösung von der Kindheit in unterschiedlichen Formen freigesetzt und transformiert ..., falls - ja, falls es ein überzeugendes Erwachsensein gibt, für das der Einsatz sich lohnt." Aufgabe von Familie und Gesellschaft ist es, dem Jugendlichen für diese Suche brauchbare Angebote zur Verfügung zu stellen. In unserer westlichen Gesellschaft fällt dieses Potential immer mehr aus. Die Erwachsenen verstärken vielmehr das Dilemma des Jugendlichen „durch einen allgemeinen Mangel an ethischer und religiöser Orientierung, wie sie zu einer Identität gehörte, die noch vor ein oder zwei Generationen verwirklicht werden konnte."[111]

---

108 Kohlberg, L., Zusammenhänge - neu, 109

109 Kohlberg, L., Zusammenhänge - neu, 110

110 Erikson, E. H., Kindheit und Gesellschaft, 257

111 Erikson, E. H., Lebensgeschichte und historischer Augenblick, 225

Die Stufe des Jugendalters verdeutlichte, daß Moralentwicklung und Identitätsausbildung auf die Entwicklung der drei Basiskompetenzen angewiesen sind und durch diese eine Verbindungslinie zwischen beiden Theorien entsteht. Besonders hervorzuheben ist, daß für die Entstehung des Verantwortlichkeitsurteils und des aus ihm folgenden moralischen Handelns sowohl die kognitiv-strukturellen Erfahrungen (Kohlberg), als auch die persönlichen Erfahrungen der Entscheidung (Erikson) nicht ausreichen, sondern die Kombination beider Theorien nötig ist. Dadurch wurde ansatzweise versucht, der Forderung Kohlbergs gerecht zu werden, „daß in einer adäquaten Behandlung der Erfahrungen, die zum prinzipienorientierten Denken führen, die Darstellung der kognitiv-strukturellen Erfahrungen sensu Piaget und die Darstellung der >persönlichen Erfahrungen der Entscheidung<, die in Eriksons Theorie im Mittelpunkt stehen, zu einem Ganzen integriert werden müssen."[112]

Entscheidende Voraussetzung für die Entwicklung im kognitiven wie im persönlich-emotionalen Bereich sind dabei die Art und Anzahl der Erfahrungsmöglichkeiten, die die Umwelt dem Heranwachsenden zur Verfügung stellt. Innerhalb dieser Umwelt bildet die Familie den Primärbereich. Welche Angebote sie unter Berücksichtigung der oben skizzierten Moralentwicklung und Identitätsausbildung ihren Kindern im Rahmen einer Moralerziehung als Hilfe zu gelingendem Leben geben kann, wird noch zu entwickeln sein.

Da Moral- und Identitätsentwicklung hier in den Kontext des christlichen Glaubens gestellt werden, wird nachfolgend noch der religiösen Entwicklung des Menschen anhand von relevanten Stufentheorien nachgegangen und ihre Korrelation zu den beiden anderen Entwicklungssträngen aufgezeigt.

III.3. Die religiöse Entwicklung des Menschen in Korrelation zur Moral- und Identitätsentwicklung

Christlicher Glaube entwickelt sich mit Hilfe einer christlich geprägten religiösen Erziehung. Mit seiner Hilfe versucht der Mensch, „unseren weltlichen Alltagserfahrungen *im Licht einer Erklärung der letzten Bedingungen unserer Existenz* Sinn abzugewinnen." Im Rahmen der kognitiv-strukturellen Entwicklungstheorien ist der Glaube deshalb „eine Konstruk-

---

112 Kohlberg, L., Zusammenhänge - neu, 111-112

tion der Existenzbedingungen", der „drei wichtige Formen des Konstruierens" umfaßt: „1. ein bestimmtes Muster des Erkennens (das wir manchmal als >Glaubensinhalt< bezeichnen); 2.ein bestimmtes Muster des Wertens (das wir manchmal Verpflichtung oder Hingabe nennen); 3.ein bestimmtes Muster der Sinnkonstruktion"[113].

Während für das Muster des Erkennens die Entwicklung der Wahrnehmungskompetenz notwendig ist, umfaßt das Muster des Wertens sowohl die überzeugungsbildende als auch die Verantwortlichkeitskompetenz. Das Muster der Sinnkonstruktion verhilft dem Glauben selbst zur Überzeugung werden zu können. Als solche ermöglicht er dann dem Menschen eine spezifisch individuelle Ausgestaltung von Moralität und Identität. Da der Glaube in unserer pluralen Gesellschaft vielfach nicht mehr als motivierende Überzeugung für die eigene Lebensgestaltung erfahren und übernommen wird, treten „Ideologien da ein, wo die Religion versagt, indem sie sich (zusätzlich zu mehr praktischen Forderungen) als historische Perspektiven anbieten, an die sich der individuelle Glaube und das kollektive Vertrauen heften können."[114]

Für den Bereich der familialen religiösen Erziehung ist es einerseits wichtig, die Stufen der religiösen Entwicklung zu kennen. Für eine bewußte Übernahme des Glaubens durch den Heranwachsenden ist es jedoch entscheidend, ob „Religion und Tradition lebendige psychologische Kräfte darstellen und jene Art von Vertrauen und Glauben schaffen, die sich in der Persönlichkeit der Eltern ausdrückt".[115]

III.3.1. Stufentheorien zur religiösen Entwicklung

In Anlehnung an Piaget und Kohlberg entstanden sowohl die Stufentheorie des religiösen Urteils von Oser u.a. als auch die Stufentheorie der Glaubensentwicklung nach Fowler. Bei beiden handelt es sich deshalb um kognitive Stufentheorien der religiösen Entwicklung, die „den Erwerb von kognitiver Kompetenz und das heißt weltkonstituierender Handlungsfähigkeit durch handelnde Auseinandersetzung mit der Umwelt erklären," - dies entspricht der Intentionalität des Menschen - „wobei der

113 Fowler, J. W., Glaubensentwicklung. Perspektiven für Seelsorge und kirchliche Bildungsarbeit, München 1989, 81
114 Erikson, E. H., Einsicht und Verantwortung, 115
115 Erikson, E. H., Wachstum und Krisen, 74

Übergang von Stufe zu Stufe durch krisenhafte Brüche bzw. durch eine Umgestaltung der Persönlichkeitsstruktur geschieht."[116]

Im Gegensatz zu Oser wird bei Fowler der „im Glauben vollzogene sinnstiftende Akt (...) nicht nur auf seinen kognitiven Gehalt reduziert, sondern darüber hinaus unter motivationalen, affektiven und symbolbezogenen Gesichtspunkten beschrieben."[117] Fowlers Theorie basiert nicht nur auf Piaget und Kohlberg, sondern wird auch von der Theorie Eriksons beeinflußt.[118] Er übernimmt von dort „das Interesse an der Lebensgeschichte der Menschen und an einer systematischen Reflexion der vorhersagbaren Herausforderungen und Wendepunkte des psychosozialen Reifungsprozesses." Für die Entwicklung des Glaubens bedeutet dies das Verständnis, „wie Erfahrungen und Beziehungen zu irgendeinem Zeitpunkt des Lebens sowohl den Inhalt als auch die Strukturierung des Glaubens eines Menschen beeinflussen können."[119] Aufgrund dieser zusätzlichen Ausrichtung können die beiden Theorien zur Glaubensentwicklung und zur Entwicklung des religiösen Urteils deshalb ebenso wie die Stufentheorien Kohlbergs und Eriksons als sich wechselseitig ergänzende Korrelate verstanden werden.

III.3.1.1. Intentionalität - Religiosität - Lebenswelt

Beide genannten Stufentheorien gehen davon aus, „daß strukturelles Wachstum im Glauben nur durch eigene, selbständige Aktivität geschieht"[120]- „Glauben als die aktive Tätigkeit des Menschen, seinem Leben Sinn und Bedeutung zu geben"[121]-, „daß Kinder über eigene religiöse Denkstrukturen verfügen und daß religiöse Erziehung auf der Kenntnis von Entwicklungsstufen basieren muß. Daraus leitet sich die These von der Nichtlehrbarkeit religiösen Denkens ab, da >für das Kind jeder entwick-

---

116 Gmünder, P., Entwicklung als Ziel der religiösen Erziehung, in: KatBl 8 (1979) 629

117 Bußmann, G., Stufenmodelle, 41

118 vgl hierzu die konkrete Darstellung der sieben Stufen des Glaubens nach James Fowler, in: Ein Gespräch mit ..., 31

119 Fowler, J. W., Theologie und Psychologie in der Erforschung der Glaubensentwicklung, in: Conc 18 (1982) 445

120 Mette, N., Stufentheorien zur Glaubensentwicklung in der Diskussion, in: Kat Bl 114 (1989) 131

121 Ein Gespräch mit dem Theologen James Fowler über Glauben, in: Psychologie heute 11 (1984) 28

lungsbedingte Wandel seiner Denkstrukturen eine selbständige Entdekkung bedeutet.<„[122] Im Bereich der religiösen Erziehung führt dies zur Absage an eine bloße Inhaltsvermittlung. Inhalte werden an bereits vorhandene religiöse Strukturen assimiliert, eine religiöse Weiterentwicklung dadurch aber nicht in Gang gebracht. Der Entwicklungsansatz und, damit verbunden, eine progressive Religionspädagogik gehen statt dessen ganz vom Kind aus und versuchen, Möglichkeiten und Bedingungen für Entwicklung zu schaffen. Was dabei „erarbeitet und rekonstruiert wird“ ist vielleicht „nur wenig, aber dafür substantiell und äußerst wichtig. Es ist das, was wirklich ermöglichen hilft:

- dem Leben Sinn zu geben
- den Tod anzunehmen
- den Kern der Botschaft zu leben
- und diese durch religiöses Handeln für andere sichtbar werden zu lassen.“[123]

Wie dies für den Bereich der Familie umzusetzen ist, konkretisiert Kapitel IV. Entscheidend dabei ist vor allem die soziale Atmosphäre, die dem einzelnen Glaubenserfahrungen ermöglicht.

Die Intentionalität des Menschen erhält von einem christlichen Standpunkt aus eine transzendentale Verankerung in der Schöpfungslehre. So gehört zu den Vorannahmen für die Stufentheorie Fowlers die Überzeugung, „daß zu den Plänen und Zielen, die in der Schöpfung offenbar werden, auch eine genetisch angelegte Fähigkeit des Menschen zur Partnerschaft mit Gott gehört. Das heißt: Wir sind gleichsam dafür vorstrukturiert, die Fähigkeiten hervorzubringen, die wir als Spezies zur Erfüllung unserer Berufung als reflexive und antwortende Glieder der Schöpfung brauchen. Zu unserem in Schöpfung und Evolution entstandenen biologischen Erbe gehört eine generative tiefenstrukturelle Tendenz, die unsere Entwicklung in der Partnerschaft miteinander und mit Gott möglich macht.“ Damit wird uns jedoch nicht die für unsere Autonomie notwendige Freiheit genommen. Denn „Befähigung ist (...) nicht dasselbe wie Verwirklichung. Die zu unserer Bestimmung und Freiheit gehörenden tiefenstrukturellen Potentiale können durch jene Dimensionen unseres Schicksals blockiert und verzerrt

---

[122] Oser, F./Gmünder, P./Fritzsche, U., Stufen des religiösen Urteils, in: WzM 32 (1980) 397

[123] Oser, F., Das Verhältnis von religiöser Erziehung und Entwicklung: Ein religionspädagogisches Credo, in: Religionspädagogische Beiträge 21 (1988) 28-29

werden, die aus dem Mißbrauch der Freiheit durch andere, unter dem wir zu leiden haben, wie auch aus unserem eigenen Mißbrauch der Freiheit erwachsen."[124]

Die Beschränkung der Religiosität auf das Individuum, ohne Berücksichtigung des institutionellen Rahmens der Religionen, wird vielfach an beiden Stufentheorien kritisiert. Dieser Vorwurf ist jedoch nicht berechtigt, da sehr wohl die Relevanz der Gemeinschaft für die Entwicklung von „Glaubenshaltungen und -stilen" erkannt und betont wird. Vor allem für die Theorie Fowlers ist wichtig, daß es kein Selbst gibt, „das sich nicht in der Beziehung zu anderen und zum kulturellen Erbe gemeinsamer sozialer Bedeutungen und Institutionen gebildet hätte. Und es gibt auch keinen Glauben, der nicht im Rahmen von Beziehung, Sprache, Ritual und Symbolik erweckt und gebildet worden wäre."[125] Dennoch muß eine Stufentheorie des Glaubens bzw. des religiösen Urteils die Realität unserer westlichen pluralen Lebenswelt, in der unsere Kinder heute aufwachsen, berücksichtigen. Das traditionale Hineinwachsen in eine Religion als Institution kann hier im großen und ganzen als nicht mehr gegeben vorausgesetzt werden. Für den christlichen Glauben bedeutet dies, daß er immer mehr als Überzeugung des einzelnen erkannt und bewußt übernommen werden muß. Sozialisation in eine bestimmte religiöse Tradition wird heute in vielen Familien nicht mehr geleistet, gleichzeitig stehen ihnen jedoch „keine Instrumente zur Verfügung (...), um mit ihren Kindern die Welt und das soziale Eingebettetsein religiös autonom zu rekonstruieren."[126] So muß der Einzelne in Zukunft verstärkt selbst mit den Kontingenzen des Lebens >fertig werden<, (...) muß selber Sinn schaffen, und (...) muß eine Botschaft in sein Leben einbauen etc. Wir können nur optimale Bedingungen der Möglichkeit dieser Aktivität schaffen, damit das Kind rekonstruktiv tätig wird und dadurch seine religiös-kognitiven Erkenntnisinstrumente erweitert, oder anders gesagt, sich religiös entwickelt."[127] Man versucht deshalb im Rahmen einer religiösen Entwicklungstheorie „zu jenem Kern der Religiosität vorzudringen, der den institutionalisierten Religionen schon vorausliegt, der sich aber in der heutigen Zeit nicht mehr notwendigerweise mit ihren Symbolen zu artikulieren und in ihren Riten auszudrük-

---

124 Fowler, J. W., Glaubensentwicklung, 78

125 Fowler, F. J., Glaubensentwicklung, 79

126 Oser, F./Bucher, A., Die Entwicklung des religiösen Urteils. Ein Forschungsprogramm, in: Unterrichtswissenschaft 2 (1987) 131

127 Oser, F./Bucher, A., Die Entwicklung, 131

ken braucht."[128] Es handelt sich also um die Frage, „>ob es einen geschlossenen Bereich gibt, der nach Abzug aller logischen, ontologischen, moralischen, sozialen, kulturellen Formen und Partikel spezifisch religiös ist<(62)"[129]. Kontingenzbewältigung und Sinnfrage werden als dieser Bereich bestimmt, der als kognitive religiöse Struktur bezeichnet werden kann. Dabei „geht es um Kenntnisse >über jene universellen Muster religiösen Bewußtseins, mit denen Menschen ihre Wirklichkeit religiös bewältigen."[130] Bei den religiösen Entwicklungsstufen geht es „um kognitive Strukturen religiöser Wirklichkeitsbewältigung, welche konzeptübergreifend sind. Die Entwicklungsstufen des religiösen Urteils sind also" ebenso wie die Stufen des moralischen Urteils „weniger durch den Inhalt religiöser Entscheidungen als durch die Form ihrer Begründungen gekennzeichnet, d.h. identische Entscheidungen können auf verschiedenen religiösen Stufen, gegensätzliche Wahlen auf identischen Niveaus begründet werden. Mit *religiösem Urteil* ist daher die Art und Weise gemeint, wie Menschen über die wesentlichen Phasen ihrer Entwicklung hinweg die Beziehung Gott - Mensch in einer konkreten Situation urteilend wahrnehmen. Das religiöse Urteil als Verhältnisstruktur Gott - Mensch beabsichtigt dabei eine letzte Orientierung des Lebens, wobei die Qualität dieses Verhältnisses alles übrige Urteilen und Handeln begründet und belebt."[131]

Im Gegensatz zur Definition des religiösen Urteils berücksichtigt die formale Definition des Glaubens, wie sie der Stufentheorie Fowlers zugrunde liegt, neben der Beziehung des Menschen zu Gott auch die Beziehung des Menschen zu sich selbst, zu seinen Mitmenschen und zur Welt. Außerdem wird auch die Relevanz des Handlungsaspekts erkannt und in die Definition von Glauben mit aufgenommen als „von Menschen herausgebildete oder sich herausbildende Weise, Sinn und Zweck ihres Lebens sowie dessen Verantwortung und Loyalität im Lichte des Charakters von Sein, Wert und Macht, welche die letztgültigen Bedingungen der Existenz beeinflussen, zu gestalten (gemäß der Verstehensmöglichkeit ihrer be-

---

128 Oser, F./Bucher, A., Die Enwicklung, 134

129 Schweitzer, Fr., Religion und Entwicklung, 318
Schweitzer übt an diesem Reduktionsverfahren die Kritik, daß Religion dann nur noch Restkategorie sei: „>Religion< ist dann, was übrig bleibt." (321)

130 Oser, F., Das Verhältnis von religiöser Erziehung und Entwicklung: Ein religionspädagogisches Credo, in: Religionspädagogische Beiträge 21 (1988) 20

131 Gmünder, Entwicklung als Ziel, 629

wußten oder unbewußten operativen Vorstellungen).[132] Diese weiter gefaßte Definition entspricht eher dem Anliegen dieser Arbeit, den Menschen über die Ausbildung der Wahrnehmungs- und überzeugungsbildenden Kompetenz hin zu verantwortungsbewußtem Handeln in bezug auf sich selbst, den anderen, die Welt und Gott gegenüber zu führen.

III.3.1.2. Die Beziehungsfähigkeit des Menschen zum Transzendenten

Jede Art von Entwicklung kann nur innerhalb von Beziehungen stattfinden, nie losgelöst davon. Moral- und Glaubensentwicklung sowie Identitätsausbildung ohne Berücksichtigung des signifikanten Anderen gibt es nicht.

Während jedoch bei der Intelligenzentwicklung der Bezug Subjekt-Objekt und bei der moralischen Entwicklung der Bezug Subjekt-Subjekt im Mittelpunkt der Untersuchung stand, ist dies bei der religiösen Entwicklung der Bezug zwischen Subjekt und Transzendenz. Alle drei Bereiche bedingen sich wechselseitig. „Trotzdem ist es möglich, Denkmuster für jeden Bezug struktural zu isolieren."[133]

Das Verhältnis Transzendenz - Mensch wird „als kognitiver und spezifisch religiöser Akt angesichts von Grenzsituationen"[134] definiert. Den Kritikpunkt, Religion werde auf Kontingenzbewältigung reduziert, widerlegt Oser, denn „Das religiöse Urteil, bzw. Bewußtsein ist - wie schon mehrfach erwähnt - der Ausdruck der gelebten Beziehung zwischen Mensch und Gott in konkreten Situationen. Für die empirische Erforschung müssen nun diese religiösen Urteilsschemata, da sie dem Subjekt im täglichen Leben selten explizit bewußt sind, gleichsam „aktiviert" werden. Dies versuchen wir damit, daß die Probanden mit Kontingenzsituationen konfrontiert und dadurch in ein Ungleichgewicht versetzt werden, welches von den Probanden in irgendeiner Weise „bewältigt" werden muß."[135] „Die Höhe einer Stufe bestimmt sich dabei nach dem >jeweiligen Differenzierungs- und Integrationsvermögen< (27) - verstanden als >refle-

---

132 Fowler, J. W., Eine stufenweise geschehende Einführung in den Glauben, in: Conc 20 (1984), 311-312

133 Oser, F./Gmünder, P./Fritzsche, U., Stufen des religiösen Urteils, 393

134 Oser, F./Gmünder, P./Fritzsche, U., Stufen des religiösen Urteils, 390

135 Oser, F.: Das Verhältnis, 16

xive Ausweitung und Vertiefung der Beziehung auf ein Unbedingtes in der jeweils zu deutenden Lebenssituation<(20)“.[136] Theologisch ist es jedoch nicht haltbar, „die Intensität der Gottesbeziehung von der Komplexität kognitiver Strukturen abhängig zu machen. Wird ein derartiger Zusammenhang aufgestellt, so setzt Oser sich dem Vorwurf derjenigen aus, die behaupten, Stufenmodelle implizierten eine eindeutige Bewertung der moralischen oder religiösen Würde einer Person.“[137]

In der Religiosität des Menschen, verstanden als Beziehung zu Gott, gilt es „Variablen wie Vertrauen versus Angst, Hoffnung versus Absurdität, Freiheit versus Abhängigkeit, Transzendenz versus Immanenz, Dauer versus Vergänglichkeit, Unerklärliches versus funktional Durchschaubares, Heiliges versus Profanes in ein Gleichgewicht zu bringen, da es sich bei ihnen um Elemente der Beziehung zu einem Letztgültigen handelt.“[138] Mit Hilfe des religiösen Urteils nehmen die Menschen diese Beziehung zur Transzendenz in den einzelnen Phasen ihrer religiösen Entwicklung unterschiedlich wahr.[139] Die genannten polaren Dimensionen stehen „bei Kindern synkretistisch“ nebeneinander, im Jugendalter treten sie dualistisch auseinander. „Auf höheren Stufen sodann werden diese Dimensionen vermittelt; Heiliges scheint immer auch im Profanen auf, Immanenz und Transzendenz sind wechselseitig aufeinander bezogen, Menschliches und Göttliches bedingen einander. Die Art der Koordination dieser polaren Elemente bestimmt also das, was wir als die jeweilige kognitive religiöse Struktur einer Person bezeichnen.“[140]

---

136 Schweitzer, Fr., Religion und Entwicklung , 317

137 Bußmann, G., Stufenmodelle, 39

138 Oser, F., Das Verhältnis, 18

139 Auf der 1. Stufe stellt sich dieses Verhältnis eindimensional reziprok dar. Das Kind sieht sich in einem willkürlichen Abhängigkeitsverhältnis und wird absolut heteronom bestimmt. Auf der 2. Stufe wandelt sich dieses Verhältnis in bipolare Reziprozität: „do ut des“. Auf der 3. Stufe wird dagegen die absolute Differenz zwischen Ultimatem und Mensch betont, die so nicht beibehalten wird, die auf der 4. Stufe durch eine formale Vermittlung wieder aufgehoben wird. Auf der 5. Stufe versucht man das Verhältnis Mensch - Transzendenz intersubjektiv zu vermitteln. Auf der Stufe 6 orientiert sich der Mensch an universeller Kommunikation und Solidarität. Wie auch Kohlberg Probleme beim empirischen Nachweis seiner 6. Stufe hatte, so konnten auch Oser u. a. ihre 6. Stufe nur bei Theologen und Philosophen nachweisen.

Zur Stufentheorie des religiösen Urteils vgl. z.B.: Oser, F./Gmünder, P./Fritzsche, U., Stufen des religiösen Urteils, 396-397

140 Oser, F./Bucher, A., Die Entwicklung des religiösen Urteils. Ein Forschungsprogramm, in: Unterrichtswissenschaft 2 (1987) 135

Die Vernetzung des Menschen in Beziehungen bildet für den einzelnen die erfahrbare Voraussetzung für sein Verhältnis zur Transzendenz. Deshalb sehen einige Vertreter der Psychoanalyse den Beginn der Disposition für Religiosität im Gegensatz zu Freud nicht mehr in der ödipalen Phase, sondern bereits in der symbiotischen. Damit wird Vertrauen, das in der Kindheit grundgelegt wird, zur relevanten Voraussetzung für Religiosität. Ein daraus entstehendes „positives Gottesbild, in das entsprechende Erfahrungen mit den Eltern und mit anderen Bezugspersonen eingehen (...), könne befreiend auf das menschliche Selbst zurückwirken.“[141] Dies wiederum begünstigt eine positive Identitätsausbildung.

Religiosität beschränkt sich aufgrund der menschlichen Verflochtenheit in Beziehungen nicht auf das Verhältnis des Menschen zur Transzendenz. Sie wirkt ebenso in der Gestaltung menschlicher Beziehungen. Deshalb muß die Theorie Fowlers ergänzend zur Stufentheorie der Entwicklung des religiösen Urteils hinzutreten, denn bei seiner Stufentheorie wird auf den einzelnen Stufen verstärkt das mitmenschliche Beziehungsverhältnis miteinbezogen.[142] Für ihn geht es in den Stufentheorien „ganz besonders darum, die Entwicklung der Fähigkeiten zu verstehen, durch die wir Beziehungen des Selbst zu anderen, zu sich selbst und zu einem Letztgültigen oder zu Gott aufbauen.“[143] In diesem Zusammenhang gewinnen wieder die hier vorgestellten Basiskompetenzen Relevanz.

III.3.1.3. Die Stufentheorien der religiösen Entwicklung und die drei Basiskompetenzen

Wie schon Kohlberg setzt Fowler die Stufentheorie der sozialen Perspektivenübernahme nach Selman für die Entwicklung des Glaubens voraus. „Wenn wir der Entwicklung des Niveaus sozialer Perspektivenübernahme auf den Stufen des Selbst und des Glaubens nachgehen, wird deutlich, wie jedes neue Niveau reichere Möglichkeiten zu Selbsterkenntnis und Vertrautheit mit anderen und mit Gott bietet.“[144] Die Entwicklung der

141 Oser, F./BucherA., Die Entwicklung des religiösen Urteils, 149

142 vgl. Fowler, J. W., Eine stufenweise geschehende Einführung in den Glauben, a.a.O. 312

143 Fowler, J. W., Glaubensentwicklung, 80

144 Fowler, J. W., Glaubensentwicklung, 80-81

sozialen Wahrnehmung ist Voraussetzung für den Aufbau der Beziehung zwischen Mensch und Transzendenz.

Sie ist jedoch immer abhängig von Erfahrungen und damit von der Lebenswelt, in der der einzelne lebt und die ihm Erfahrungen ermöglicht. Diese Abhängigkeit von der Lebenswelt gilt für alle drei Basiskompetenzen.

Im Menschen bilden sich Stufen des Glaubens heraus, weil er in schicksalhaften Situationen, wie z. B. bei Tod, Scheitern, Unzulänglichkeit, aber auch Glück immer wieder wahrnimmt, daß er sie „mit den gängigen Mitteln der Objektbewältigung nur ungenügend" erschließen und integrieren kann.[145] Ferner nimmt er wahr, wie die signifikanten Anderen mit diesen Situationen umgehen, wie sie „eine bestimmte Wirklichkeit in einer bestimmten Weise .. integrieren, die sich eindeutig von anderen Integrationsweisen abhebt."[146] Die Wahrnehmungskompetenz, vor allem als „Fähigkeit, reproduktive und produktive Vorstellungen zu bilden", und „logische Zusammenhänge zu erkennen und damit das Erlebte zu analysieren und Gesetzmäßigkeiten aufzudecken"[147] ist unerläßliche Voraussetzung für die Entwicklung von kognitiven Strukturen jeder Art.

Wahrnehmung reicht jedoch wie schon im Bereich der moralischen Entwicklung nicht aus, um eine entsprechende Lebensgestaltung zu motivieren. So geht es Fowler darum, neben den Inhalten des Glaubens „auch die dynamische Aktivität, durch die Glaube als lebendiger und anregender Mittelpunkt im Leben der Menschen entsteht und sich fortentwickelt."[148] zu klären. Er führt in diesem Zusammenhang den Begriff der „Leitgeschichte" ein, die den Standpunkt darstellen soll , „den man dem Leben gegenüber einnimmt, seinen Einfluß auf die Beziehung zur Umwelt und zu den Mitmenschen. Die Leitgeschichte ist die Antwort auf die Frage, worum es im Leben geht, wie man es im wahrsten Sinn des Wortes lebenswert macht."[149] Dieser Begriff entspricht unserer Basiskompetenz der Überzeugungsbildung. In der religiösen Entwicklung bildet der Mensch Tiefenstrukturen heraus, die es ihm ermöglichen, eine Überzeugung zu bilden. Diese muß jedoch nicht immer - vor allem in unserer pluralen Welt - religiöser Glaube sein. „Vorstellungen der Letztgültigkeit in unserem Leben

145 Oser, F./Gmünder, P./Fritzsche, U., Stufen des religiösen Urteils, 390
146 Oser, F./Gmünder, P./Fritzsche, U. Stufen des religiösen Urteils, 388
147 vgl. wiederum Kapitel I.2.1.1.
148 Fowler, J. W., Eine stufenweise geschehende Einführung, 309
149 Ein Gespräch mit dem Theologen James Fowler über Glauben, 32

können sich auf Ursachen, Personen oder Ziele konzentrieren, die versprechen, unserem Leben Sinn, Sicherheit oder Würde zu < verleihen. Diese Wert- und Machtzentren können einen Gott-Wert> für uns annehmen, indem sie zu Achsen werden, um die sich unser Leben und sein Sinn drehen, aber sie (und unsere Beziehungen zu ihnen) sind nicht notwendigerweise religiös.“[150] Entscheidendes Charakteristikum einer Überzeugung ist immer, daß der Mensch zu einer ihr entsprechenden Lebensgestaltung motiviert wird, die bei einer horizontalen Ausdifferenzierung auf jeder Stufe der religiösen Entwicklung wirksam werden kann.

Für Fowler ist der Glaube - in unserem Zusammenhang konkret der christliche Glaube - aktive Tätigkeit im Mittelpunkt seiner Untersuchung und er versucht deshalb, „das Verständnis der Bildung und Umformung von gelebtem Glauben zu erhellen.“[151] Die Glaubensstadien können so als „integrierte Handlungen des Wissens und Wertens, durch welche die Menschen sich ihre Vorstellung einer letzten Umgebung bilden und sich dieser verpflichten, ihr Alltagsleben in Beziehung dazu führen, zu dem Wesen von Wert und Macht, das sie enthüllt.“[152] Dafür ist jedoch zwischen dem Glaubenswissen und Handeln aus dem Glauben ein verantwortliches Bewußtsein „unserer selbst, der anderen und unseres gesamten Handelns in Antwort auf das Handeln Gottes“[153] notwendig. Dieses verantwortliche Bewußtsein entspricht in seiner Stellung dem Verantwortlichkeitsurteils im horizontalen Entwicklungsprozeß bei Kohlberg. Er führt bei der religiösen Entwicklung ebenfalls von der Ausbildung der Logik über die ihr entsprechend mögliche (soziale) Wahrnehmung zu einem religiösen Urteil, das erst dann lebensgestaltende Aktivität hervorruft, wenn der Verantwortlichkeitsaspekt dazukommt. Das religiöse Verantwortlichkeitsbewußtsein entsteht jedoch erst durch eigene Erfahrungen, d.h. „gedeutete Erlebnisse, die Betroffenheit und Rekonstruktionsarbeit auslösten“[154]. „Dieses ist nicht nur auf die vertikale Dimension hin zu stimulieren, sondern zuallererst in der horizontalen“[155], in der Religiosität konkret erlebt und erlebbar wird. Hier ist der Ausgangspunkt für religiöse Erziehung zu suchen.

---

150 Fowler, J. W., Theologie und Psychologie, 444

151 Fowler, J. W., Theologie und Psychologie, 444

152 Fowler, J. W., Theologie und Psychologie, 444

153 Fowler, J. W., Glaubensentwicklung, 76

154 Oser, F./Bucher, A., Die Entwicklung des religiösen Urteils, 146

155 Oser, F./Bucher, A. Die Entwicklung des religiösen Urteils, 146

Doch zunächst gilt es, Verbindungslinien zwischen Moral- und Glaubensentwicklung aufzuzeigen.

III.3.2. Zur Korrelation von Moral- und Glaubensentwicklung anhand der Stufentheorien

Ausgehend von der These der wechselseitigen Bedingung von Moral und Glaube stellt sich die Frage nach der näheren Beschreibung dieses Verhältnisses. Da der Glaube sehr oft, vor allem in kirchlichen Verlautbarungen, auf den Bereich der Moral reduziert wird, ist vorab festzuhalten, daß in der Religion „nicht die Moral entscheidend" ist, „sondern die Beziehung zu Gott, die Sinn zu stiften vermag und auf das Ethos eines Menschen nicht ohne Folgen bleibt."[156] Glaube als bewußt übernommene Überzeugung wird in verantwortlicher, d.h. moralischer Lebensgestaltung sichtbar. Moralisches Handeln benötigt die Antriebskraft einer Überzeugung. Eine Überzeugung wird in moralischem Handeln sichtbar, da sie lebensgestalterisch wirksam werden will. So wird im Rahmen dieser Arbeit die Wechselwirkung zwischen Glaube und Moral verstanden.

Während Oser im Bereich der kognitiven Stufentheorien unter Berücksichtigung der gleichen formalen Voraussetzungen wie Kohlberg eine Stufentheorie des religiösen Urteils und somit harte Strukturstufen erstellt hat, versucht Fowler „religiöse Stufen zu definieren, die den Stufen moralischen Urteilens nach Kohlberg und den Ich-Stufen von Erikson parallel sind."[157] Nach Kohlberg wird diese Theorie „als ein Modell der *weichen* Strukturstufen" bezeichnet, die sowohl „-wie Stufen der Piagetschen Art - auf die *Form* der Entwicklung abzielen, dabei aber zugleich auch solche affektiven oder reflexiven Merkmale von Personen miteinbeziehen, die sich dem Piagetschen Paradigma nicht leicht zuordnen lassen."[158] Kohlberg selbst hat in Auseinandersetzung mit diesen religiösen Theorien sein Stufenkonzept durch eine *weiche* siebte Stufe ergänzt, auf der „über den Gerechtigkeitsbereich hinaus zu metaethischen, metaphysischen und religiösen Erkenntnisweisen"[159] vorgestoßen werden kann. „Sie ist in Analogie zur letzten Stufe des Eriksonschen Phasenmodells entworfen, in der es

---

156 Oser, F., Das Verhältnis, 18

157 Kohlberg, L., Zusammenhänge - neu, 118

158 Kohlberg, L., Zum gegenwärtigen Stand, 257

159 Kohlberg, L., Zum gegenwärtigen Stand, 274

um die Frage nach dem Sinn des Lebens geht."[160] Diese Ergänzung basiert auf der Erkenntnis, „daß uns die Entwicklung weicher Stufen in Richtung auf eine kosmische Perspektive Aufschluß über Trends in der menschlichen Entwicklung gibt, die in einem auf die Erforschung des Gerechtigkeitsdenkens per se beschränkten Begriffssystems noch keinen Raum haben."[161]

Gleichzeitig setzt die siebte Stufe die innerhalb der kognitiven Stufentheorien allgemein anerkannte These voraus, „daß die Entwicklung der moralischen Urteilsstruktur jener der religiösen vorausgeht". Bezogen auf die Theorien Osers und Fowlers bedeutet dies, daß die entsprechende „Stufe des moralischen Urteils die notwendige, aber nicht hinreichende Bedingung für die parallele Stufe der religiösen Kognition darstellt."[162] Diese These konnte jedoch nicht eindeutig empirisch verifiziert werden, da in Untersuchungen Probanden gefunden wurden, die in der religiösen Entwicklung auf einer höheren Stufe standen als in der moralischen. Die Parallelität von moralischer und religiöser Entwicklung ist auch nicht so zu verstehen, daß bei der Stimulierung eines der beiden Bereiche sich dies automatisch positiv auf den anderen auswirkt. Statt dessen scheint „die Entwicklung im jeweiligen Bereich (Moral, Religion, soziale Kognition etc.) stark von der Sozialisation im entsprechenden Symbolsystem"[163] abzuhängen. Dementsprechend gilt es, in der familialen Erziehung beide Bereiche zu fördern und Verbindungslinien aufzuzeigen.

Parallelität zwischen den Stufen der Theorien der moralischen und der religiösen Entwicklung existiert jedoch in der Hinsicht, daß sie die Entwicklung der Logik nach Piaget und die Entwicklung der sozialen Wahrnehmung nach Selman gleichermaßen voraussetzen. So gilt es für die Ermöglichung eines vertikalen Entwicklungsprozesses im Bereich der Moral und der Religiosität gleichzeitig, die logischen Denkprozesse und die (soziale) Wahrnehmungskompetenz des Heranwachsenden zu fördern. Die Entwicklungsstufen führen in allen drei zu vergleichenden Theorien von der Heteronomie zu immer größer werdenden Autonomie.

Da es sich in beiden Bereichen um kognitive Stufentheorien handelt, verläuft die Entwicklung in gleicher Weise unter gleichen Voraussetzungen, wie es weiter oben schon erläutert wurde. Ermöglicht wird eine ein-

---

160 Bußmann, G., Stufenmodelle, 32

161 Kohlberg, L., Zum gegenwärtigen Stand, 275

162 Oser, F./Bucher, A., Die Entwicklung des religiösen Urteils, 144

163 Oser. F./Bucher, A., Die Entwicklung des religiösen Urteils, 145

heitliche Erziehungspraxis, die von der eigenen Aktivität des Kindes ausgehend, unterstützende Funktion besitzt. Sie intendiert eine vertikale Entwicklung, wirksam wird sie jedoch nur bei der horizontalen Ausdifferenzierung der jeweiligen Entwicklungsstufe des Kindes, oder als Hilfe bei der konkreten Entwicklung einer neuen höheren Stufe, wenn die vorhergehende zusammengebrochen ist. Konkret und situationsgebunden ist dies möglich durch die Förderung der drei Basiskompetenzen. Sie bilden die feste Verbindungslinie zwischen moralischer Entwicklung, religiöser Entwicklung und Identitätsausbildung. Ihr Erwerb verhilft Glaube und Moralität dazu, identitätsstiftend wirksam und somit überzeugt und überzeugend gelebt zu werden.

III.3.3. Religiöse Entwicklung und Identitätsausbildung

Religiöse wie auch moralische Entwicklung werden im Rahmen dieser Arbeit vom übergeordneten Ziel der Identitätsausbildung her begründet, und dadurch nicht zum Selbstzweck erhoben, wie dies z. B. das Stufenmodell Osers versucht.[164] Die fortschreitende religiöse Entwicklung des Menschen stellt somit einen spezifischen Beitrag zu seiner Identitätsausbildung in Form ihrer vier Komponenten dar.[165]

„Das Menschenbild, das dem strukturgenetischen Ansatz zugrunde liegt, betont nämlich die Autonomie und Aktivität der Person, die in je eigenständigeren Formen religiöser Kontingenzbewältigung zu ihrer religiösen Identität findet."[166] Die Stufen der Entwicklung des religiösen Urteils nach Oser u.a. zeigen dementsprechend einen „langsamen Übergang des heteronomen religiösen Bewußtseins zum autonomen religiösen Bewußtsein."[167] Die oft mit leidvollen Erfahrungen der Heteronomie verbundene Entwicklung ist notwendig, da erst „in der Abhängigkeit und nur durch sie hindurch (...) jene Freiheit" entsteht, „die dem religiösen Selbst eine autonome Religiosität ermöglicht."[168] Diese Ausführungen verdeutlichen, daß

---

164 vgl. hierzu: Bußmann, G., Stufenmodelle, 40

165 Die Einteilung von Identität in die vier Komponenten, Einheit, Autonomie, Identifikation mit sich selbst und Individualität, wurde im I. Kapitel mit Hilfe der Definition von M. Forschner (Glück als personale Identität, 48), zur Operationalisierung des Begriffs vorgenommen.

166 Oser, F./Bucher, A., Die Entwicklung des religiösen Urteils, 146

167 Oser, F./Bucher, A., Die Entwicklung des religiösen Urteils, 130

168 Oser, F./ Bucher, A., Die Entwicklung des religiösen Urteils, 135

religiöse, als auch moralische Entwicklung und die Identitätsausbildung des Menschen von der Heteronomie zu wachsender Autonomie führen.

Identität zu haben, bedeutet ferner im Sinn der kognitiv-strukturellen Stufentheorien, Grundstrukturen zu besitzen, „die einen besonderen Stil des Person-Seins erlauben."[169] Dies entspricht der Identitätskomponente der Individualität, der die religiösen Stufentheorien Rechnung tragen, indem sie „Aufschlüsse über die individuellen Prozesse religiöser Entwicklung und religiösen Lernens"[170] geben. Glaube als Überzeugung besitzt die motivatorische Kraft zur individuellen Lebensgestaltung, garantiert als Hintergrund eine gewisse Einheit und Kontinuität und gibt dem einzelnen Richtlinien, durch die er sich mit sich selbst identifizieren kann.

Dieser Glaube als Überzeugung ist im Gegensatz zur allgemeinen religiösen Entwicklungstendenz, wie sie durch die Stufentheorien verdeutlicht wird, konkret. Damit muß der Frage nach ihrer Korrelation nachgegangen werden.

III.3.4. Religiöse Entwicklung und christlicher Glaube

Oser und Fowler versuchen mit Hilfe ihrer Stufentheorien eine universalisierbare Entwicklung religiöser Strukturen aufzuzeigen. Bei ihren Voranahmen gehen sie jedoch vom christlichen Glauben aus, durch den sie geprägt sind.

Gleichzeitig erfährt jede allgemeine Entwicklungstendenz ihre konkrete und spezifische Ausgestaltung im Leben des einzelnen durch Erfahrungen und Inhalte, die ihm im Laufe seines Lebens vermittelt werden. Für die Familie ist es wichtig, die allgemeine Entwicklungslinie von Religiosität zu kennen, sie wird jedoch von einem konkreten Sinnangebot beeinflußt, dieses weitergeben.

Christlicher Glaube versteht sich in Bezug auf die Identitätsausbildung, dem Ziel menschlicher Entwicklung, als konkretes, Identität bejahendes und ermöglichendes Angebot. „Wenn das christliche Gottesverständnis das Angenommensein und absolute Bejahtsein des Menschen bedeutet"[171], beinhaltet dies die Bejahung und Ermöglichung aller vier Kom-

---

169 Fowler, J., Glaubensentwicklung, 80

170 Mette, N., Stufentheorien, 130

171 Bußmann, G, Stufenmodelle, 47

ponenten der Identität. Religiosität kann deshalb nicht auf Kontingenzerfahrungen beschränkt werden, sondern muß in der alltäglichen Lebenswirklichkeit wirksam sein. So geht es bei der religiösen Erziehung im allgemeinen „nicht primär um die Vermittlung von Inhalten (und auch nicht um die Diskussion hypothetischer Dilemmata), sondern um die Ermöglichung von Erfahrungen der unbedingten Annahme.“[172] Der Mensch muß die Erfahrung gemacht haben, von signifikanten Anderen angenommen zu sein, um ahnen zu können, was es bedeutet, von Gott unbedingt bejaht zu werden.

Religiosität wird erfahrbar und gelebt in den Beziehungen, in die der einzelne vernetzt ist. In diesem Zusammenhang besitzt die Familie primäre und einzigartige Chancen, dem Kind den christlichen Glauben näherzubringen und gemeinsam mit ihm zu leben. Sie kann diesen befreienden Glauben der Intentionalität des Kindes anbieten, in die der Aufbau einer Beziehung zu Gott mit eingeschlossen ist.

Auf der Basis der Erkenntnisse über die menschliche Entwicklung von Moral und Religiosität sowie die Identitätsausbildung, die anhand der Stufentheorien gewonnen wurden, wird im folgenden ein umfassendes Konzept familialer moralischer Erziehung vor dem Hintergrund des christlichen Glaubens erstellt. Dabei gilt es jedoch noch einmal festzuhalten, daß religiöse und moralische Entwicklung *„vom Stand der begrifflich-logischen Komponente abhängig“* ist, doch ist diese insgesamt „nur eine notwendige, aber keine hinreichende Bedingung“.[173] Zusätzlich relevant sind dabei auch nicht-kognitive Motive, wie selbst Kohlberg betont, sowie die Art und Weise der Erziehung und Sozialisation.

Bezogen und eingegrenzt auf den familialen Bereich soll deshalb mit Hilfe des Erwerbs der Basiskompetenzen unter Berücksichtigung der als Ziel festgelegten vier Identitätskomponenten ein Weg zu gelingender Identitätsausbildung aufgezeigt werden.

---

[172] Bußmann, G., Stufenmodelle, 48

[173] Grom, B., Religionspsychologie, München/Göttingen 1992, 234

IV. Christlich motivierte Moralerziehung als Weg zur gelingenden Identitätsausbildung

IV.1. Prämissen

Vor der ausführlichen Entfaltung des angestrebten Konzeptes einer familialen Moralerziehung gilt es nun, dessen theoretische Verankerung bzw. seine Standortbestimmung, sowie die Prämissen darzulegen.

IV.1.1. Standortbestimmung

Das folgende Konzept als praxisorientierte Handlungstheorie ist angesiedelt im Schnittpunkt von Moraltheologie, Moralpädagogik und Religionspädagogik. Für den Entwurf einer christlich motivierten Moralerziehung sind alle drei Bereiche gleichermaßen gefordert und somit aufeinander angewiesen. Da als „Gegenstand der Moraltheologie die *freie menschliche Handlung (actus humanus)* und die *Haltung*, aus der die Handlung entspringt (*habitus operativus*)verstanden wird, zählt die Moralpädagogik in ihrem Anliegen, solche Haltungen und Handlungen zu lehren, zu den zentralen Bestandteilen „ethischer und theologisch-ethischer Wissenschaft“[1].

Moralisches Denken und Handeln wird geprägt und motiviert von einer tiefen inhärenten Überzeugung des Menschen, für die im Rahmen dieser Arbeit der christliche Glaube steht. Der Religionspädagogik geht es primär um die Weitergabe des Glaubens an die Kinder und Jugendlichen. Gemäß der oben (Kapitel III) aufgezeigten Korrelation zwischen der moralischen und religiösen Entwicklung des Menschen gilt es für Moral- und Religionspädagogik, die moralische und religiöse Erziehung durch die jeweilige Vermittlung der drei Basiskompetenzen miteinander zu verzahnen.

IV.1.2. Die Basiskompetenzen als Grundhaltungen

Sensible Wahrnehmung, Überzeugungsbildung und Verantwortlichkeit sind grundlegende Fähigkeiten, die im Laufe des Lebens erworben

1 Virt, G., Moraltheologie, in: Rotter, H./G. Virt, Neues Lexikon der christlichen Moral, Innsbruck-Wien 1990, 531

werden müssen, damit Identität gelingen kann. Die Vermittlung dieser Kompetenzen ermöglicht dem Menschen, sie als Grundhaltungen zu erwerben und darauf ein entsprechendes Können aufzubauen. Berücksichtigt werden muß dabei, daß jedes „Sollen ...an ein individuelles Können gebunden“[2] bleibt. Verstanden als „habitus“ und „virtus“ wird durch die Basiskompetenzen gerechte Moralität lebbar und damit sind sie als ein Beitrag zur Neubestimmung des Tugendbegriffs zu werten.

Für moralische als auch religiöse Entwicklung sind die drei Basiskompetenzen relevant, die wiederum in Teilkompetenzen zu konkretisieren und veranschaulichen sind. Eine Erziehung, die diese Kompetenzen vermitteln will, intendiert nicht Wissen, sondern Haltung. „Es geht um haltungsbezogenes Wissen und erkenntnisbezogene Haltung“.[3] Dies geschieht auf der Basis einer Anthropologie, die die Mündigkeit des Heranwachsenden im voraus anerkennt und gleichzeitig intendiert.

IV.1.3. Christliche Anthropologie und die Autonomie des Menschen

Das Konzept autonomer Moral im christlichen Kontext, wie es Auer entworfen hat, wird dieser Arbeit zugrundegelegt. Dabei geht es „nicht um die Selbstverfügung und Willkür des Subjekts, sondern um die Ermöglichung seiner Verantwortung“[4]. Der christliche Glaube steht nicht in Widerspruch zu diesem Konzept, verhilft ihm vielmehr zu einer spezifischen Konkretisierung. Als Sinngebung und motivierende Überzeugung verhilft der Glaube zu einer Freiheit, die „als Freiheit für das Gute (die Liebe, das Handeln aus Glauben) zu verstehen“[5] ist, so daß in „der religiösen Erziehung (...) der Prozeß von Autonomie und Heteronomie theologisch so zu interpretieren“ ist, „daß die Beziehung von Gott her und auf Gott hin den Menschen zur Freiheit befreit und damit den Menschen aus heteronomer

---

2 Maurer, A., Das humanwissenschaftliche Gespräch zum Verständnis sittlicher Kompetenz. Themen - Tendenzen- Einsichten, Mainz 1995, 11

3 Biesinger, Albert, Erziehung, in: Rotter, H./G. Virt, Neues Lexikon der christlichen Moral, Innsbruck-Wien 1990, 154

4 Mieth, D., in: Stachel, G./D. Mieth, ethisch handeln lernen. Zu Konzeption und Inhalt ethischer Erziehung, Zürich 1978, 22

5 Stachel, G., in: Stachel, G./D. Mieth, ethisch handeln lernen. Zu Konzeption und Inhalt ethischer Erziehung, Zürich 1978, 10

Versklavung löst."[6] Die christliche Anthropologie unterstützt die Autonomie des Menschen durch die „Aufwertung der Person und der Betonung des Gewissens."[7]

IV.1.4. Intentionalität und Gewissen

Die im Menschen ursprunghaft vorhandene Intentionalität, d.h. der ihm inhärente Wille zum Zugriff auf Welt, und sein aktiver Beitrag an der eigenen Entwicklung, wie ihn die Stufentheorien verdeutlichen, beinhaltet die persönliche Verantwortlichkeit für die eigene Lebensgestaltung. Auf diese Verantwortung für sich selbst, für die Mitmenschen, die Umwelt und vor Gott weist den Menschen immer wieder sein Gewissen hin. „Es bildet den Schnittpunkt der Verantwortung im einzelnen Menschen"[8] und ermöglicht ihm seine Autonomie bei Entscheidungen in moralischen Konfliktsituationen. Die Vermittlung und Förderung der drei Basiskompetenzen ist somit gewissensbildend.

Die Intentionalität des Menschen ist geprägt durch seine persönlichen „Entfaltungsbedürfnisse", d. h. „die verschiedenen konkreten Aspekte der Lebensentfaltung und -gestaltung, die ein Mensch verfolgt, um zu sich selber zu kommen, um Lebenssinn zu erreichen, Glück und Zufriedenheit sowie die Chance, in unausweichlicher Not- und Leidsituation bestehen zu können."[9] Diese Entfaltungsbedürfnisse treffen immer wieder auf existentielle Erfahrung, die sich „aus Kontrasterfahrung, Sinnerfahrung und Motivationserfahrung" zusammensetzt. Eine geschärfte, kritische und sensible Wahrnehmungskompetenz ermöglicht die Kontrasterfahrung: „so geht es nicht", die überzeugungsbildende Kompetenz die Sinnerfahrung: „das geht mir auf" und die Verantwortlichkeitskompetenz die Motivationserfahrung: „dies geht mich (unausweichlich) an.[10] Das Gewissen entdeckt in diesen Erfahrungen das Gute und erhält dadurch seine konkrete inhaltliche

---

6 Biesinger, A., Erziehung, in: Rotter, H./G. Virt, Neues Lexikon der christlichen Moral, 155

7 Mieth, D., in: Stachel, G./D. Mieth, ethisch handeln lernen, 22

8 Mieth, D., in: Stachel, G./D. Mieth, ethisch handeln lernen. Zu Konzeption und Inhalt ethischer Erziehung, Zürich 1978, 202

9 Eid, V., Moralerziehung in pluraler Lebenswelt, in: Eid, V./A. Elsässer/G.W. Hunold (Hg.): Moralische Kompetenz. Chancen der Moralpädagogik in einer pluralen Lebenswelt, Mainz 1995, 156

10 vgl. Mieth, D., in: Stachel, G./D. Mieth, ethisch handeln lernen, 205

Ausgestaltung. Die gezielte Förderung der Basiskompetenzen ermöglicht damit gleichzeitig die für die verantwortliche Handlungsbereitschaft des Menschen nötige Umorientierung „von der Gewissenserfahrung als Erfahrung mangelnder Anpassung im Nachhinein zur Gewissenserfahrung als produktive Orientierung im Vorhinein.“[11] Da in unserer hochindustrialisierten und technisierten Welt bei Entscheidungen mitzubedenkende Handlungszusammenhänge immer größer und unüberschaubarer werden, gilt es, diese Qualität des Gewissens besonders zu stärken, damit eine notwendige präventive Ethik, die die Zukunft mitbedenkt, auch in die Praxis umgesetzt werden kann.[12]

IV. 1.5. Vernetzung in Lebenswelt

Die zunächst formal beschriebenen Basiskompetenzen benötigen eine konkrete inhaltliche Füllung, da es im Bezug auf den konkreten Menschen keine „inhalts- und optionslose, nur formale Moralkompetenz“ gehen“ kann, aufgrund der sozial-anthropologischen Tatsache, „daß sich das Individuum nur durch die >Verhedderung< in sozial-lebensweltliche >Inhalte< selbst konstituieren kann.“[13] Diese werden vermittelt und weitergegeben in Verhedderung in mitmenschlichen Beziehungen mit Hilfe der Prozesse der Sozialisation und Erziehung. Für die Moral- und Religionspädagogik „ist die Erkenntnis einer komplexen Vernetzung und Interdependenz wichtig: Entfaltung des Subjekts in sozialen Prozessen.“[14] Das geschieht zunächst in der Primärgruppe, der jeweiligen Familie, in die jeder Mensch hineingeboren wird. Deshalb muß in Bezug auf ethisches Lernen die familiäre Umwelt mit ihrer „Ökologie“ immer mitbedacht werden.[15] Die Familie wiederum kann nicht losgelöst von der gesellschaftlichen und kulturellen Lebenswelt, in der sie lebt, verstanden werden. Unsere westliche europäische Lebenswelt ist geprägt „durch die soziale Ausdifferenzierung in eigendynamische Teilbereiche (Segmentierung), durch die - gegenüber >geschlossenen< Gesellschaften - Auflösung gemeinsamer, z. B. religiös fun-

11 Mieth, D., in: Stachel, G./D. Mieth, ethisch handeln lernen, 24

12 vgl. hierzu: Gründel, J. (Hg.), Leben aus christlicher Verantwortung. Ein Grundkurs der Moral, Bd. 1, Düsseldorf 1991, 11

13 Eid, V., Moralerziehung in pluraler Lebenswelt, 147

14 Eid, V., Moralerziehung in pluraler Lebenswelt., 148-149

15 vgl. hierzu: Stachel, G. in: Stachel, G./D. Mieth, ethisch handeln lernen. Zu Konzeption und Inhalt ethischer Erziehung, Zürich 1978, 42

dierter Verbindlichkeiten bis in die konkreten Deutungsformen und Handlungsnormen (auch die moralischen) hinein, durch das Auseinanderdriften von „Öffentlichkeit" und „Privatraum" im Handlungs- und erst recht im Bewußtseinsbereich."[16] Diese uns vorgegebene Pluralität gilt es, in Bezug auf unsere Lebensgestaltung und Identitätsausbildung produktiv, sinnvoll und verantwortlich zu nutzen. In Bezug auf religiöse und moralische Entwicklung und Erziehung ist der Automatismus der Weitergabe durch Sozialisation nicht mehr wie in geschlossenen Gesellschaften gegeben. Hier tritt die persönlich in Verantwortung für das eigene Leben zu übernehmende und zu lebende Überzeugung an die Stelle automatischer und unreflektierter Übernahme. Um heranwachsenden Kindern und Jugendlichen eine eigenverantwortliche Identitätsausbildung zu ermöglichen, ist ein entsprechendes Erziehungskonzept, eine verständnis- und liebevolle Beziehung und eine persönliche überzeugte und überzeugende Haltung von seiten der Eltern (Erzieher) nötig.

IV. 1.6. Autoritative Erziehung und die Ermöglichung von Erfahrungen

Die Aufgabe familialer Erziehung ist es zunächst, dem Heranwachsenden dabei zu helfen, in die ihn umgebende Lebenswelt hineinzuwachsen durch die Sozialisation in die kulturellen Überlieferungen und sozialen Vorgaben. Da wir Menschen nur in sozialer Vernetzung leben können, sind wir von diesen sozialen Vorgaben einerseits abhängig, andererseits benötigen wir sie als lebensweltlichen Hintergrund, um „entscheidungsfähiger *Initiator*"[17] für unsere eigene Lebensgeschichte werden zu können. Dies ist gleichzeitig vorrangiges Ziel familialer Moralerziehung. Es umfaßt die Autonomie des Menschen und soll ihm zu einer gelingenden Identitätsausbildung verhelfen. Pluralität und zunehmende globale Probleme erfordern immer mehr eine kreative und innovative Moralität. Dieser Forderung hat künftige Moralerziehung gerecht zu werden, denn ihr Wert „hängt daran, ob es gelingt, die Realität des Guten vorzustellen (was stets auch einen Vorgang affektiven Lernens bezielt), Sensibilität für sie zu wecken und Identifikation mit ihr zu ermöglichen."[18]Inwieweit die Familie dies leisten kann, hängt sehr stark von der Art der familialen Interaktion und damit

---

16 Eid, V., Moralerziehung in pluraler Lebenswelt, 149

17 Eid, V., Moralerziehung in pluraler Lebenswelt, 147

18 Stachel, G. in: Stachel,G./D. Mieth, ethisch handeln lernen, 12

vom gewählten Erziehungsstil ab, denn die „auch für das Ethos eines Menschen entscheidende Grundprägung leistet die Familie keineswegs vorwiegend, indem sie bewußt erzieht, sondern indem sie als Raum von Kommunikation und Interaktion wirksam ist.“[19] Gelingende Interaktion ist die Voraussetzung für den Erwerb der Basiskompetenzen, deren Können wiederum nur in Interaktion erkennbar wird. Interaktion, die versucht, Autorität und Autonomie in Einklang zu bringen, gilt „als Bedingung der Möglichkeit für gelungene sittliche Erziehung“[20] und damit als Basis für eine autonom-etische Erziehung. Autorität muß in einer Beziehung mit einem Erfahrungs- und Kompetenzgefälle, wie es im Verhältnis zwischen Eltern und Kindern vorzufinden ist, als anthropologisch gegeben bejaht werden. Autoritäres Verhalten jedoch, das vorwiegend zu Konformität und Gehorsam erzieht, gilt als Widerspruch zum Ziel der Autonomie. „Die autoritative Interaktion ist daher das Konzept, >autonome< Moralpädagogik zu ermöglichen, und damit das Maß zwischen Konformismus und Kreativität zu finden“[21], denn sie hat als Ziel „den Autoritätsempfänger zu zunehmender Selbständigkeit zu führen, durch die Transparenz der Beziehung, durch rationale Auseinandersetzung und durch relative Mitbestimmung des Autoritätsempfängers.“[22] Dies wird nur erreicht, wenn schon dem Heranwachsenden Erfahrungs- und Handlungsmöglichkeiten zur Verfügung gestellt werden, denn moralische Kompetenz durch den Erwerb der Basiskompetenzen „entsteht im Zirkel von Handlung und Reflexion.“ Das vorzustellende Konzept hat deshalb zu „berücksichtigen, welche sozialen Realisationsräume Heranwachsenden zur Verfügung stehen und wie diese von den einzelnen rezipiert und bewertet werden.“[23]

IV.1.7. Moralische und christlich geprägte Erziehung

Moralische und religiöse Entwicklung, wie sie im vorhergehenden Kapitel anhand der Stufentheorien beschrieben wurden, versteht man als ein Hineinwachsen in die Lebenswelt. Moralische und religiöse Erziehung sind Angebote, die sich an diese Entwicklung des Heranwachsenden richten. Während es sich bei moralischer und religiöser Entwicklung um zwei

---

19 Stachel, G. in: Stachel., G./D. Mieth, ethisch handeln lernen, 40

20 Mieth, D. in: Stachel, G./D. Mieth, ethisch handeln lernen, 15

21 Mieth, D. in: Stachel, G./D. Mieth, ethisch handeln lernen, 20

22 Mieth, D. in: Stachel, G./D. Mieth, etisch handeln lernen, 29

23 Maurer, A., Das humanwissenschaftliche Gespräch, 18

parallel verlaufende Stränge handelt, von denen die moralische sicher ohne religiöse Ziele und Inhalte fortschreiten kann, gibt es keine religiöse Entwicklung und damit auch keine religiöse Erziehung ohne ethische Ziele und Inhalte. „Unethisches religiöses Handeln wäre zugleich a-religiös, hörte also auf zu sein, was es seiner Definition nach ist.“[24] Deshalb ist für „den *ausdrücklich* Glaubenden (...) sein eigener Glaube Hintergrund seines gesamten ethischen Handelns“[25].

Eine Moralerziehung vor dem Hintergrund des christlichen Glaubens wird deshalb aus einer moralischen- und religiösen Erziehung mit fließenden Übergängen bestehen. Beide Erziehungsbereiche greifen ineinander und können in der Praxis nicht so voneinander getrennt werden, wie dies die Stufen-"Theorien“ versuchen. Die Verbindung zwischen beiden Entwicklungs- und Erziehungsbereichen stellen die drei Basiskompetenzen der Wahrnehmung, der Überzeugungsbildung und der Verantwortlichkeit dar. Sie müssen im folgenden inhaltlich konkretisiert werden durch die Gliederung in spezifische Teilkompetenzen (= Inhalt des Konzeptes). Sie gilt es, im Anschluß daran, im Lebens- und Beziehungsbereich der Familie zu verorten (= Ort der Erziehung), um sie dann mit dem Ziel familialer Erziehung, der gelingenden Identitätsausbildung in Beziehung zu setzen. Zum Schluß sind noch die der Familie möglichen Methoden zur Vermittlung der Kompetenzen dem jeweiligen Entwicklungsstand des Heranwachsenden entsprechend zu klären (Methodenfrage).

IV.2. Moralische Erziehung im Kontext des christlichen Glaubens als Vermittlung der drei Basiskompetenzen

IV.2.1. Der christliche Glaube als Hintergrund-Überzeugung

Den christlichen Glauben als *ein* Sinnangebot, *eine* Motivation, *einen* Gesamtentwurf, worunter Menschen ihr Leben stellen,[26] gilt es angesichts des vorherrschenden Pluralismus aus eigener Überzeugung zu übernehmen und ihr entsprechend das eigene Leben zu gestalten. „*Eine* wesentliche Möglichkeit des Subjekts, in pluraler Lebenswirklichkeit, angesichts der Segmentierung der Lebensbereiche sowie der damit verbundenen Unüber-

---

24 Stachel, G. in: Stachel, G./D. Mieth, ethisch handeln lernen, 9

25 Fraling, B., Glaube, in: Neues Lexikon der christlichen Moral, 291

26 vgl. Mieth, D.in: Stachel, G./ D. Mieth, ethisch handeln lernen, 21

sichtlichkeit, konsistenten Stand zu gewinnen, besteht in der *Ausbildung selbsterarbeiteter Überzeugung*; Existentielle Stellungnahme zu unserem Leben und zu unserer Welt, welche die Gewißheit (damit auch „Sinn“) begründet, auf letztendliche Gerechtigkeit hoffen zu können. Christlicher Glaube bietet sich an als Möglichkeit, sich solche Überzeugung zu erarbeiten“[27].

Christlichen Glauben als eine solche Überzeugung den Kindern vorzuleben und an sie zu vermitteln ist Bestandteil christlicher Sozialisation und Erziehung. Dafür gilt es, die Fähigkeit des sich Angesprochen-Fühlens zu vermitteln. Das Bemühen, christlich zu leben, muß sich an Jesus Christus, seiner Gestalt, seinem Leben und seiner Botschaft, orientieren und hat dabei jedoch den Anforderungen unserer heutigen Zeit gerecht zu werden. Die Botschaft und das Leben Jesu haben moralische Relevanz, jedoch ohne die Überlieferung konkreter moralischer Normen und Gebote. Jesus hat die Liebe Gottes verkündet und sie gelebt, in radikaler Weise die Nächsten- und Feindesliebe praktiziert. Dabei versuchte er die Wahrnehmungsfähigkeit seiner Umwelt zu schärfen, indem er sie auf Notleidende und Ausgestoßene hinwies, denen er sich bewußt zuwendete. Christliche Überzeugung zu leben bedeutet deshalb, die Welt wahrzunehmen, ohne über Not hinwegzusehen, ohne Negatives, ohne den Tod auszublenden. Gegen den wachsenden Trend der Gleichgültigkeit und Egozentrik richtet sich eine durch christliche Überzeugung motivierte Wahrnehmung z. B. heute auf:

- die Not der Vereinsamung und Isolierung, auch innerhalb von Familien,
- die Not des abgeschobenen Sterbenden,
- die Not des Nichtgebrauchtwerdens verursacht durch Arbeitslosigkeit,
- die Not der Orientierungslosigkeit und der verzweifelten Suche nach Sinn,
- die zunehmende Depressivität und Resignation
- die wachsenden Probleme der Jugendlichen, die sich z. B. äußern in Bulimie oder Drogenmißbrauch.

Die Wahrnehmung von Leid und Not allein reicht jedoch für eine christlich motivierte Lebensgestaltung nicht aus, denn im „Handeln setzt sich jeder Mensch mit seiner“ Lebenswelt „in Beziehung und gestaltet die-

27 Eid, V., Moralerziehung in pluraler Lebenswelt, 170

se."[28] In unserer Gesellschaft hindert vielfach eine „erheblich Anspruchsmentalität ... das Bewußtsein, für die Gestaltung des Sozialen mitverantwortlich zu sein. Es sind ein starkes Erlebnisbedürfnis und eine starke Erlebnisbereitschaft zu erkennen, die durchaus zu kritischer Wahrnehmung und auch zum Mitleiden führen können, sich damit aber meist auch schon begnügen."[29] Eine christliche Überzeugung, die sich an Jesus orientiert, darf sich jedoch nicht mit der Wahrnehmung konkreter Not zufriedengeben, sondern muß ihre persönliche Verantwortung zur Bekämpfung und zur Abschaffung von Leid erkennen und in die Tat umsetzen, damit das von Jesus verheißene Reich Gottes ansatzweise in unserer Zeit Wirklichkeit werden kann.

Einer christlichen Erziehung, die Überzeugung vermitteln möchte, kann und darf es deshalb nicht um eine Erziehung zur Anpassung, zur Konformität und zur Unauffälligkeit gehen, da überzeugtes Leben und Handeln nicht bequem sein kann. Auch Jesus war in seinen Forderungen und Handlungen unbequem für seine Zeitgenossen, so unbequem, daß er deshalb am Kreuz sterben mußte.

Verantwortlich zu handeln und zu leben, bedeutet für den Christen in unserer westlich geprägten Kultur z. B. konkret:

- mutiges „Sich-Einmischen" anstelle von konformem Schweigen
- Partei ergreifen für Benachteiligte, für Mißstände (sozial, politisch...)
- die Konsequenzen für die Mitmenschen und die Lebenswelt mitzubedenken
- die Zukunft mitzubedenken, d.h. die Konsequenzen für die nachfolgenden Generationen
- Vorurteilsbekämpfung.

Hierfür ist ein Selbstbewußtsein nötig, das Kritik ernst nimmt und nicht auf ständige Anerkennung von außen angewiesen ist. Ein Bewußtsein der eigenen Autonomie und Identität ist nötig, um identisch leben und handeln zu können. Es gilt deshalb die Frage zu stellen, „unter welchen Bedingungen es den Individuen etwa gelingt, eine in sich konsistente Identität auszubilden bzw. als autonome Individuen in reflektierter und

28 Maurer, A., Das humanwissenschaftliche Gespräch, 15

29 Eid, V., Moralerziehung in pluraler Lebenswelt, 151 zitiert hier: K. Hamburger, Das Mitleid, Stuttgart 1985

selbstbewußter Art mit gesellschaftlichen Zwängen und Herausforderungen umzugehen, bzw. unter welchen Umständen sie in Isolation und Vereinsamung geraten und die defensive Form des privatistischen Rückzugs >wählen<."[30]

Ob der Prozeß der Identitätsausbildung glückt oder mißlingt, hängt in entscheidender Weise von der familialen Erziehung ab. Ihre Aufgabe ist es, den Heranwachsenden „seiner Selbstgesetzlichkeit und seinem Selbstentscheid" Schritt für Schritt zu überantworten. „Aber dieser Vorgang des Überantwortens selbst muß verantwortlich gehandhabt werden. Zwar gilt, daß man Mündigkeit nicht erzielen kann, wenn man sie nicht vorausnimmt und voraussetzt, bevor sie wirklich da ist, zugleich aber ist der Vorgang des Freiwerdens aber auch ein Vorgang des Freigebens, der ohne Fürsorge nicht gedacht werden kann."[31] Die Möglichkeit, dem Heranwachsenden Verantwortung zuzutrauen und ihn dabei „fürsorglich" zu unterstützen, besitzt die Familie im einem Maße wie keine andere Institution wegen ihrer familialen mitmenschlichen Vernetzung.

Es stellt sich jedoch die Frage, wie der christliche Glaube als Sinnangebot im Rahmen von Erziehung und Sozialisation zu einer Überzeugung werden kann. Unter Voraussetzung der anthropologischen Tatsache, daß jeder Mensch in seinem Leben nach Sinn sucht, gilt es dem einzelnen „Sinnerfahrungen" („das geht mir auf")[32] zu ermöglichen. Im Kontext des christlichen Glaubens stellt die Grunderfahrung des Geliebt-Werdens und des Liebens ein konkretes Beispiel dar, für die die Familie als primäre Lebensgemeinschaft ideale Bedingungen besitzt.

Außerdem gilt es, den Menschen dafür zu sensibilisieren, daß er sich „Angesprochen-Fühlen" und „Betreffen-Lassen" kann. Voraussetzung von seiten der Eltern ist dabei die eigene Sensibilität und gelebte Verantwortlichkeit. Dadurch wird für den Heranwachsenden die Verantwortlichkeitskompetenz als entscheidende Motivationserfahrung im Sinne von „Das geht mich (unausweichlich) an" spürbar. Gleichzeitig brauchen Kinder altersgemäß Freiräume, in denen sie ihrer eigenen „Betroffenheit" in eigener Verantwortung Taten folgen lassen können.

Gelebter christlicher Glaube wird sich dabei immer an Jesus Christus und seine Botschaft rückbinden. Er prägt als lebensentscheidende Grund-

---

30 Eid, V., Moralerziehung in pluraler Lebenswelt, 159 zitiert hier: Heitmeyer, W./ Olk, Th., Das Individualisierungs-Theorem, S. 16

31 Mieth, D., in: Stachel, G./ D. Mieth, ethisch handeln lernen, 19

32 vgl. Kap. IV., Fußnote 10

motivation das gesamte Leben und Handeln und ermöglicht dem einzelnen dadurch Autonomie, Einheit, Individualität und Identifikation mit sich selbst, d.h. er eröffnet ihm die Chance zu einer gelingenden Identitätsausbildung.

Diese Aufgabe allein der Familie zuzuschreiben greift unter heutigen Bedingungen zu kurz. „Auf >die> Familie zu verweisen, genügt nicht, da die systembedingte schwerwiegende >privatistische< Abkapselung und die damit verbundene Belastung vieler Familien nicht übersehen werden dürfen, welche gerade auch ihre gezielte Vernetzung in größere >solidarische< Zusammenhänge nötig macht. Beachtet man die Bedeutung der Einführung in Lebenswelt, ... im Sinne der Weitergabe des Glaubens mit seinen moralischen Optionen und Perspektiven, zugleich die Bedeutung der Sozialisation in Familie und solidarischen Gruppen, so bedarf es der lebensweltlichen Gestaltung christlicher Gemeinde ausdrücklich *inmitten* unserer Gesellschaft und in voller partizipativer Solidarität und Verantwortung von Christinnen und Christen mit allen anderen.“[33] Die Familie bedarf immer mehr der Hilfe von Seiten der christlichen Gemeinde, um ihrer religiösen und moralischen Erziehungsaufgabe gerecht werden zu können, denn „erst Partizipation und Verantwortung aller“ ermöglichen „die Realisierung des Glaubens inmitten pluraler Lebenswelt (...), damit auch die Weitergabe der moralischen Optionen und Perspektiven christlichen Glaubens“[34].

IV.2.2. Moralerziehung im Kontext des christlichen Glaubens als Weitergabe seiner moralischen Perspektiven durch die Vermittlung der Basiskompetenzen

Die Botschaft Jesu enthält moralische Perspektiven, die es in unserer modernen Lebenswelt umzusetzen und innerhalb unserer Lebensbedingungen zu konkretisieren gilt. Überzeugt gelebter christlicher Glaube muß ganz konkret, d.h. realitätsbezogen und in unserer alltäglichen Wirklichkeit Gottes entschiedene Liebe für jeden Menschen verdeutlichen. Dies ist die Quintessenz der Botschaft Jesu. Diese Liebe Gottes wahrzunehmen und sie als umgreifenden Sinn des eigenen Lebens zu verstehen, führt den Menschen zu einem entsprechend verantwortungsbewußten Umgang mit sich selbst, den Mitmenschen und seiner Lebenswelt. Hierfür ist jedoch zusätz-

---

33 Eid, V., Moralerziehung in pluraler Lebenswelt, 171

34 Eid, V., Moralerziehung in pluraler Lebenswelt, 171

lich moralische Kompetenz notwendig. Sie muß zum Glauben als Überzeugung hinzukommen, damit er unter den realen Bedingungen unserer Lebenswelt verwirklicht werden kann. Die moralische Kompetenz „setzt sich aus Kompetenzen zusammen, die den Bereich des Beurteilens, des Handelns, aber auch des Wahrnehmens und des Kommunizierens betreffen.“ Der Bereich der Wahrnehmung wird dabei oft übersehen und muß deshalb besonders betont werden, denn: „Erst wer Probleme als sittliche Probleme erkennt, kann diese benennen und beurteilen.“[35] Die moralische Kompetenz kann „als eine soziale Interaktionskompetenz definiert werden, die es einem Individuum ermöglicht, moralische Probleme wahrzunehmen, zu beurteilen, die moralische Betrachtungsweise mitzuteilen und sittliche Handlungen auszuführen. Sozial- und entwicklungspsychologisch hat das Individuum hierfür verschiedene Fähigkeiten auszubilden: (...) Jede Weiterentwicklung einer oder mehrerer dieser Fähigkeiten fördert und begünstigt die Ausbildung der sittlichen Kompetenz. Dabei sind diese unterschiedlichsten Kompetenzen eine notwendige, aber keine hinreichende Voraussetzung für sittliche Mündigkeit. Hinzukommen muß die Bereitschaft des Individuums, einen sittlichen Standpunkt einzunehmen, sittliche Gesichtspunkte zuzulassen.“[36] Diese Bereitschaft wird motiviert durch die Übernahme einer lebensumgreifenden Überzeugung, z. B. des christlichen Glaubens. Doch die Fähigkeit, eine solche Einstellung zu gewinnen, bedarf ebenfalls der Entwicklung und dieser Prozeß kann durch die Erziehung gefördert werden.

Die Basiskompetenzen der Wahrnehmung, der Überzeugungsbildung und der Verantwortlichkeit, deren Erwerb zu moralischer Kompetenz führt, sind wiederum zu zerlegen in spezifische Teilkompetenzen.

IV.2.2.1. Sensible Wahrnehmungskompetenz der Lebenswelt und das „Solidaritätsethos“

Die Wahrnehmungskompetenz, wie schon in Kapitel 1 erläutert, beschränkt sich nicht nur auf die „Fähigkeit, über Sinneswahrnehmungen Kontakte zur Welt herzustellen“, sondern auch die Fähigkeiten, „reproduktive und produktive Vorstellungen zu bilden“ und „logische Zusammenhänge zu erkennen und damit das Erlebte zu analysieren und Gesetz-

---

35 Maurer, A., Das humanwissenschaftliche Gespräch , 13

36 Maurer, A., Das humanwissenschaftliche Gespräch , 15

mäßigkeiten aufzudecken".[37] Jede Art von Wahrnehmung wird vom Individuum dazu benutzt, „eine in sich stimmende Interpretation der sichtbaren Welt zu konstruieren."[38] Schon vorhandenes Erleben und Wissen wird dafür zur Verfügung gestellt. In der Erziehung sind dem Kind deshalb von Anfang an persönliche Erfahrungen und konkretes Wissen zu ermöglichen, unter Berücksichtigung, daß die Wahrnehmung der Lebenswelt begrenzt wird durch den Stand, den man in ihr einnimmt. Das Erleben der Lebenswelt ist immer selektiv, da die Sozialisation als Hilfe beim Hineinwachsen in Lebenswelt notwendigerweise selektiert durch die Auswahl der Inhalte dessen, was als wichtig für die Weitergabe erachtet wird. Wahrnehmung und Vermittlung von Lebenswelt beeinflussen sich deshalb wechselseitig.

Kognition und Kritikfähigkeit sind nötig, um Zusammenhänge von sowohl unmittelbar als auch mittelbar wahrgenommenen Ereignissen korrekt zu analysieren und sich darausfolgend ein möglichst realitätsbezogenes Bild der Lebenswelt zu entwickeln. „Ethisch relevant sind diese Vorgänge dort, wo man Evaluationen und Beurteilungen in normativem Sinne von Personen, Ereignissen, Sachverhalten und Situationen vornimmt, um entweder eine Stellungnahme sich oder anderen gegenüber abgeben zu können oder auch um eine Entscheidung vorzubereiten und zu aktualisieren."[39] Sachverstand und kritisches Hinterfragen bestehender Realität bilden hierfür jedoch die Voraussetzung. Dies führt in unserer heutigen Lebenswelt z. B. dazu, daß Menschen bewußt „oder weit eher unbewußt" wahrnehmen, „ daß die bestehenden Wertvorstellungen, die zunächst so subjektfreundlich formuliert erscheinen, letztlich dem Kritierium der Marktförderlichkeit unterstellt werden(müssen)."[40] und somit nicht in erster Linie dem Menschen und seiner gelingenden Identitätsausbildung dienen.

Vor dem Hintergrund der Seligpreisungen gilt es, Solidarität zu leben und dabei vor allem eine „Option" für die Armen und die Notleidenden zu ergreifen. Das Solidaritätsethos basiert auf der anthropologischen Grundvoraussetzung, daß jeder Mensch in Beziehungen verheddert ist, die es positiv zu gestalten gilt. Vor allem die Familie als primäre Lebensgemeinschaft besitzt, wie schon in Kapitel II erläutert, die Chance *Beziehungs-*

---

37 Simm, W., Phantasie und Wirklichkeit, 41

38 Lindsay, P.H./Norman, D. A., Einführung in die Psychologie. Informationsaufnahme und -verarbeitung beim Menschen, Berlin 1981, 15

39 Maurer, A., Das humanwissenschaftliche Gespräch, 13

40 Eid, V., Moralerziehung in pluraler Lebenswelt, 155

und Gemeinschaftsfähigkeit zu fördern aufgrund ihres intensiven emotionalen Zusammenlebens, d. h. im kleinen Option zu ergreifen für den Schwächeren. Relevant dafür ist die *Empathie,* eine spezifische Teilkompetenz der Wahrnehmungsfähigkeit. „Empathische Erregung stellt für sich genommen noch keine sittliche Kompetenz dar, bildet jedoch eine wesentliche Voraussetzung sowohl für die Wahrnehmung von moralischen Problemen als auch für die Motivation sittlichen Handelns."[41] Empathie meint sensible Wahrnehmung der Lebenswelt und der sie prägenden Ungerechtigkeiten. Die Fähigkeit der Empathie kann wie jede Kompetenz mißbraucht werden, wenn versucht wird, andere Menschen zu verstehen, um sie besser zu manipulieren. Vor dem Hintergrund des christlichen Glaubens geht es jedoch um ein besseres Verständnis, das mit „entschiedenem Respekt" für den anderen verbunden ist. „Es geht also um die Art und Weise des Gebrauchs der Empathie, genauer um die Zielsetzung, das Interesse dabei. Moralpädagogisch erfordert respektvolle, respekt-sichernde soziale Sensibilität die schon früh einsetzende Einführung und Begleitung in die Erfahrung der condition humaine, nämlich ihrer Stärke- *und* Schwächeseiten. Das Sehen-*Können* will als Voraussetzung gerechten Urteilens und Situations-gemäßen Handelns gelernt sein."[42]

In Rückbindung an die Botschaft Jesu von der kommenden Gottesherrschaft, deren grundlegende Gerechtigkeit es in unserem Leben schon anfanghaft zu verwirklichen gilt, ermöglicht eine sensible Wahrnehmungsfähigkeit die Kontrasterfahrung der Ungerechtigkeit. Die Liebe Gottes für jeden Menschen als entscheidende christliche Grundüberzeugung läßt den Menschen *Kreativität* entwickeln bei der Suche nach gerechten Möglichkeiten gelingender Identitätsausbildung für *jeden* Menschen. Kritische Wahrnehmung „und entsprechende Kritik-, auch Widerspruchsfähigkeit" sind notwendig, „um Korrekturoffenheit zu sichern."[43] Dazu gehören *auch kommunikative Kompetenz und Konfliktfähigkeit*, die sich in folgende Teilfähigkeiten gliedern: *Dialogfähigkeit, Diskursfähigkeit, und die Fähigkeit zu widersprechen, aber auch Widerspruch ertragen zu können.*

Sensible Wahrnehmung mit all ihren Teilkompetenzen ist notwendige Voraussetzung für das von Jesus vorgelebte Solidaritätsethos, das uns unter heutigen Bedingungen in unserer Lebenswelt aufgegeben ist. „Die On-

41 Maurer, A., Das humanwissenschaftliche Gespräch, 32; Empathie gilt deshalb ebenfalls als eine Teilkompetenz der Verantwortlichkeit.

42 Eid, V., Moralerziehung in pluraler Lebenswelt, 163

43 Eid, V., Moralerziehung in pluraler Lebenswelt, 163

togenese sittlicher Kompetenz" und damit auch der sensiblen Wahrnehmung bleibt allerdings „von den sozialen Bedingungen abhängig, unter denen sie geschieht."[44] Es stellt sich deshalb die Frage, wie moralpädagogisch eingeführt werden kann „in emotional-kognitive Wahrnehmung von Beziehungen, in >selbstlose< Freude an Menschen und Umwelt, ins Genießen-Können, in eine betroffenheitsfähige Wahrnehmung, in Respekt als altruistische Achtung, daher auch in die Praxis gerechter Konflikt-Austragung? Vor allem die Familien hätten hier eine genuine Chance und Primär-Aufgabe, würden sie nicht durch das forensische Diktat der Erziehung zur Durchsetzungsfähigkeit empfindlich behindert."[45] Bei allen Chancen müssen die Grenzen, die sich für familiale Erziehung aufgrund heutiger Lebenswelt ergeben, Berücksichtigung finden, will man eine idealistische Engführung vermeiden. Diese Arbeit setzt deshalb in der konkreten Alltagswirklichkeit an und versucht, Möglichkeiten konkret gelebter Solidarität innerhalb der Familie aufzuzeigen, da das Einüben im Kleinen die Voraussetzung für sensible Wahrnehmungskompetenz und daraus folgendes solidarisches Leben auch in anderen Lebensbereichen darstellt.

IV.2.2.2. Die Basiskompetenz der Überzeugungsbildung und die Motivationskraft christlich verstandener Liebe

Jeder Mensch bildet in seinem Leben Überzeugungen aus, die sein Denken und Handeln, sein Leben insgesamt, beeinflussen und prägen. „Die anthropologischen Funktionen" von Überzeugungen oder Einstellungen „liegen in der Reduktion der komplexen Umwelt, in der Möglichkeit, durch Einstellungen Anschluß und Zugehörigkeit zu einer Gruppe zu erlangen, und in der Rechtfertigung von Verhalten und Handeln durch Einstellungen."[46] Dadurch erhält der einzelne die Möglichkeit, seinem Leben eine konkrete Richtung und eine individuelle Ausgestaltung zu geben. Mit der Übernahme eines letztgültigen Sinnangebotes, wie es der christliche Glaube darstellt, verortet er sich und die ihn umgebende Lebenswelt sinnvoll. „Pluralität als ein wesentliches Datum der Bestimmung des mitmenschlichen Verhältnisses in sozialer Verflechtung und als Faktum auch der eigenen Identitätsausgestaltung ist uns durch die Geschichtlichkeit so-

---

44 Maurer, A., Das humanwissenschaftliche Gespräch, 20
45 Eid, V., Moralerziehung in pluraler Lebenswelt, 167
46 Maurer, A., Das humanwissenschaftliche Gespräch, 23

wie durch die Gestaltungsoffenheit und Gestaltungsnotwendigkeit unserer Existenz aufgegeben."[47] Die vorherrschende Pluralität eröffnet dem einzelnen die Chance durch die Übernahme eines Sinnangebotes, in unserem Zusammenhang des christlichen Glaubens, aus eigener Überzeugung einen festen Standort in der Lebenswelt zu gewinnen.

Gleichzeitig verbindet sich damit die Möglichkeit einer gelingenden Identitätsausbildung in Bezug auf alle vier genannten Komponenten: Autonomie, Einheit, Individualität und Identifikation mit sich selbst.

Eine Einstellung kann definiert werden, als „ein kognitiver Bewußtseinszustand, der - erworben durch Erfahrung - einen gerichteten oder dynamischen Einfluß auf das Verhalten in Bezug auf Situationen oder Objekte ausübt, die assoziativ mit dem Bewußtseinszustand verbunden sind"[48]. Wie schon bei der Wahrnehmungsfähigkeit die *Kognition* als notwendige spezifische Teilkompetenz genannt wurde, gilt sie auch als unerläßliche Voraussetzung für die Kompetenz der Überzeugungsbildung. Ebenso benötigt der Mensch *Kritikfähigkeit*, um zu erkennen, welche Überzeugung sein Leben gelingen läßt und welche nicht. Ein kritisches Überprüfen der Sinnangebote verhindert ein Hineingeraten in Sekten, ein Übernehmen ideologischer Verkürzungen und ermöglicht dem einzelnen ein Sich-Wenden gegen jegliche heteronome Unterdrückung angesichts der eigenen Autonomie.

Der christliche Glaube stellt eine *empathische* Überzeugung dar, die getragen wird vom Solidaritätsethos und der von Jesus verkündeten und vorgelebten Nächsten- und Feindesliebe, die sich bewährt in *Beziehungen und in Gemeinschaft*. Der Christ ist überzeugt davon, daß Liebe und Mitgefühl im Umgang mit den Nächsten, aber auch der Umwelt, die Grundlage dafür bildet, daß Gottes Reich in unserer Welt Wirklichkeit werden kann. Nach der Wahrnehmung von sozialen Mißständen motiviert diese Hintergrundüberzeugung zur Suche nach kreativen Lösungen zur Beseitigung von Not und Leid. *Kreativität* ist dabei unerläßlich, da die in der Botschaft Jesu enthaltene Option für die Armen immer neu unter den aktuellen Bedingungen der Zeit und als Antwort auf diese zu realisieren ist.

Hat der Mensch eine lebenstragende Überzeugung für sich gewonnen, gilt es, für diese anderen gegenüber einzustehen. Hierzu sind wiederum *kommunikative Kompetenz und Konfliktfähigkeit* notwendig, die wie schon

---

47 Eid, V., Moralerziehung in pluraler Lebenswelt, 150

48 Maurer, A., Das humanwissenschaftliche Gespräch, 23

bei der Wahrnehmungsfähigkeit *Dialog- und Diskursfähigkeit* und die *Fähigkeit zu widersprechen, aber auch Widerspruch ertragen zu können* umfaßt. Beteiligt er sich an der von *Habermas* geforderten Diskursethik, so gilt: „Lebensweltliche Vorgaben und persönliche Überzeugungen, zu denen beiden das erworbene persönliche Moralkonzept und die Überzeugungen, auch die des christlichen Glaubens gehören, sind nämlich inhaltsbestimmte Voraussetzungen der „Prozedur" ... „Wer am Diskurs teilnimmt, soll nicht - kann es ja auch nicht - von ihnen abstrahieren, wohl aber muß er die aus ihnen abgeleiteten Überzeugungen und Wertungen der vernünftigen Prüfung im Diskurs aussetzen."[49]

Hinter allem Reden und Handeln muß bei einem Christen die aus seiner Überzeugung entspringende und ihn tragende Liebe zu sich selbst, seinem Nächsten, seiner Umwelt und zu Gott spürbar werden. Christliche Überzeugung wendet sich deshalb gegen weit verbreitete Gleichgültigkeit, Resignation, Einsamkeit, Gewaltbereitschaft, Vorurteile, gegen oberflächliches Leben, um gelingende Identität vor dem Hintergrund des christlichen Glaubens zu ermöglichen. Es hilft kein Jammern und kein Zurückziehen angesichts „der Zeichen der Zeit", sondern nur ein überzeugtes Leben in dieser Zeit, um das Reich Gottes spürbar werden zu lassen. Hierfür bedarf es einer situativen Ethik.[50]

IV.2.2.3. Die Basiskompetenz der Verantwortlichkeit und die Verwirklichung von christlich geprägter Solidarität und Liebe

„Verantwortung ist zum ethischen Grundbegriff geworden. Von seinem Wortsinn her bringt er zum Ausdruck, daß das mit ihm Gemeinte nicht in sich selbst steht, sondern eine >Antwort< darstellt. In der Wahrnehmung von Verantwortung antwortet der Mensch auf das, was er ist und was ihm aufgrund dieses Seins auferlegt ist. Verantwortung ist also aus den Grundstrukturen des Menschseins zu erheben; sie steckt als ethisches Implikat in ihnen und muß in ihnen aufgefunden werden. >Antworten< werden aus je verschiedenen Verstehenshorizonten formuliert und unterliegen damit automatisch dem Gesetz der perspektivischen Sichtveren-

49 Eid, V., Moralerziehung in pluraler Lebenswelt, 148

50 vgl. Gruber, H.-G., Familie, 165

gung."[51] Diese Verengung entspricht jedoch der aufgrund der Weltoffenheit des Menschen notwendigen sekundären Weltgeschlossenheit. Die Übernahme des christlichen Glaubens legt den Menschen auf ein Sinnangebot und die ihm entsprechende Lebensgestaltung fest, schließt damit andere Angebote aus, ermöglicht jedoch gleichzeitig die Ausbildung von Identität. Lebensgestaltung erfordert Verantwortung. „In die >Verantwortung< eintreten heißt, die Zeit, in der wir Mensch sein dürfen, annehmen, unter dem angestrengten Einsatz unserer Vernunft, unserer Freiheit und unserer Solidarität ihre menschlichen und technischen Chancen und Gefährdungen wahrnehmen und in ständigem Wettstreit um das je bessere Konzept ihrer menschenwürdigen Gestaltung ringen. Daß darin die sich durchhaltende Grundverbindlichkeit unseres menschlichen Daseins liegt, dies genau meint das Wort >Verantwortung<. In dem Maße, als wir diese Verbindlichkeit übernehmen, werden wir in der Tat >Subjekte verantwortlichen Handelns<, bringen wir uns selbst als Menschen hervor."[52] Der christliche Glaube stellt eine Motivation dar, diese Verbindlichkeit für sich zu bejahen und zu leben.

Für den verantwortungsbewußten Umgang mit dem eigenen Leben, den Mitmenschen und der Umwelt mit all ihren Gefährdungen ist der Einsatz von Vernunft, d. h. ebenfalls wieder *Kognitionsfähigkeit,* unerläßlich. *Kritikfähigkeit*, um notwendigen Handlungsbedarf aufzudecken, aber auch Kritikfähigkeit im Umgang mit dem eigenen Entscheiden und Handeln, ist dafür zu vermitteln, denn der „Mensch als Subjekt seines Handelns muß sich nicht nur selbst in Freiheit zum Handeln entscheiden, sondern hat auch das Bewußtsein, selbst über die Verantwortbarkeit seines Handelns urteilen zu müssen.[53]

Für Mitmenschen Verantwortung zu übernehmen beginnt bei den signifikanten Anderen, d. h. in der primären familialen *Gemeinschaft* mit den sich daraus ergebenden *Beziehungen.*

Um erfahren zu können, daß Erlebtes und Gesehenes, „mich unausweichlich angeht", benötigt der Mensch die Fähigkeit, sich betreffen zu

---

51 Auer, A., Der Mensch als Subjekt verantwortlichen Handelns, in: Leben aus christlicher Verantwortung. Ein Grundkurs der Moral. Herausgegeben von Johannes Gründel. Bd. 1: Grundlegungen, Düsseldorf 1991, 22

52 Auer, A., Der Mensch als Subjekt verantwortlichen Handelns, 29

53 Rotter, H., Person, in: Neues Lexikon der christlichen Moral, herausgegeben von Hans Rotter und Günter Virt, Innsbruck-Wien 1990, 583

lassen. Somit stellt *Empathie* auch für die Verantwortlichkeit eine zu erwerbende spezifische Teilkompetenz dar.

Jedes Zeitalter hat spezifische Probleme, die es verantwortlich zu lösen gilt. Es braucht *Kreativität*, um an die moralischen Probleme unserer Zeit heranzugehen und entsprechend verantwortungsbewußte Lösungen zu finden.

Verantwortlichkeit und christliche Überzeugung als ihre ursächliche Motivation sind kommunikabel und setzen deshalb *kommunikative Kompetenz* voraus. „Verantwortungsbewußt handelt, wem die Bereitschaft, für sein Verhalten Rede und Antwort zu stehen, zur Haltung geworden ist.“[54] Die Fähigkeit dafür in Gespräch, Diskurs, aber auch in *Konflikten* muß sich der Mensch erwerben, wobei die Erziehung ihm Möglichkeiten der Einübung eröffnen kann.

Alle drei Basiskompetenzen sind folglich notwendig für ein Leben aus christlichem Glauben, sowie ein ihm entsprechendes moralisches Handeln. Erst wenn sensible Wahrnehmungsfähigkeit und Überzeugungsbildung zu eigenverantwortlichem Handeln führen, können das christliche Solidaritätsethos und das Gebot der Nächstenliebe verwirklicht werden.

Der Mensch lebt von Anfang an in Beziehungen. Aufgrund seiner ihm angeborenen Intentionalität öffnet er sich zunächst für die signifikanten Anderen und die mit ihnen gegebenen Beziehungen, später auch für einen größeren Kreis von Mitmenschen. Daraus resultiert eine Verantwortlichkeit, die der christliche Glaube als Solidarität und Nächstenliebe deutet. „Verantwortung und Partizipation als Chancen des Subjekts, aktiv in Vernetzung zu leben und zu handeln, aktiv Stand zu gewinnen inmitten einer komplexen, komplizierten und unübersichtlichen Realität, hängen von gezielter Befähigung dazu ab. Von ihrem Gelingen hängt insbesondere die Erfahrung der Verläßlichkeit unserer sozialen Wirklichkeit ab: Es geht um „Vernetzung“ und Nachbarschaft, um die Realisierung solidarischer Gruppen; es geht um Orientierung und Standpunktfestigkeit, die gerechte Liberalität nicht aus-, sondern einschließen.“[55] Der christliche Glaube gibt uns Orientierungshilfe für eine verantwortliche Lebensgestaltung, die z. B. folgende Akzente beinhaltet:

➢ vorurteilsfreies Zugehen auf Fremde, wie es z. B. das Gleichnis vom

---

54 Holotik, G., Verantwortung, in: Neues Lexikon der christlichen Moral, herausgegeben von Hans Rotter und Günter Virt, Innsbruck-Wien 1990, 822

55 Eid, V., Moralerziehung in pluraler Lebenswelt, 168

Barmherzigen Samariter zeigt,

- ausschließliche Orientierung am Menschen, die Jesus in der damaligen Zeit vor allem gegenüber den strengen Gesetzesvorschriften immer wieder betonte oder die
- Bewußtmachung von Leid, das übersehen wird und das verdrängt wird, wie zur Zeit Jesu die Not der Aussätzigen,

um nur einige Beispiele zu nennen.

Im Rahmen dieses Kapitels soll ein Konzept entworfen werden, das eine gezielte Befähigung zu sensibler Wahrnehmung, Überzeugungsbildung und Verantwortlichkeit mit ihren spezifischen Teilkompetenzen im Zusammenhang mit einer christlich geprägten familialen Moralerziehung ermöglicht.

IV.2.2.4. Operationalisierung der Basiskompetenzen mit Hilfe der spezifischen Teilkompetenzen

Die Vermittlung der Basiskompetenzen ist Inhalt des hier vorzustellenden Konzeptes einer christlich geprägten Moralerziehung. Da es sich jedoch zunächst um formale Fähigkeiten handelt, deren Inhalt situationsgebunden ermittelt werden muß, wurden zur Konkretisierung spezifische Teilkompetenzen erarbeitet, deren Verhältnis zu den Basiskompetenzen wie folgt veranschaulicht werden kann:

Inhalt christlich geprägter Moralerziehung
= Vermittlung der Basiskompetenzen:

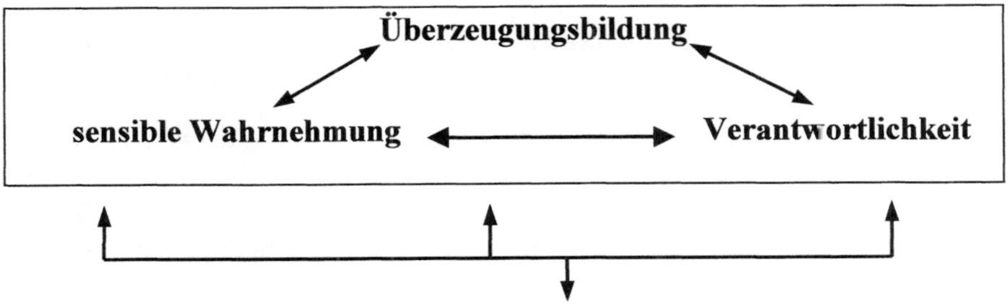

Konkretisierung des Inhalts durch die Vermittlung spezifischer Teilkompetenzen:

- Kognition
- Kritikfähigkeit
- Beziehungs- und
- Gemeinschaftsfähigkeit
- Empathie
- Kreativität
- kommunikative Kompetenz
- Konfliktfähigkeit

Um einem eventuellen Vorwurf gegen die Aufstellung formaler Kompetenzen zu begegnen, sei gesagt, daß formale Fähigkeiten nur inhaltsbezogen vermittelt werden können. Später wird dies an konkreten Beispielen für den familialen Erziehungsbereich verdeutlicht.

Die Vermittlung der genannten Teilfähigkeiten unterstützt, wie oben schon ausführlich erläutert, gleichermaßen den Erwerb aller drei Basiskompetenzen. Sie sind somit notwendige, jedoch noch nicht hinreichende Voraussetzung, um sensibel wahrzunehmen, sich eine Überzeugung zu bilden und verantwortlich zu handeln. Darüber hinaus gilt es, diese Fähigkeiten selbst zu praktizieren und dadurch den Heranwachsenden vorzuleben. Weil Sozialisation und Erziehung an unterschiedlichen Orten stattfindet, sich diese Arbeit jedoch auf den Ort der Familie beschränkt, wird im folgenden christlich geprägte Moralerziehung im Sinne des hier vorgestellten Konzeptes für den Lebens- und Erziehungsbereich der heutigen Familie dargestellt.

IV.3. Die Familie innerhalb ihrer Lebenswelt als Ort der Vermittlung christlich geprägter Moralerziehung

Obwohl die einzelne Familie in unserer westeuropäischen „Kultur" häufig isoliert lebt und sich in der Ausübung der ihr überlassenen Funktionen alleingelassen fühlt, vollzieht sich familiale Sozialisation und Erziehung nicht völlig frei und unabhängig von der sie umgebenden Lebenswelt.

In Kapitel II wurde deshalb die wechselseitige Abhängigkeit der Institution Familie von anderen gesellschaftlichen Institutionen, aber auch die damit gleichzeitig verbundenen Chancen der Einflußnahme aufgezeigt. Der Begriff „Lebenswelt" wird demgegenüber eingeteilt in unterschiedliche Lebensbereiche, die miteinander in Beziehung stehen. Dies entspricht dem Versuch der Konkretisierung, dem das vorliegende Kapitel dient.

Familie als primärer Lebensbereich, der Leben gemeinsam zu gestalten versucht und Entfaltungsmöglichkeiten mit dem Ziel gelingender Identitätsausbildung erschließen will, konkretisiert sich in gelebten Beziehungen. Der einzelne findet sich in diesen Beziehungen, die ihm vorgegeben sind. Hier ereignet sich sowohl Entwicklung, als auch Sozialisation und Erziehung.

Die Beziehungen zwischen den einzelnen Lebensbereichen und die Beziehungen innerhalb eines Lebensbereiches, die die Entwicklung des einzelnen beeinflussen, indem sie sie fördern oder aber behindern, lassen sich am besten mit dem Begriff der Ökologie[56] näher bestimmen. „Man muß sich die *Umwelt*" (= Lebenswelt) „aus ökologischer Perspektive topologisch als eine ineinandergeschachtelte Anordnung konzentrischer, je-

---

56 vgl. hierzu: Bronfenbrenner, U., Die Ökologie der menschlichen Entwicklung. Natürliche und geplante Experimente. Herausgegeben von K. Lüscher. Aus dem Amerikanischen von Agnes Cranach, Frankfurt a. M. 1989

Danach befaßt sich die Ökologie der menschlichen Entwicklung „mit der fortschreitenden gegenseitigen Anpassung zwischen dem aktiven, sich entwickelnden Menschen und den wechselnden Eigenschaften seiner unmittelbaren Lebensbereiche. Dieser Prozeß wird fortlaufend von den Beziehungen dieser Lebensbereiche untereinander und von den größeren Kontexten beeinflußt, in die sie eingebettet sind, 37

weils von der nächsten umschlossener Strukturen vorstellen. Diese Strukturen werden als *Mikro-, Meso-, Exo- und Makrosysteme* bezeichnet"[57].

IV.3.1. Der familiale Lebensbereich als Mikrosystem

Familie als Lebensbereich „ist ein Ort, an dem Menschen leicht direkte Interaktion mit anderen aufnehmen können. *Tätigkeit (oder Aktivität), Rolle* und *zwischenmenschliche Beziehung*, sind die *Elemente* (oder Bausteine) des Mikrosystems.[58] Diese Elemente vollziehen sich meist ohne Intention und sind deshalb vorwiegend dem Bereich der Sozialisation zuzurechnen. Der Richtungsverlauf der Entwicklung aller daran Beteiligten - der Prozeß wirkt auch auf die Eltern zurück und beeinflußt deren Weiterentwicklung - hängt entscheidend davon ab, wie die genannten Elemente von den einzelnen gelebt und erlebt werden. Interaktion findet hier statt sowohl innerhalb einzelner Beziehungen, als auch innerhalb der Familie in ihrer Gesamtheit.

Neben der Sozialisation ereignet sich hier in entscheidendem Maße Erziehung, weil Eltern für ihre Kinder bestimmte Ziele verfolgen. Da ethisches und religiöses Lernen meist „als nicht-organisierter, ja als ungeplanter Vorgang" abläuft, hat moralische Erziehung im Kontext des christlichen Glaubens „angesichts von Sozialisation und in Auseinandersetzung mit Sozialisationsprozessen zu erfolgen." Dabei wird geplante, „aber nicht organisierte ethische Erziehung ... von Personen geleistet, die das Leben von Kindern oder jungen Menschen >begleiten<. Sie ist im wesentlichen ein Bereitstellen von Erfahrungsmöglichkeiten, ein Hinweisen und ein begleitendes oder nachträgliches Interpretieren."[59] Die Familie besitzt die Chance für diesen Prozeß, lebt dabei jedoch nicht im luftleeren Raum, sondern in einer sie umgebenden Lebenswelt, die - wiederum in einzelne Segmente untergliedert - formal wie inhaltlich den familialen Lebens- und Erziehungsbereich beeinflußt.

---

57 Bronfenbrenner, Urie, Die Ökologie, 38

58 Bronfenbrenner, Urie, Die Ökologie, 38
Hier ist auch folgende Definition zu finden:
„Ein Mikrosystem ist ein Muster von Tätigkeiten und Aktivitäten, Rollen und zwischenmenschlichen Beziehungen, die die in Entwicklung begriffene Person in einem gegebenen Lebensbereich mit den ihm eigentümlichen physischen und materiellen Merkmalen erlebt."

59 Stachel, G. in: Stachel, G./D. Mieth, ethisch handeln lernen, 46

IV.3.2. Die Familie und ihre Mitglieder in Abhängigkeit von anderen Lebensbereichen

Durch die Segmentierung unserer Lebenswelt lebt heute kein Mensch nur in einem einzigen Lebensbereich und wird deshalb auch innerhalb der Familie von außen beeinflußt. Für Kinder und Heranwachsende sind das z. B. die Lebenswelten des Kindergartens, der Schule und der Peergroups, für Erwachsene die des Bekanntenkreises und des Arbeitsbereiches. Die „Wechselbeziehungen zwischen den Lebensbereichen, an denen die sich entwickelnde Person aktiv beteiligt ist" umfaßt ein Mesosystem, das „somit ein System von Mikrosystemen" darstellt. „Es wird gebildet oder erweitert, wenn die sich entwickelnde Person in einen neuen Lebensbereich eintritt. Außer dieser Primärverbindung kann es noch viele andere Verbindungen geben: andere Personen, die aktiv an beiden Lebensbereichen teilnehmen; vermittelnde Verbindungen im sozialen Netzwerk; formelle und informelle Kommunikationen zwischen den Lebensbereichen; und auch (...) Ausmaß und Beschaffenheit der Kenntnisse, die in einem Lebensbereich über den anderen, und der Einstellungen, die zu ihm bestehen."[60]

Es darf jedoch nicht übersehen werden, daß Lebensbereiche das Leben des einzelnen beeinflussen, an denen er selbst nicht aktiv beteiligt ist. Über Personen, mit denen wir in Verbindungen stehen, wirken Lebensbereiche, in denen sie leben, auf uns ein. Dieser Zusammenhang wird als Exosystem[61] bezeichnet.

Alle bisher genannten Systeme (Mikro-, Meso-, und Exo-) besitzen eine „grundlegende formale und inhaltliche Ähnlichkeit, (...) , die in der Subkultur oder der ganzen Kultur bestehen oder bestehen könnten, einschließlich der ihnen zugrunde liegenden Weltanschauungen und Ideologien."[62] Dies wird mit dem Begriff des Makrosystems bezeichnet. Die christliche Weltanschauung als Grundlage unserer westlichen Kultur, ist deshalb anhand bestimmter Kenntnisse in den kleineren Lebensbereichen noch greifbar, inwieweit diese Kenntnisse zur gelebten Überzeugung werden, hängt entscheidend von der Sozialisation und Erziehung, vor allem des primären Lebensbereiches der Familie ab.

---

60 Bronfenbrenner, U., Die Ökologie, 41-42

61 "Unter Exosystem verstehen wir einen Lebensbereich oder mehrere Lebensbereiche, an denen die sich entwickelnde Person nicht selbst beteiligt ist, in denen aber Ereignisse stattfinden, die beeinflussen, was in ihrem Lebensbereich geschieht, oder die davon beeinflußt werden." (Bronfenbrenner, U.: a.a.O. 42)

62 Bronfenbrenner, U., Die Ökologie, 42

So kann und darf familiale Erziehung nicht isoliert für sich allein betrachtet werden. „Vielmehr bestehen komplexe Verflechtungen zwischen Familie und Gesellschaft. Familie baut ihre Wertorientierungen, ihre Erziehungsstile und Ziele nicht familienintern auf, sondern unterliegt in erheblichem Maße der Außensteuerung durch außerfamiliale Erziehungsträger. Das schließt nicht aus, daß Familien auf Außenerwartungen schichtspezifisch und individuell unterschiedlich reagieren und Teilaspekten, wie z.B. (...) der Erziehung zur Selbständigkeit“ oder „dem Sozialverhalten (...) unterschiedliche Bedeutung beimessen.“[63]

IV.3.3. Familie als Lebensbereich der Primärsozialisation und Erziehung - Hineinwachsen in Lebenswelt

Im Bereich des christlichen Glaubens wurde und wird ein zunehmender Religionsverlust - im Sinne institutioneller Religiosität - und Wertverfall beklagt, deren Ursachen ebenfalls im Makrobereich zu suchen sind. So gibt es dominante „Makro-Voraussetzungen, die derzeit Familien eher dazu veranlassen, zu einer sensibilitäts-resistenten Durchsetzungsfähigkeit anzuleiten“[64], als im Sinne Jesu Solidarität und Nächstenliebe durch die Förderung der Basiskompetenzen der sensiblen Wahrnehmung, der Überzeugungsbildung und der Verantwortlichkeit zu leben.

Gleichzeitig begünstigt der Makrobereich kosumistisches Verhalten, so daß eine „erhebliche Anspruchsmentalität ... das Bewußtsein“ hindert „für die Gestaltung des Sozialen (Gemeinwohl) mit-verantwortlich zu sein. Es sind ein starkes Erlebnisbedürfnis und eine starke Erlebnisbereitschaft zu erkennen, die durchaus zu kritischer Wahrnehmung und auch zum Mitleiden führen können, sich damit aber meist auch schon begnügen“.[65]

Bei allen negativen Tendenzen, die von der Lebenswelt (im Sinne des Makro-Bereichs) auf die Familie einwirken und sie in ihrem Zusammenleben, als auch in Erziehung und Sozialisation beeinflussen, versuchen Eltern ihren Kindern „Lebens-Sinn“ und ihre Vorstellung von einem gelingenden Leben zu vermitteln. Dies kann im weitesten Sinne als religiöse und moralische Erziehung verstanden werden. „Eine Familie kann“ jedoch

63 Süssmuth, R., Familiale Kompetenz - eine vernachlässigte Dimension der Familienerziehung, in: Vierteljahresschrift für wissenschaftliche Pädagogik 54 (1978), 232

64 Eid, V., Moralerziehung in pluraler Lebenswelt, 166

65 Eid, V., Moralerziehung in pluraler Lebenswelt, 151

„kein Kind erziehen, ohne auch von ihm erzogen zu werden. Sein Heranwachsen besteht aus einer Seite von Herausforderungen an sie, seinen neu sich entwickelnden Möglichkeiten zu sozialer Interaktion dienstbar zu sein."[66]

Versteht man Sozialisation und Erziehung als Hineinwachsen in Lebenswelt, ist jedoch davon auszugehen, daß der von den Eltern weitergegebene Lebenssinn meistens nicht mit den Sinnüberzeugungen institutioneller Religionen übereinstimmt. Statt dessen wählt man je nach Lebenslage aus unterschiedlichen Weltanschauungen aus, was man für sich als richtig erachtet. „Man ist gläubig, aber wie nach der Speisekarte; man bewahrt dieses Dogma, jenes wird verworfen; man vermengt die Evangelien mit dem Koran, mit dem Zen oder dem Buddhismus. Die Spiritualität ist in das schillernde Zeitalter der Supermärkte und der Selbstbedienungsläden eingetreten. Der „turn-over", die allgemeine Verunsicherung, behandelt das Heilige genauso wie die Arbeit und die Mode; eine zeitlang Christ, einige Monate Buddhist, ein paar Jahre Schüler von Krishna oder von Maharaj-ji".[67]

Ein anderer großer Teil unserer Bevölkerung stellt die Sinnfrage (Sinnstiftungsproblematik) nicht mehr. Weit verbreiteter Aktionismus hilft dabei, denn dadurch bleibt vielen keine Zeit mehr zur Ruhe oder zum Nachdenken. „Wenn man sich überlegt, wieviel an Zeit dem Normalbürger noch verbleibt, wenn man die Stunden zusammenzählt, die er im Berufsleben, vor dem Fernseher und im Auto - wo es ja auch Action gibt - verbringt, dann kann man sich nur fragen, wann er denn eigentlich noch darüber nachdenken soll, wie bzw. ob überhaupt „unbestimmte in bestimmte oder doch bestimmbare Komplexität transformiert" werden kann bzw. muß. Man kann sich offensichtlich sehr gut auf den „niederen" Sinnebenen einigeln und muß die Ebene von Sinnstiftung, die traditionellerweise von Religion besetzt wurde, überhaupt nicht betreten."[68]

---

66 Erikson, Wachstum und Krisen, 61

67 Barz, H., Religion ohne Institution? Eine Bilanz der sozialwissenschaftlichen Jugendforschung. Bd.1, Opladen 1992, 73; Barz zitiert hier Duvignaud nach Cousin, Pierre: Religiöse Bestrebungen junger Gymnasiasten. In: Nembach, Ulrich (Hg.), Jugend und Religion in Europa, Frankfurt a.M. u.a. 1987, 67

68 Barz, H., Religion ohne Institution?, 132; Barz zitiert hier Döbert, R., Sinnstiftung ohne Sinnsystem? Die Verschiebung des Reflexionsniveaus im Übergang von der Früh- zur Spätadoleszenz und einige Mechanismen, die vor möglichen Folgen schützen. In: Fischer, W./Marhold, W., Religionssoziologie als Wissenssoziologie. Stuttgart u.a. 1978, 72

Somit werden die Kinder in der Familie heute nicht mehr selbstverständlich in den christlichen Glauben sozialisiert. Es ist jedoch auch nicht mehr ersichtlich, „daß die Erziehung in der Familie bei heutigen Jugendlichen das ethische Lernen angemessen auslöst und steuert, weil die Familie auf diesem Gebiet“ anscheinend „weder über ausreichende ethische, noch über didaktische Kompetenz verfügt. Daß die Lebensführung der Eltern, das Maß der Ordnung im Familienleben, die Anregung, die vom beruflichen Leben der Eltern, vom familiären Umgang und von der Freizeitgestaltung ausgehen, die Entwicklung des Ethos junger Menschen mitprägen“ ist selbstverständlich. „Dies ist aber ... nicht eine Leistung der Erziehung, sondern der Sozialisation.“[69]

Zu fragen ist, wie die Familie heute inmitten ihrer Lebenswelt einerseits christliche Überzeugung vermitteln und andererseits in ihrem Kontext zu moralisch verantwortetem Leben im Sinne der drei Basiskompetenzen erziehen kann.

Zur Veranschaulichung wird die Skizze zur Vermittlung der Basis- und Teilkompetenzen wie folgt ergänzt:

Inhalt christlicher Moralerziehung

= Vermittlung der Basiskompetenzen:

(siehe Skizze auf der nächsten Seite)

---

69 Stachel, G. in: Stachel, G./D. Mieth, ethisch handeln lernen, 40-41

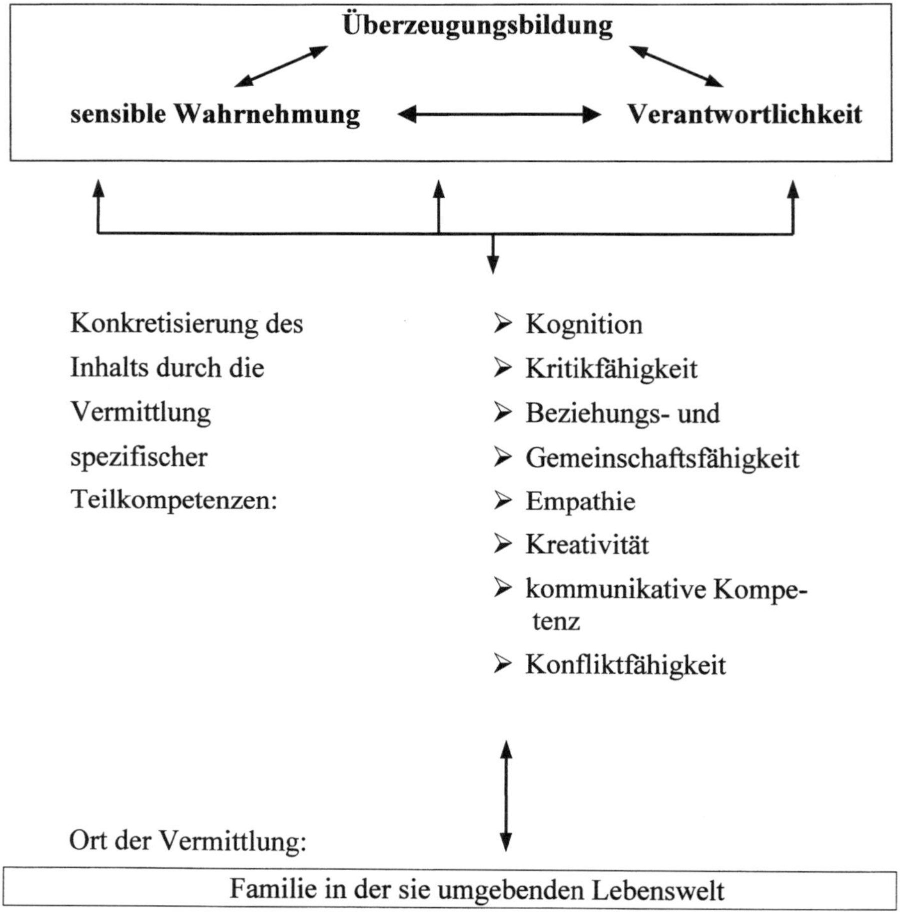

IV.3.3.1. Die moderne Familie im Kontext des christlichen Glaubens

Wenn Eltern aus Überzeugung ihren Kindern den christlichen Glauben vorleben und weitergeben, stellt dies nur einen spezifischen Teilbereich der Lebenswelt dar, der zu anderen Lebensbereichen oft sogar im Widerspruch steht. Für denjenigen, der den christlichen Glauben jedoch für sich aus Überzeugung übernommen hat, wird sein Glaube in alle Teilbereiche, in denen er lebt und an denen er aktiv teilnimmt, hineinwirken und sein Leben insgesamt prägen und mitbestimmen. Es muß dabei die

Chance der Freiheit, die vielleicht erst durch den Pluralismus in vollem Umfang gegeben ist, genutzt werden, den christlichen Glauben inmitten dieser Lebenswelt mit all ihren Teilbereichen bewußt zu leben. Wir sind Menschen dieser Epoche und wir können uns ihr nicht durch Isolierung und Abschottung entziehen. Durch die wechselseitige Beeinflussung der einzelnen Teilbereiche werden alle Menschen von der gesamten Lebenswelt geprägt. Es ist die Aufgabe aller, auch der Christen, diese Lebenswelt bewußt mitzugestalten.Für das Leben und die Weitergabe des christlichen Glaubens ist es jedoch wichtig, daß die einzelnen Familien dies nicht isoliert für sich versuchen, sondern in die größere Gemeinschaft der christlichen Gemeinde eingebunden sind. Christliche Gemeinde kann in unserer pluralen Lebenswelt allerdings nicht mehr „nach den Mustern traditioneller pastoraler Selbst-Verständlichkeiten gestaltet werden, soll sie heute die solidarische Gruppe sein, in der christlicher Glaube sich zeigt, erschließt und sich in je neuer Weise mitteilt. Sie bedarf einer Struktur und Praxis kommunikativen Handelns, weil, (...), erst Partizipation und Verantwortung aller die Realisierung des Glaubens inmitten pluraler Lebenswelt ermöglichen, damit auch die Weitergabe der moralischen Optionen und Perspektiven christlichen Glaubens".[70] Christliche Gemeinde müßte dafür „solidarisch nach „innen" durch offene partizipative Kommunikation ohne jeden System- oder „ordo"-Druck, *zugleich* solidarisch in partizipativer Vernetzung *in* (nicht „mit"!) der Gesellschaft" sein.[71]

Dies bedarf einer grundlegenden Befähigung aller Beteiligten. Bei der Vermittlung des christlichen Glaubens an die Kinder durch die christliche Gemeinde stehenzubleiben, wäre realitätsfern, da auch für viele Eltern der christliche Glaube keine gelebte Überzeugung mehr darstellt. Es geht deshalb nicht darum, Eltern Erziehungshilfen anzubieten, sondern ihnen selbst Möglichkeiten der Glaubenserfahrung zu eröffnen. Der christliche Glaube als Überzeugung muß vom einzelnen bewußt übernommen werden und somit muß auch die Weitergabe des christlichen Glaubens sich an den konkreten einzelnen Menschen richten.

Dabei muß von einer christlich geprägten Familie mit ihren tatsächlich vorhandenen Chancen für familiale Moralerziehung ausgegangen werden. Um diese zu optimieren, wäre es wünschenswert, sollen die aufgezeigten Möglichkeiten nicht in Bezug auf die vorherrschende Realität Utopie bleiben, in Zukunft im Bereich der Moraltheologie und -pädagogik

---

70 Eid, V., Moralerziehung in pluraler Lebenswelt, 171

71 Eid, V.: Moralerziehung in pluraler Lebenswelt, 172

verstärkt Modelle der Eltern- und Erwachsenenkatechese zu entwickeln. Den Rahmen der vorliegenden Arbeit würde dies sprengen.

IV.3.3.2. Die Familie als Ort der Vermittlung christlich geprägter Moralerziehung

Wenn Eltern aus Überzeugung den christlichen Glauben für sich übernommen haben und versuchen ihre Kinder in diesen Glauben „hineinwachsen" zu lassen, müssen sie aus dieser Überzeugung heraus ihr Leben und ihre Beziehungen gestalten. Es geht dabei um die Verwirklichung der moralischen Optionen Jesu in unserer Zeit. Als relevant dafür haben sich die Basis- und ihre spezifischen Teilkompetenzen erwiesen, die es in der Familie zu vermitteln gilt.

Die Familie besitzt als Primärgruppe die Möglichkeit, mit ihrer emotionalen Dichte der Beziehungen, Solidarität und Nächstenliebe ,dem Ethos Jesu entsprechend, in einzigartiger Weise zu praktizieren und den Kindern dadurch *Gemeinschafts- und Beziehungsfähigkeit* zu ermöglichen.

Allen Weltproblemen, „die sich zu einer globalen, miteinander verflochtenen Global-Krise ausweiten" - man denke hier z. B. an die Krise auf dem Balkan, aber auch die „BSE-Krise" - „liegen Beziehungsstörungen oder gar -zerrüttungen zugrunde, nämlich natur- und menschenfeindliche Herrschafts- und Machtstrukturen. Sollen sie verändert werden, bedarf es der Veränderung der sie tragenden Menschen. Ohne deren Veränderung gibt es keine Veränderung." Daran werden auch Bomben nichts ändern. „Die Welt braucht beziehungsfähigere Menschen. Es gibt heute kein notwendigeres Entwicklungs- und Erziehungsziel als das der Beziehungsfähigkeit. Und es gibt kein religiöseres und kein christlicheres und kein dem Wesen des Menschen gemäßeres."[72]

Beziehungsfähigkeit schließt *Empathie* im Sinne von Anteilnahme mit ein, d. h. die Sensibilität mit einem anderen Menschen mitempfinden, mitleiden, aber auch sich mitfreuen zu können.[73] Kinder lernen dies in der Familie, indem sie spüren und erfahren dürfen, daß ihre Eltern mit ihnen empfinden und sich mit ihnen freuen.

---

72 Esser, W. G., Gott reift in uns. Lebensphasen und religiöse Entwicklung, München 1991, 21

73 vgl. hierzu Esser, W. G., Gott reift in uns, 127

Dies ist die Voraussetzung für eine Empathie mit den Notleidenden und den Ausgegrenzten, wie sie Jesus vorgelebt hat. In unserer medialen Zeit darf diese Empathie nicht nur auf die uns unmittelbar begegnende Not begrenzt bleiben, sondern muß ausgeweitet werden auf das durch die Medien mittelbar wahrgenommene Leid: dem Elend von gefolterten, vertriebenen und flüchtenden Menschen dürfen wir nicht gleichgültig zuschauen.

So wie die Lebenswelt um uns herum stellt das Familienleben oft keine „Heile Welt" und reine Harmonie dar. Gerade hier treffen auf engstem Raum unterschiedlichste Interessen aufeinander, die zu Konflikten führen. Sie produktiv auszutragen, fördert die *Konfliktfähigkeit* aller Beteiligten. Sowohl christlicher Glaube, als auch überzeugtes moralisches Handeln muß Konflikte aushalten können und sich in ihnen bewähren.

Der Umgang mit den wachsenden globalen Problemen erfordert die Suche nach kreativen Lösungen. Diese Fähigkeit zur *Kreativität* gilt es ebenfalls schon im familialen Zusammenleben zu entwickeln gegen Eintönigkeit und Langeweile, gegen die Vereinnahmung durch Werbung und Konsumverhalten, gegen die Vermassung durch die Medien, gegen die Standardisierung der Lebensläufe.

Um diese Tendenzen überhaupt wahrnehmen zu können, ist die Entwicklung von *Kognition und Kritikfähigkeit* relevant. Grundlage hierfür bildet eine autoritative familiale Erziehung, die „Autorität ein- , das Autoritäre jedoch ausschließt" und dabei „Emanzipation und Integration zugleich" fördert.[74]

Wichtig für das Gelingen jeder Beziehung und Gemeinschaft ist die *kommunikative Kompetenz* ihrer Mitglieder. Eine der Hauptursachen für das Scheitern so vieler Ehen ist die Unfähigkeit der Partner miteinander zu kommunizieren und dabei dem anderen genau zuzuhören und ihn ernst zu nehmen. „Das echte Gespräch und so jede aktuale Erfüllung der Beziehung zwischen Menschen, bedeutet Akzeptation der Anderheit. Wenn zwei Menschen einander ihre grundverschiedenen Meinungen über einen Gegenstand mitteilen, jeder in der Absicht, seinen Partner von der Richtigkeit der eignen Betrachtungsweise zu überzeugen, kommt im Sinne des Menschseins alles darauf an, ob jeder den andern als den meint, der er ist, bei allem Einflußwillen also ihn doch in seinem Dieser-Mensch-sein, in seinem So-beschaffen-sein rückhaltlos annimmt und bestätigt. Die Strenge und Tiefe der menschlichen Individuation, das elementare Anderssein des

74 Mieth, D. in: Stachel, G./ D. Mieth, ethisch handeln lernen, 18

Andern, wird dann nicht bloß als notwendiger Ausgangspunkt zur Kenntnis genommen, sondern von Wesen zu Wesen bejaht. Einflußwille bedeutet dann nicht die Bestrebung den andern zu ändern, ihm meine eigne „Richtigkeit" einzupfropfen, sondern die, das als richtig, als recht, als wahr Erkannte, das ja eben darum auch dort, in der Substanz des andern angelegt sein muß, dort, eben durch meinen Einfluß, in der der Individuation angemessenen Gestalt aufkeimen und erwachsen zu lassen."[75] Werden in der Familie Gespräche auf diese Art und Weise gemeinsam mit den heranwachsenden Kindern geführt, ist es möglich, kommunikative Kompetenz zu erwerben und zu fördern.

Der christliche Glaube als Motivationskraft wirkt in die Gestaltung des familialen Zusammenlebens so hinein, daß die genannten Kompetenzen sich entwickeln können und mit ihrem Erwerb zu einem gelingenden Leben beitragen können. Eine gelingende Identitätsausbildung stellt die Zielperspektive jeder Art von Erziehung dar.

IV.4. Gelingende Identitätsausbildung als Ziel familialer Moralerziehung im Kontext des christlichen Glaubens

Identität im Sinne der vier Komponenten - Autonomie, Individualität, Identifikation mit sich selbst und Einheit - ist, wie im vorangegangenen Kapitel aufgezeigt wurde, inhärentes Ziel der moralischen und religiösen Entwicklung des Menschen. Mit Hilfe des Erwerbs der Basis- und ihrer Teilkompetenzen versucht christlich motivierte familiale Moralerziehung, den Heranwachsenden bei einer gelingenden Identitätsausbildung zu unterstützen. Sie kann immer nur als ein Angebot an die aufgrund der vorhandenen Intentionalität des Menschen aktive moralische und religiöse Entwicklung im Sinne der vorgestellten Stufentheorien verstanden werden.

Obwohl die Identitätsausbildung ein lebenslanger Prozeß ist, muß sich die Erziehung, die immer auf Zukunft hin orientiert ist, messen lassen an der momentanen situationsgebundenen gelingenden oder aber mißlingenden Identitätsausbildung der Kinder.

Die oben vorgestellte Skizze zum Prozeß familialer Moralerziehung im Kontext des christlichen Glaubens ist durch die Zielperspektive der ge-

---

75 Buber, M., Urdistanz und Beziehung. Beiträge zu einer philosophischen Anthropologie. Heidelberg 1978, 30-31

lingenden Identitätsausbildung zu ergänzen und kann dementsprechend wie folgt dargestellt werden:

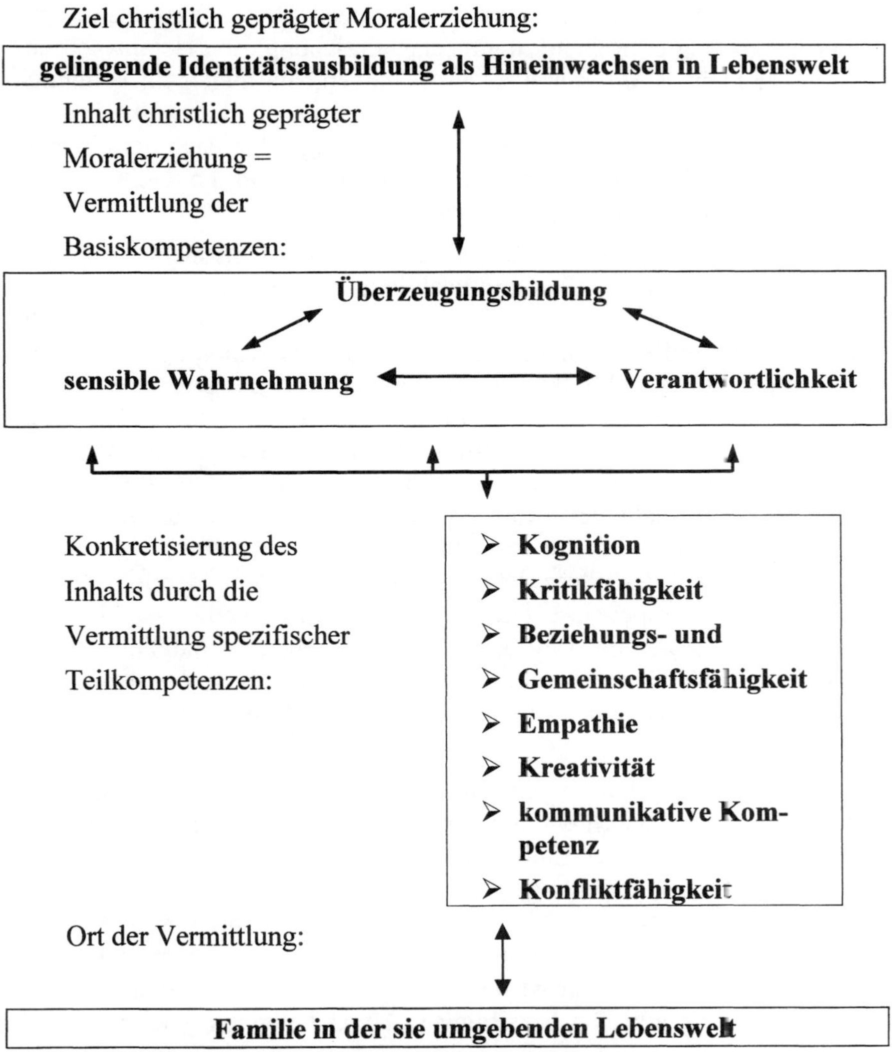

IV.4.1. Identitätsausbildung als Hineinwachsen in Lebenswelt innerhalb der Familie

Jeder Mensch wächst allmählich in seine Lebenswelt hinein. Sozialisation und Erziehung unterstützen diesen Prozeß. Die stufenweise moralische Entwicklung ermöglicht moralischer Erziehung, den Heranwachsenden immer mehr in die moralischen Vorgaben, die allgemein geltenden Normen und die als wichtig erachteten Werte seiner Lebenswelt einzuführen. Durch die stufenweise religiöse Entwicklung öffnet sich der einzelne für die religiöse Überzeugungen seiner Umgebung und die damit verbundenen Erziehungs- und Sozialisationsprozesse.

Das Hineinwachsen in Lebenswelt bedeutet jedoch nicht Konformität. Um kritikfähig zu werden und nach kreativen Alternativen suchen zu können, bedarf es zunächst der Kenntnis der Lebenswelt. „Lebensweltliche Vorgaben und persönliche Überzeugungen, zu denen beiden das erworbene persönliche Moralkonzept und die Überzeugungen, auch die des christlichen Glaubens gehören, sind nämlich inhaltsbestimmte Voraussetzungen“[76], mit denen man sich mittels der Vernunft (Kognition) ab einem bestimmten Entwicklungsstand kritisch auseinandersetzen kann. Doch auch in die Kritikfähigkeit muß dem Alter entsprechend immer wieder neu eingeübt werden. Hierfür ausschlaggebend ist im Rahmen der Familie der Erziehungsstil der Eltern. Die Zielkomponenten der Identität und die Basis- und Teilkompetenzen lassen sich nicht mit einem autoritären Erziehungsstil vereinbaren. Eine autoritative Erziehung ermöglicht es den Kindern, selbständig zu werden, sie kann Kritik zulassen und hilft den Heranwachsenden dadurch, autonom im Sinne gelingender Identitätsausbildung zu werden.

Während in der Familie das Hineinführen in Lebenswelt vorwiegend durch Sozialisation geschieht und damit moralisches Lernen oft ungeplant erfolgt, bedarf es bei der Einübung der spezifischen Kompetenzen konkreter intentionaler Erziehung, jedoch unter Berücksichtigung der ungeplanten Vorgänge. Moralische „Erziehung hat angesichts von Sozialisation und in Auseinandersetzung mit Sozialisationsprozessen zu erfolgen.“ Für den familialen Bereich ist deshalb festzuhalten, daß geplante, „aber nicht-organisierte ethische Erziehung (...) von Personen geleistet“ wird, „die das Leben von Kindern oder jungen Menschen >begleiten<. Sie ist

---

76 Eid, V., Moralerziehung in pluraler Lebenswelt, 148

im wesentlichen ein Bereitstellen von Erfahrungsmöglichkeiten, ein Hinweisen und ein begleitendes oder nachträgliches Interpretieren.“[77]

IV.4.2. Christliche Identitätsausbildung durch Hineinwachsen in den christlichen Glauben

Identität, die vom christlichen Glauben her motiviert und getragen wird, bildet sich, wie jede Art von Identität, durch Hineinwachsen in die christliche Überzeugung.

IV.4.2.1. Versuch einer theologischen Verankerung des Identitätsbegriffs

Der Identitätsbegriff ist von Seiten der Religionspädagogik in einen übergeordneten theologischen Rahmen einzuordnen.

Noch im Mittelalter wurden selbstverständliche Gewißheiten durch das Hineinwachsen in größere Gruppen garantiert. Heute kann durch zunehmende Individualisierung keine kollektive Identität mehr angestrebt werden. Vielmehr muß der einzelne mit Hilfe seiner Vernunft eine identitätsfördernde Überzeugung für sich übernehmen. „Aus der Stammes-, Stände-, Gruppenidentität ist durch Subjektivierung und Individualisierung das ungesicherte und ungeschützte Einzelwesen herausgetreten, dem sein Selbstbewußtsein zur Aufgabe wird.“[78]

Identität gewinnt er dabei immer in und durch Vernetzung in Beziehungen. So geht z. B. das Ich aus der Mutter-Kind-Beziehung hervor, „das aus allerersten Anfängen heraus seine Identität jeweils gestaltet, ausdifferenziert und aufrechterhält.“[79] Wenn hier von Beziehungen die Rede ist, so sind immer konkret gelebte Beziehungen gemeint. „Das, was Kinder an Lebensformen und Lebenseinstellungen in der Familie erfahren, vermittelt sich ihnen in der Regel über eine bestimmte Lebenspraxis. Die Art und Weise, wie in der Familie miteinander gesprochen und gehandelt wird,

77 Stachel, G. in: Stachel, G./D. Mieth, ethisch handeln lernen, 46

78 Fraas, H.-J., Glaube und Identität, 51

79 Fraas, H.-J., Glaube und Identität, 48; Fraas beruft sich hier auf Krappmann.

wie auf Probleme reagiert und diese gelöst werden, prägt sich Kindern tiefer ein als das, was über diese Beziehungen gesagt wird."[80]

Menschliche Beziehungen selbst sind jedoch immer bedingt durch die Lebenswelt und andere Menschen. Sie können scheitern und enden. In schmerzlich empfundenen Identitätskrisen stellt sich deshalb die Frage nach der letzten Ermöglichung, der Quelle von Identität und damit auch nach dem letzten Sinn unseres Lebens und Handelns.

Für die christliche Theologie stellt diesen Ursprung von Identität der personale Gott Jesu Christi dar, der uns die Freiheit der Identitätsausbildung, jedoch in Rückbindung an unsere Eigenverantwortung, überläßt und zutraut. „Die Ich-Identität ist im Rahmen der theologischen Anthropologie letztlich durch die - sei es implizite oder explizite - Gottesbeziehung konstituiert. ...Die Identitätsbalance in ihrem Gelingen wie in ihrem Scheitern geschieht im Rahmen der Gottesbeziehung als der Urrolle des Menschen, in der voraussetzungslos gewährte Identität gegeben ist, die die notwendigen zwischenmenschlichen Akte vorab ermöglicht. Die Annahme dieser letzten Bedingtheit befreit aus der Abhängigkeit sekundärer Bedingtheiten, die bewußt oder unbewußt, mit dem Versuch des Aus-sich-selbst-Lebens einhergehen; umgekehrt kann in der Annahme des Scheiterns, in der Annahme der Nicht-Identität die eigentliche Identität als geschenkte erfahren werden."[81]

So konstituiert im Alten Testament die Beziehung des Volkes Israel zu Jahwe Gruppenidentität. Doch auch hier schon bewirkt die Erfahrung des Glaubens an Gott eine Motivation, die einzelne als Hintergrund für ihre gesamte Lebensgestaltung wirksam werden lassen, so z. B. Moses oder die Propheten. Im Neuen Testament führt Jesus diese Linie fort. Seine Identität gewinnt er vollständig aus dem Glauben an Gott, dieser stellt die Grundmotivation für sein gesamtes Handeln im Sinne eines Indikativs, einer Selbstverständlichkeit dar. "Identisch ist er mit sich selbst, indem er mit Gott identisch ist („nicht mein, sondern dein Wille geschehe"). ... Im Gebetsschrei am Kreuz ist die Identität aufs äußerste in Frage gestellt, aber in der Anrufung Gottes ist sie als in Gott gegründete aufrechterhalten; gerade in der durch den Tod zu erwartenden Nichtidentität erweist sich die wahre Identität als die in Gott gründende, was dann im Wort von der Auferweckung seinen anschaulichen Ausdruck findet. Konsequenterweise bedeutet für die Jünger Jesu das Kreuz den Verlust der

---

80 Süßmuth, R., Familiale Kompetenz , 236

81 Fraas, H.-J., Glaube und Identität, 55-56

Identität und Ostern deren Wiedergewinnung: Der Auferstandene ist der Gekreuzigte - die Bezeugung dieser Identität ist ein Kernstück urchristlicher Verkündigung."[82]

Die Identität, die der Mensch durch seinen Glauben als von Gott zugesprochen erfährt, wird aufgrund seiner sozialen Vernetzung durch das überzeugte und überzeugende Leben anderer Menschen an ihn vermittelt. Es besteht deshalb immer eine „Spannung zwischen theologisch-transzendentaler Begründung von Identität einerseits und ihrem sozialen Vermitteltsein andererseits."[83]

Erfahren Identität und ihre vier Komponenten - Autonomie, Einheit, Identifikation mit sich selbst und Individualität - ihre Letztbegründung und eigentliche Motivationskraft aus dem Glauben, so gilt es im folgenden der Frage nachzugehen, wie Religionspädagogik Erfahrungsmöglichkeiten des christlichen Glaubens unter heutigen Bedingungen eröffnen kann.

IV.4.2.2. Konsequenzen für eine christliche Erziehung

Zunächst müssen die Erzieher im Rahmen der Religionspädagogik die heutigen Bedingungen, unter denen die Weitergabe des Glaubens stattfindet, bzw. der Glaube als persönliche Überzeugung übernommen wird, realistisch einschätzen, denn es gilt, den Glauben zwar in Rückbindung an die biblische Botschaft, aber den Lebensverhältnissen unseres Zeitalters entsprechend zu leben und in diese Zeit hineinzuwirken. In seiner konkreten Lebenswelt müssen dem Heranwachsenden Erfahrungsmöglichkeiten für eine gelingende Identitätsausbildung aus dem Glauben eröffnet werden. Relevant hierfür ist ein vorbild- oder modellhaftes Leben des Erziehers. „Kinder erfahren an uns das uns tatsächlich Bestimmende, das für uns *tatsächlich* (und letztlich) Verheißungsvolle; und sie erfahren es - ursprünglich und zutiefst bestimmend - *zusammen mit uns.* Sie erfahren es nicht eigentlich an dem, was wir ihnen vorsagen und vorleben wollen, sondern an dem, was wir ihnen faktisch vorleben; an dem, was sie

82 Fraas, H.-J., Glaube und Identität, 57
83 Fraas, H.-J., Glaube und Identität, 58

an unserer Art zu leben, erspüren, an dem, was von uns ausgeht. Sie erfahren es daran, *wie sie uns erfahren.*“[84]

In Hinblick auf die oben ausgeführte theologische „Reflexion zum Identitätsbegriff“ muß jedoch auch immer „die Bedingtheit, der Ermöglichungsgrund sozialer Beziehungen mitvermittelt werden. Die Grunderfahrung der eigenen Bedingtheit in Gestalt des Gottesglaubens drückt sich im Zusammenhang symbolischer Aussagen und ritueller Handlungen aus (...). In dem spezifischen System von Symbolen und Handlungen, in denen die christliche Glaubenserfahrung sich niedergeschlagen hat, werden die sozialen Beziehungen transparent und weisen auf den sie tragenden Grund hin. Diese Transparenz vermag, sofern sie erlebnismäßig realisiert ist, die biographisch zwangsläufige Relativierung sozialer Beziehungen und die damit verbundene Identitätsminderung aufzufangen. Denn die Relativierung, sei es durch Schicksal (im Extremfall der Tod der Bezugsperson) oder Schuld (das Versagen, das Sich-Versagen, das Schuldigbleiben an Zuwendung), die Störanfälligkeit des Sozialen macht es frag-“würdig“, transparent auf den größeren, das Soziale bedingenden Zusammenhang hin, das von dort her auch seine Kritik erfährt. Denn die Gottesbeziehung ist nicht einfach die Verlängerung (Projektion) der sozialen Beziehungen; sie ist als deren Ermöglichungsgrund zugleich ihre Infragestellung und Kritik“[85].

Damit ist die Vermittlung von Glaubensinhalten angesprochen, die in Symbolen und Riten dem Menschen ganzheitliche Erfahrung ermöglichen.

Um den Glauben reflektiert für sich selbst zu übernehmen, bedarf es der Basis- und ihrer spezifischen Teilkompetenzen. Christlicher Glaube als lebensgestaltende Überzeugung bedeutet dabei nicht „kritiklose Übernahme eines Standpunktes, sondern (...) Befähigung zu selbstverantworteter Standpunkthaftigkeit.“[86]Aus dieser Formulierung lassen sich die Basis- und Teilkompetenzen ableiten.

So geht es zunächst um die Ermöglichung des Hineinwachsens in den christlichen Glauben, denn „Kritik und Distanz ersetzen die primäre Fundierung nicht, sondern setzen sie voraus und führen sie weiter. Ohne

---

[84] Werbick, J., Ehe und Familie - Krise und Erneuerung, in: Seidel, W./P. Reifenberg (Hg.), Moral konkret. Impulse für eine christliche Weltverantwortung, Würzburg 1993, 182

[85] Fraas, H.-J., Glaube und Identität, 61-62

[86] Fraas, H.-J., Glaube und Identität, 63

Vorgaben ist die Aufgabe der Reflexion undurchführbar."[87] Erst auf dieses primäre Hineinwachsen im Sinne von Wahrnehmung und Erleben folgt die Reflexion, der eine bestimmte Entwicklungsstufe der Kognition zugrundeliegen muß, damit konstruktive Kritik für den Menschen möglich wird, an der er nicht zerbricht, sondern mit deren Hilfe er die kindliche Form seines Glaubens in eine ihn betreffende und motivierende Überzeugung transformieren kann. Glaube in dieser Form „ergreift den Menschen und verändert seine Sichtweisen, Prägungen und Absichten"[88] und wirkt dadurch überzeugend.

Zum personalen Gott Jesu Christi beziehungsfähig werden, setzt eine kontinuierliche Einübung der Beziehungs- und Gemeinschaftsfähigkeit im menschlichen Miteinander voraus, wenn gilt, „daß bestimmte menschliche Grundsituationen in tradierten Glaubenssituationen, daß die Grundstruktur von Alltagserfahrungen in der von tradierten Glaubenserfahrungen sich wiederfinden lassen. (85) „So bietet sich" im Hinblick auf die Beziehungsfähigkeit „eine strukturelle Vergleichbarkeit zwischen Urvertrauen und Gottvertrauen, zwischen Elternerfahrung im psychosozialen und im religiösen Bereich" und „zwischen der Dialektik von Gehorsam und Freiheit im Bereich menschlichen Zusammenlebens und in der Gottesbeziehung" an.[89]

Aus dem Glauben als motivierender Lebensüberzeugung ergibt sich indikativisches Handeln in Rückkoppelung an die Selbstverantwortung des Menschen. Doch auch diese Fähigkeit der Verantwortlichkeit muß kontinuierlich in konkreten Situationen eingeübt werden. Möglichkeiten der Eigenverantwortung dem Heranwachsenden zur Verfügung zu stellen und gleichzeitig selbst verantwortlich zu leben, stellt sich allgemein als Erziehungsaufgabe dar. Im Rahmen der Religionspädagogik findet sie wiederum ihren letzten Ermöglichungsgrund in der dem Menschen durch Gott gewährten Freiheit der Lebensgestaltung. Christlicher Glaube als Überzeugung motiviert jedoch zu verantwortlichem Handeln sich selbst, den Mitmenschen, der Schöpfung und Gott gegenüber. Er läßt sich messen aufgrund der motivierenden Kraft der christlichen Botschaft an praktizierter Nächstenliebe und Solidarität.

Um das Reich Gottes schon in unserer Zeit Wirklichkeit werden zu lassen, bedarf es außerdem der Empathie, der Kreativität, kommunikativer

---

87 Fraas, H.-J., Glaube und Identität, 63

88 Fraas, H.-J., Glaube und Identität, 34

89 Fraas, H.-J., Glaube und Identität, 39

Kompetenz und Konfliktfähigkeit, denn die Praxis gelebten Glaubens läßt sich messen an der Verwirklichung der moralischen Optionen Jesu inmitten heutiger Lebenswelt.

Kinder wachsen nur dann in den christlichen Glauben, wenn man sie am eigenen Vollzug des Glaubens im Leben, in konkreten Situationen, in der Ausübung christlicher Riten und der Übernahme von Symbolen teilhaben läßt. Zusätzlich benötigt der Heranwachsende die Sensibilisierung seiner Wahrnehmung, um Chancen gelingender Identitätsausbildung im Kontext des christlichen Glaubens zu erkennen, weiterhin die Förderung der Überzeugungskompetenz, da der Glaube nur als Überzeugung lebensgestaltende Motivation besitzt, und die Stärkung der Verantwortungskompetenz, um diese Motivation in verantwortlichem Handeln wirksam werden zu lassen (Indikativ!). Hier greifen die Bereiche der Moral- und der Religionspädagogik ineinander, so daß im folgenden der Beitrag einer familialen Moralerziehung im Kontext des christlichen Glaubens zu einer gelingenden Identitätsausbildung des Menschen Beachtung finden muß.

IV.4.3. Gelingende Identitätsausbildung durch familiale Moralerziehung im christlichen Kontext

Moralerziehung und religiöse Erziehung sind nicht identisch, da Moralerziehung ohne religiöse Erziehung geleistet werden kann. Dies gilt jedoch nicht umgekehrt. Jede religiöse Überzeugung wirkt sich auf moralisches Handeln aus, ja muß sich vielmehr durch verantwortliches moralisches Handeln bezeugen.

Der Entwicklungspsychologie entsprechend muß familiale Moralerziehung im Kontext des christlichen Glaubens parallel zur religiösen Erziehung verlaufen. Aufgrund der erzieherischen Intention, die Entwicklung der Basiskompetenzen zu fördern, werden sie jedoch miteinander verschränkt. Der Erwerb der Basiskompetenzen hat sich für die Entwicklung und Erziehung der beiden Teilbereiche als förderlich erwiesen.

Grundlage für die lebenslange Ausbildung von Identität stellt die Intentionalität des Menschen dar, die ihn dazu treibt, seinem Leben eine sinnstiftende Gestalt zu geben und es so gelingen zu lassen. Diese Intentionalität gilt zunächst grundsätzlich für alle Entwicklungsbereiche menschlichen Lebens. Die Förderung der Basiskompetenzen ist als Angebot der Erziehung an diese Entwicklungsoffenheit des Menschen zu verstehen. Im Konzept der hier vorgestellten familialen Moralerziehung motiviert der christliche Glaube das moralische Handeln des Menschen, so daß trotz der Parallelität der Entwicklungsstränge, die beiden Erziehungsteilbereiche miteinander verschränkt werden, unter Berücksichtigung der einzelnen Entwicklungsstufen.

Deren Kenntnis genügt jedoch nicht, denn „Eltern können dem Erziehungshandeln nicht ausweichen. Ihre Erziehung impliziert die Entscheidung für bestimmte Werthaltungen, die reflektierte oder unreflektierte Ausrichtung an tradierten Wertvorstellungen, den Versuch, noch nicht erprobte Alternativen zu wagen.“[90] Dabei können Eltern immer weniger auf traditionale selbstverständliche Werte und Ziele zurückgreifen, bekommen aber gleichzeitig die Chance, aufgrund einer bewußt übernommenen lebensumfassenden Überzeugung „eigene Standpunkte in Erziehungsfragen zu gewinnen und diese auch in Konfliktsituationen durchzuhalten.“[91]

Diese Entscheidung, die geprägt wird vom christlichen Glauben als Hintergrundüberzeugung, ist notwendig, da „ohne eine für das Kind erkennbare Ausrichtung der Erziehung, (...) die Möglichkeit vorenthalten“ wird, „Identität zu entwickeln (13)“.[92] Sie ist weiterhin relevant, da familiale Erziehung nicht so sehr durch Wissensvermittlung geschieht, sondern prägende Identitätsausbildung sich durch das „Wie“ des Zusammenlebens ereignet. Aufgrund der Intensität des Zusammenlebens ergeben sich dabei besondere Chancen, die jedoch nur dann im Sinne gelingender Identitätsausbildung genutzt werden können, wenn eine überzeugte und überzeugende Grundmotivation wie ein roter Faden Leben, Reden und Handeln der Erziehenden (der Eltern) einheitlich zusammenhält und nach außen erkennbar werden läßt.

In der Familie kann unter dieser Voraussetzung wie in keiner anderen Institution, wie in keinem anderen Lebensbereich, der Erwerb der Basiskompetenzen und ihrer spezifischen Teilkompetenzen intensiv gefördert und vermittelt werden. „Die Erfahrung, daß kognitive und sozialemotionale Förderung ohne und z. T. gegen die Eltern relativ wirkungslos bleiben, bewirkte“ im Bereich der Pädagogik „ein zunehmendes Interesse

---

90 Süßmuth, Rita, Familiale Kompetenz , 237

91 Süßmuth, R., Familiale Kompetenz , 240

92 Süßmuth, R., Familiale Kompetenz, 236

an den Eltern als primären Erziehern des Kindes."[93] In der Folge davon geht es jedoch nicht darum, daß Eltern sich ein möglichst großes Fachwissen aneignen müssen, da Erziehung in der Familie anderen Regeln unterliegt als z. B. der schulische Unterricht. Dies impliziert auch der hier als vorrangig eingestufte Erwerb von Basiskompetenzen. „Ist von *Kompetenz* die Rede, sei es bei Erwachsenen oder Kindern, so ist an unterschiedliche Fähigkeiten gedacht, die sich nicht nur auf Kenntnisse beschränken, sondern auf Möglichkeiten theoretischer und praktischer Auseinandersetzung mit der Umwelt. *Kompetenz* wird dort aufgebaut, wo Eltern"[94] versuchen, die Beziehungen innerhalb der Familie positiv zu gestalten, ihre eigene Wahrnehmung in Bezug auf Probleme innerhalb als auch außerhalb der Familie zu schärfen, sich ihre Hintergrundüberzeugung, aus der sie leben, immer wieder bewußt zu machen, und darausfolgend die persönliche Verantwortung für Zuständigkeitsbereiche zu übernehmen. Ziel, auch der Eltern, ist es dabei immer wieder die persönliche Identität konkret und situationsgerecht auszubilden, damit sie zu einem gelingenden Leben beitragen kann. „Die lebensgeschichtliche Bedeutung, die der Erfahrung von Vater und Mutter zukommt, resultiert aus der Häufigkeit, der Dauer und Intensität der Interaktionen zwischen Eltern und Kindern, aus den Wirkungen persönlicher Eigenschaften und Verhaltensweisen wie den in der Beziehung aufgebauten wechselseitigen Erwartungen. In der Familie werden Grundmuster mütterlichen und väterlichen Verhaltens erfahren, sie ist der Ort, wo der einzelne zuerst sein Ich erfährt."[95]

Setzt man für eine gelingende Identitätsausbildung die moralische und religiöse Entwicklung, wie sie anhand der Stufentheorien verdeutlicht wurde, voraus, so gilt es in der Familie den Erwerb der Basis- und ihrer Teilkompetenzen zu fördern, damit alle vier Komponenten von Identität immer besser ausgebildet werden. Die Identitätskomponenten selbst sind neben dem Zielaspekt gleichzeitig eine relevante Voraussetzung für die moralische und religiöse Entwicklung des Menschen. Am Beispiel der Fähigkeit, sich an universellen Prinzipien im moralischen Bereich zu orientieren, kann dies veranschaulicht werden, denn für sie muß ein be-

---

93 Süßmuth, R., Eltern als Erzieher, Bildung und Erziehung 30 (1977) 261; Süßmuth beruft sich mit dieser Aussage auf Bronfenbrenner, U., Wie wirksam ist kompensatorische Erziehung (Konzepte der Humanwissenschaften), Stuttgart 1975, 91

94 Süßmuth, R., Eltern als Erzieher, 265

95 Süßmuth, R., Eltern als Erzieher, 271

stimmter Grad an Autonomie, an Einheit, an Individualität und an Identifikation mit sich selbst schon erreicht sein.

Im letzten Punkt dieses Kapitels wird eine Konkretisierung anhand von Beispielen zur Förderung der dargestellten Kompetenzen durch christlich geprägte familiale Moralerziehung angestrebt.

Doch zunächst ist noch die Frage nach den möglichen Methoden familialer Erziehung zu stellen.

IV.5. Zur Methodenfrage christlich geprägter familialer Moralerziehung als Weg zur gelingenden Identitätsausbildung

Familiale Erziehung vollzieht sich in der Unmittelbarkeit der Beziehungen und der in ihnen ermöglichten Erfahrungen. „In ihrer unmittelbarsten Form ereignet sich religiöse" und moralische „Erziehung nicht als direkte Unterweisung. Ich belehre also einen anderen Menschen nicht in Theorien, sondern gebe ihm Anteil an einer Weltbetrachtung, an einer Weise *zu sehen*, die Wirklichkeit wahrzunehmen."[96] Während dies im Prozeß familialer Sozialisation ungeplant erfolgt - die „entscheidende Grundprägung leistet die Familie keineswegs vorwiegend, indem sie bewußt erzieht, sondern indem sie als Raum von Kommunikation und Interaktion wirksam ist"[97] - , intendiert geplante familiale Erziehung „ein Bereitstellen von Erfahrungsmöglichkeiten, ein Hinweisen und ein begleitendes oder nachträgliches Interpretieren."[98] Familiale Erziehung muß deshalb berücksichtigen, daß moralisches und religiöses Lernen „ein hochkomplexer Vorgang" ist, „der sich auf allen Dimensionen des Lernens, nämlich auf der kognitiven, affektiven und praktischen Dimension zuträgt. Eine Beschreibung (...) als ein Lernen durch „Verstehen" unter Ausschluß der andern Lernebenen oder eine Praxis" moralischer und religiöser Erziehung, „die ihrerseits kritischen Diskurs zugunsten eines Lernens durch „Miterleben" und „Mitvollziehen" abweist, greifen zu kurz, obwohl sie je ein wesentliches Element (...) akzentuieren."[99]

---

96 Betz, O., Religiöse Erziehung als Selbst- und Weltbegegnung, in: Thiele, J./Becker, R. (Hg.): Chancen und Grenzen religiöser Erziehung, Düsseldorf 1980, 15

97 Stachel, G. in: Stachel, G./ D. Mieth, ethisch handeln lernen, 40

98 Stachel, G. in: Stachel, G./ D. Mieth, ethisch handeln lernen, 46

99 Stachel, G. in: Stachel, G./ D. Mieth, ethisch handeln lernen, 45

Wie kann demnach die Familie aufgrund ihrer besonderen Struktur religiöses und moralisches Lernen im Hinblick auf die zu vermittelnden Kompetenzen konkret motivieren?

IV.5.1. Eltern als Vorbild und Modell

Der Vorbild- und Modellcharakter familialer Erziehung entspricht zwei Lernarten, die beide ihre Berechtigung besitzen.

„Wo zur Nachahmung und Befolgung aufgefordert wird, sprechen wir von Vorbildern, wo zur eigenen Initiative angeregt wird, sprechen wir von Modellen. Vorbilder sagen, was Menschen unter generellen Bedingungen zu tun oder zu lassen haben. Modelle dagegen zeigen, wie man in einer bestimmten Situation handeln kann, wie das Mögliche, Richtige und Angemessene gefunden wird. Es geht hier nicht um Nachahmung in der Befolgung des Guten, sondern um Nachfolge im Finden des Richtigen."[100]

Das Vorbild-Lernen vollzieht sich vorwiegend im Bereich der ungeplanten Sozialisation und kann deshalb auch zu Konsequenzen führen, die so von den Erziehern nicht gewollt sind. Auch schlechte Vorbilder werden nachgeahmt. Entscheidend für ein Vorbild ist eine überzeugte und überzeugende Einheit von Sein, Leben, Reden und Handeln. Diese Art des Lernens ist äußerst relevant für die zu erwerbende Kompetenz der Überzeugungsbildung und somit auch für eine persönliche Übernahme des christlichen Glaubens durch den einzelnen. In Bezug auf ein überzeugtes Leben aus dem christlichen Glauben, das sich selbstverständlich auf moralisches Handeln auswirkt, leistet die Kirche „nur noch einen geringen Beitrag. Aber ihr Beitrag wäre groß, man lernte in ihr tatsächlich „Gutes zu tun" und „Böses zu unterlassen", in dem Maße, wie in ihr vorbildlich gehandelt würde. Wo nicht vorbildlich gehandelt wird, gibt es allerdings auch in der Kirche keine Nachfolge, das heißt, es gibt niemanden, dem nachzueifern wäre. Es fehlt dann auch die Begeisterung, die allein andere mitreißt, es fehlt der Zusammenhalt, der von innen her seine Kraft hat. Der institutionelle Zusammenhalt wird in dem Maß unersetzlich, wie der Zusammenschluß um das lebendige Zeichen der Einheit, nämlich den Menschen, der lebt, was seine Rede bezeugt, nicht gegeben ist."[101] Eine

100 Stachel, G., in: Stachel, G./ D. Mieth, ethisch handeln lernen, 110

101 Stachel, G., in: Stachel, G./ D. Mieth, ethisch handeln lernen, 86

Konsequenz davon ist, daß auch viele Eltern diese Fähigkeit des überzeugten Lebens nicht mehr besitzen, weil sie ihnen nicht vorgelebt wurde.

Überzeugtes Leben und Handeln stellt dabei eine Einheit dar, die als Komponente der Identität zeitlebens immer wieder neu situationsgebunden ausgestaltet werden muß.

„Da beim Vorbild-Lernen, wenn es isoliert erfolgt, eine kritische kognitive Kontrolle über das nachgeahmte Verhalten nicht geschieht, hängt die Qualität der Nachahmung an der Qualität des Vorbilds."[102]

Die bloße Nachahmung eines Vorbilds ist im Bereich der Sozialisation, vor allem bei kleineren Kindern häufig vorzufinden. Geplante moralische und religiöse Erziehung intendiert jedoch deren Ablösung durch ein reflektierteres Modell-Lernen. Grundlage dafür bildet das unmittelbare Erleben von Menschen, aber auch die erzählte Vermittlung von Geschichten. Vor allem die Personen der Bibel haben Modell-Charakter. Im Blick auf die moralischen Optionen Jesu gilt z. B., daß sie zwar in seiner Zeit richtig waren, jedoch nicht einfach ungeprüft und unverändert für unsere Zeit übernommen werden können. Vielmehr sind in Orientierung am Handeln Jesu moralische Perspektiven für unsere globalen Probleme zu entwickeln. Sensible Wahrnehmung, Empathie, Beziehungs- und Gemeinschaftsfähigkeit, Kommunikationsfähigkeit, Kreativität und Kognition, Konflikt- und Kritikfähigkeit sind unverzichtbar. Vor dem Hintergrund der christlichen Überzeugung führen diese Kompetenzen zu verantwortlichem Handeln in Orientierung an einem Modell: dabei ermöglicht eine sensible Wahrnehmungskompetenz eine „Kontrasterfahrung", die überzeugungsbildende Kompetenz die „Sinnerfahrung" und die Verantwortlichkeitskompetenz „die Motivationserfahrung".[103]

Solche Modelle, die den heranwachsenden Kinder kritische Auseinandersetzung ermöglichen, sind dem Entwicklungsstand entsprechend, mit dem Ziel der Identitätsausbildung vor Augen und auf die konkrete Ausbildung der Teilkompetenzen hin aufzuzeigen.

---

102 Stachel, G., in: Stachel, G./ D. Mieth, ethisch handeln lernen, 97

103 Mieth, D.in: Stachel, G./D. Mieth, ethisch handeln lernen, 205

IV.5.2. Familiale Erziehung als Ermöglichung von Erfahrungen

Ausgehend vom Ziel einer für den Heranwachsenden gelingenden Identitätsausbildung mit den ihr inhärenten vier Komponenten hat die Familie zur Freiheit zu erziehen und dafür gleichzeitig eine freiheitliche Erziehung zu praktizieren.[104] Dies gewährleistet eine autoritative Erziehung, die zwar vom Ungleichgewicht des Erziehungsverhältnisses ausgeht, gleichzeitig aber die grundsätzlich im Menschen angelegte Autonomie auch der Kinder anerkennt und sie auf dem Weg zu gelingender Identitätsausbildung hilfreich unterstützt. Mit den Basis- und Teilkompetenzen als Weg zu diesem Ziel geht es einerseits darum, die Kinder an den eigenen positiv prägenden Erfahrungen teilhaben zu lassen, ihnen aber andererseits auch selbst die Möglichkeit zu eigener Erfahrung zu geben. Der Erwerb der Kompetenzen geht in mehreren Schritten vor sich: So ahmen Kleinkinder das aus den Kompetenzen resultierende Verhalten ihrer Bezugspersonen nach, ohne die entsprechenden Intentionen zu erkennen. Nach dem Übergang vom Vorbild- zum Modell-Lernen versucht der Heranwachsende „Kompetenzhandeln" nicht mehr einfach nachzuahmen, sondern es reflektiert den jeweiligen Situationen gemäß selbst anzuwenden. So erkennt der Mensch z. B. nur dann seine persönliche Verantwortlichkeit, wenn er verantwortliches Handeln bei anderen wahrnehmen konnte und ihm auch selbst Verantwortungsbereiche übertragen werden.

Erfahrungsmöglichkeiten zuzulassen verlangt von den Eltern einen Vertrauensvorschuß für ihre Kinder, genauso wie der persönliche Gott unseres christlichen Glaubens analog durch die uns von Anfang an gegebene Autonomie unbedingte Freiheit der Lebensgestaltung in Verantwortung vor eben dieser Autonomie zuspricht.

Erfahrung meint im Rahmen dieser Arbeit reflektierte Wahrnehmung, d. h. „Erfahrung als Kompetenz der Verarbeitung von Wahrnehmungen ..., denn nur eine solche Erfahrungskompetenz ist für sittliche Einsichten relevant."[105] Dieses Verständnis von Erfahrung ist, nach der im ersten Kapitel genannten Definition, dem Bereich der Wahrnehmungskompetenz zugeordnet. Familiale Erziehung als Eröffnung von Erfahrungen ermöglicht deshalb, daß konkrete Wahrnehmungen für den Heranwachsenden persönlich bedeutsam werden. In einer daran anschließenden Reflexion

[104] vgl. hierzu: Meiler, W., Die Grundwerte im Leben der Familie von heute, in: Lebendiges Zeugnis 34 (1979), 28

[105] Mieth, D., Moral und Erfahrung. Beiträge zur theologisch-ethischen Hermeneutik, Freiburg - Wien 1977, 111

werden diese Erfahrungen zu persönlichen Überzeugungen transformiert. Daraus entsteht die „Unbeliebigkeit der Lebenskonsequenz"[106] in Form eines entschiedenen verantwortlichen Handelns.

Neben der Ermöglichung eines Freiraums für eigene Erfahrungen bedarf dieser Prozeß sowohl der Unterstützung als auch der kritischen Begleitung. Aus der eigenen Glaubensüberzeugung heißt es für die Eltern, Stellung zu beziehen gegen jede Entwicklung des Kindes, die gelingende Identität verhindert. Gleichzeitig müssen sie sich selbst gegen negative Tendenzen unserer pluralen Lebenswelt zur Wehr setzen. So kann z. B. eine Konzeption, die auf Durchsetzung-, Leistungs- und Konkurrenzvermögen setzt, „die die Menge derjenigen Personen vergrößert, die individuell um bestimmte Positionen oder Prämien konkurrieren sollen, wobei die Konkurrenz sogar lebensbedrohliche Formen annehmen kann"[107] nicht einer christlich geprägten Identität, die Solidarität und Nächstenliebe praktiziert, entsprechen.

Die Chancen einer autoritativen familialen Erziehung mit ihren Möglichkeiten des Vorbild- und Modell-Lernens sowie der Eröffnung von Erfahrungen werden im folgenden in Bezug auf die spezifischen Teilkompetenzen aufgezeigt.

IV.5.3. Konkretisierung anhand der spezifischen Teilkompetenzen

Für den Erwerb aller Teilkompetenzen gilt, daß das erlebte Verhalten in der Familie zunächst zum Vorbild für das eigene Verhalten wird. Zum Modell wird es erst in einem späteren Entwicklungsabschnitt, wenn die Möglichkeit der *kognitiven Reflexion* gegeben ist. Aber auch diese Fähigkeit löst oft nur in begrenztem Umfang eine Verhaltensänderung aus aufgrund der vorhandenen unbewußten Prägungen.

Der Mensch wird in die familialen Beziehungen hineingeboren. Durch den Indikativ dieser konkreten Beziehungen lernt das Kind den alltäglichen Umgang miteinander. Je nach der Qualität der ihm vorgegebenen Beziehungen lernt es *beziehungsfähig* zu werden. Beziehungsfähigkeit erfordert Vertrauen und ein *empathisches* Miteinander-Umgehen.

---

106 Mieth, D., Moral und Erfahrung, 113

107 Bertram, H., Moralerziehung - Erziehung zur Kooperation, in: Z.f.Päd. (1979) 538

Die alltägliche Konkretisierung der Beziehungen prägt das Kind unbewußt. Damit das Kind seine Beziehungsfähigkeit erproben und vollständig erwerben kann, muß die Familie ihm die Möglichkeit eröffnen, auch außerhalb der Familie Beziehungen aufzunehmen und zu gestalten. Ausgehend von menschlichen Beziehungen kann dem Kind altersgemäß eine Beziehung zu Gott erschlossen werden. Vorbild und Modell wird zunächst wiederum das eigene Verhalten der Eltern sein. Dabei gilt jedoch, wie bei jeder Art von Erziehung: „Wir erziehen nicht so sehr durch das, was wir tun, noch viel weniger durch das, was wir sagen, als vielmehr durch das, was wir sind."[108]

Das Leben Jesu veranschaulicht anhand der biblischen Geschichten modellhaft, wie eine Beziehung zum personalen Gott des christlichen Glaubens möglich wird. Der Heranwachsende benötigt jedoch für seine Beziehung zu Gott auch persönliche Erfahrungsmöglichkeiten, die ihm den christlichen Glauben zur eigenen Überzeugung werden lassen.

Die Familie als Gruppe mit ihrem vielschichtigen Beziehungsgeflecht ermöglicht *Gemeinschaft zu erfahren und zu leben.* In ihr als Primärgruppe sind die Lebensgeschichten der einzelnen miteinander verflochten. Nach der Phase des Vorbildlernens erkennt der Heranwachsende im Laufe seiner Entwicklung immer mehr die Erwartungen, die die anderen Familienmitglieder an ihn richten. Wenn er sich in der Liebe und Geborgenheit der familialen Gruppe beheimatet und als Mensch in seiner Ganzheit angenommen fühlt, kann er hier seine Individualität ausprägen. Die Verflechtung in die familialen Beziehungen zeigt dabei immer deutlich die Grenzen der eigenen Individualität auf und ermöglicht gleichzeitig die Ausbildung von Sozialität und von sozialer Identität.

Im Jugendalter testen die Heranwachsenden dann ihre Gemeinschaftsfähigkeit in Peergroups, deren Einfluß denjenigen der Eltern in dieser Altersstufe übertrifft. Bis zu dieser Entwicklungsstufe, die aufgrund fortgeschrittener Kognition die Entwicklung vom Imitations- zum Modell-Lernen ermöglicht, müssen dem Kind Erfahrungen mit der Glaubensgemeinschaft eröffnet werden, denn sie können nur aufgrund der Kenntnis als lebensweltliche Vorgaben kritisch reflektiert und für den jetzigen Entwicklungsstand transformiert werden. *Kritikfähigkeit* entsteht dabei einerseits durch das ständige Einüben von Reflexion als auch durch die Offenheit für und das Zulassen von Kritik.

---

108 Meiler, W., Die Grundwerte im Leben der Familie von heute, in: Lebendiges Zeugnis 34 (1979) 35

Beim Erwerb der *kommunikativen Kompetenz* kommt es, wie bei allen anderen Fähigkeiten, sehr stark auf die Qualität der familialen Interaktion an. Das familiale Leben ereignet sich in ununterbrochener Interaktion, doch ist vielfach eine Unfähigkeit in der *Dialog- und Diskursfähigkeit* als auch in der *Fähigkeit, zu widersprechen, aber auch Widerspruch ertragen zu können,* festzustellen. Vermutlich scheitern viele Ehen aufgrund von Mißverständnissen, die durch den Versuch eines empathischen Redens miteinander hätten vermieden werden können. Angebote und rege Nachfrage von Kommunikations-Trainings-Kursen für Paare belegen diese Tatsache.

Kommunikative Kompetenz und *Konfliktfähigkeit* im Umgang mit Problemen und Widerständen gehören untrennbar zusammen. Das Kind wird zunächst Konflikte nach dem Vorbild seiner Eltern austragen bis es auf Probleme stößt, die so nicht gelöst werden können. Hier beginnt das Modell-Handeln, das nach situationsgerechtem Austragen von Konflikten sucht. Für diesen Schritt vom Handeln nach einem Vorbild zum Handeln nach einem Modell sind, wie oben schon genannt, einerseits eine gewisse Entwicklungsstufe der Kognition im Zusammenhang mit vielfältigen Erfahrungsmöglichkeiten nötig, andererseits jedoch auch die *Kompetenz der Kreativität.* Sie bildet sich aus in der konkreten Lebensgestaltung der Familie und erfordert von den Eltern Phantasie. So braucht es z. B. ständig neue sinnvolle Alternativen und Angebote, um der heute vorherrschenden Konsumhaltung und Erwartungshaltung des Animiert-Werdens entgegenzuwirken. Kreativität ist unerläßlich für den christlichen Glauben als persönliche Überzeugung, um die moralischen Optionen der Botschaft Jesu unserer Zeit entsprechend umzusetzen und sie zu verwirklichen.

Die konkrete Umsetzung aller Teilkompetenzen wird zunächst vom Kind wahrgenommen, mit zunehmendem Alter gehen diese Wahrnehmungen in reflektierte Erfahrungen über und werden so das eigene Leben und Handeln prägen. Die *Basiskompetenz der sensiblen Wahrnehmung* ist deshalb den spezifischen Teilkompetenzen übergeordnet. Dasgleiche gilt für die *Basiskompetenzen der Überzeugungsbildung* und der *Verantwortlichkeit.* Sie werden ebenso wie die Teilkompetenzen im Rahmen einer autoritativen Erziehung durch Vorbild, durch Modell und durch das Erschließen von Erfahrungsmöglichkeiten vermittelt.

Deshalb muß im folgenden die Skizze zur familialen Moralerziehung im Kontext des christlichen Glaubens durch die spezifischen familialen Möglichkeiten der Vermittlung und des Erwerbs der Teil- als auch Basiskompetenzen ergänzt werden.

IV.5.4. Skizze zum Prozeß familialer Moralerziehung im Kontext des christlichen Glaubens

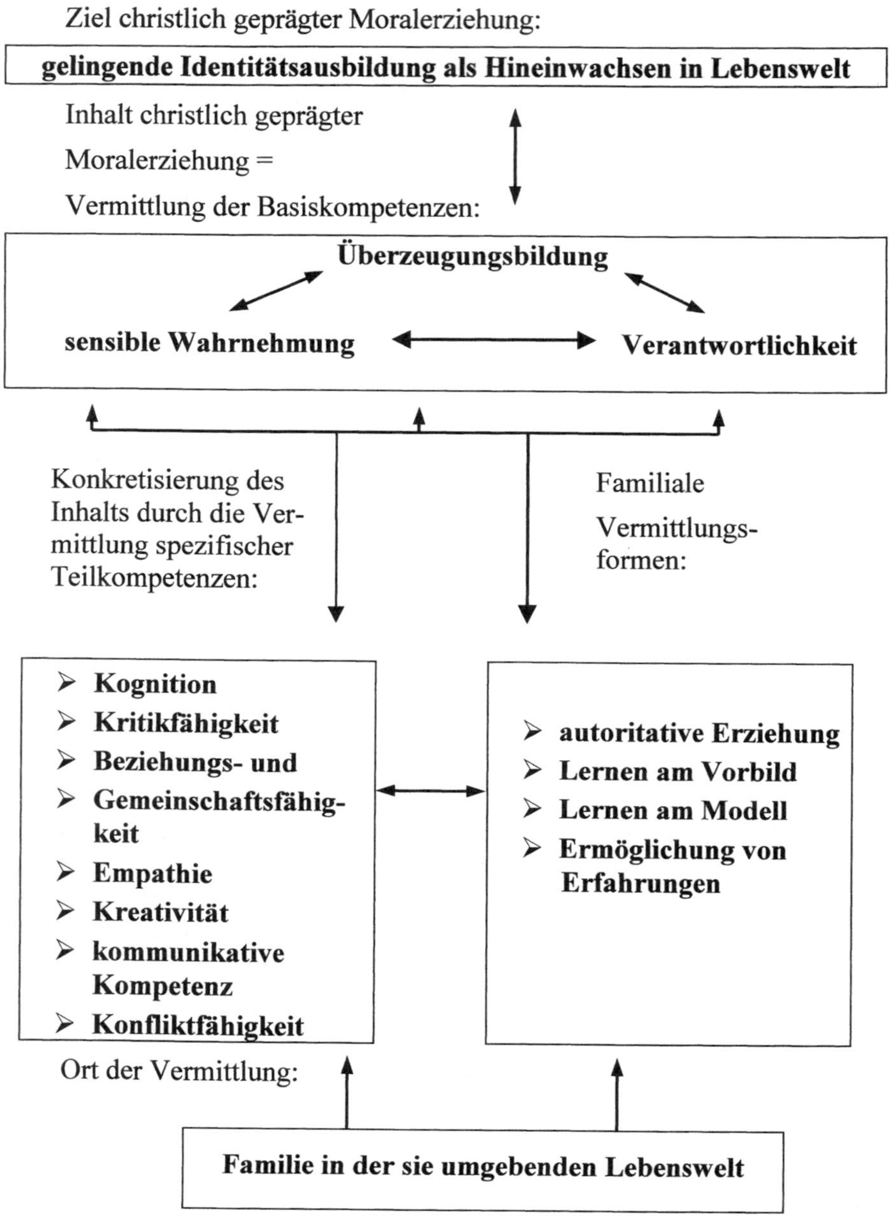

Die Skizze verdeutlicht die Interdependenz aller Komponenten. Dabei wirkt die Wahl der Methoden und die Wahl des Inhalts selbstverständlich auf die Lebensgestaltung der Familie zurück. Die gegenseitige Abhängigkeit der anderen Komponenten wurde schon an anderer Stelle aufgezeigt.

Abschließend werden nun noch Handlungsperspektiven in Bezug auf die Vermittlung der Kompetenzen und im Hinblick auf das Ziel der gelingenden Identitätsausbildung im Rahmen einer christlich geprägten Moralerziehung für die einzelnen familialen Lebensphasen exemplarisch aufgezeigt.

IV.6. Vermittlung der Kompetenzen in den einzelnen familialen Lebensphasen anhand konkreter Beispiele

Im Rahmen dieser Arbeit beschränken sich folgende Konkretisierungen auf die familiale Phase der Primärsozialisation, die Phase mit schulpflichtigen Kindern und diejenige mit Kindern im Jugendalter, da vor allem diese drei Phasen neben den indirekten Sozialisationseinflüssen geplante familiale Erziehung beinhalten.

Die Ausführungen zu allen drei Phasen enthalten zunächst zusammengefaßt die relevanten Kenntnisse zum Entwicklungsstand der Kinder, wie sie anhand der Stufentheorien vorauszusetzen sind. Sie gelten als Voraussetzung für erzieherisch wirksames Handeln. In erster Linie geht es dabei um eine horizontale Ausdifferenzierung des Entwicklungsprozesses, der vom Erkennen zum Handeln führt und eng mit der Ausbildung der Basiskompetenzen verknüpft ist. Eine vertikale Weiterentwicklung erfolgt auf dieser Basis dann ohne gezielte Intention.

Danach werden konkrete Beispiele für die Vermittlung der drei Basiskompetenzen unter Einbeziehung der Teilkompetenzen in den einzelnen familialen Phasen genannt.

IV.6.1. Die familiale Phase der Primärsozialisation

Zur Phase der Primärsozialisation zählt man Familien mit Kindern vom Säuglingsalter bis zum Schulalter. Da die Kinder in diesem Zeitabschnitt eine sehr große Entwicklung durchlaufen, ist hier noch einmal dem Entwicklungsstand entsprechend zu differenzieren.

Für den Bereich der religiösen Entwicklung findet nur die Stufentheorie Fowlers Berücksichtigung.

IV.6.1.1. Zum Entwicklungsstand der Kinder

Der stufenweisen moralischen und religiösen Entwicklung gehen die Entwicklung der Logik und der sozialen Perspektivenübernahme unmittelbar und unbedingt voraus. Mit der Logik entwickelt sich die kognitive Kompetenz. Kleinkinder bis zur Vollendung des zweiten Lebensjahres befinden sich nach Piaget auf der senso-motorischen Stufe und nehmen hier vor allem sinnlich wahr, ohne die vielen verschiedenen Wahrnehmungen miteinander zu verbinden. Auf der voroperatorischen Stufe von zwei bis sieben Jahren lernen sie Objekte und Ereignisse mit Hilfe der Sprache abzubilden. Sie zeigen zunehmend Nachahmungsverhalten. Ihre Vorstellungen auch im moralischen und religiösen Bereich sind konkret. Ihr Denken insgesamt ist als symbolisch und intuitiv zu bezeichnen.

Im Bereich der sozialen Perspektivenübernahme besitzt das Kind in diesem Zeitraum eine egozentrische Perspektive, mit der es nicht erkennen kann, daß es außer seinen eigenen auch noch andere Interessen gibt.

Im Bereich der moralischen Entwicklung befinden sich die Kinder auf der ersten Stufe des vorkonventionellen Niveaus. Sie orientieren sich an Bestrafung und Gehorsam.

„Der Anfang des Glaubens liegt bei unserem Eintritt in die Welt in einer Art vorsprachlicher Disposition des Vertrauens und der Loyalität gegenüber der Umwelt, in die wir hineingeboren werden.“[109] Zunächst gibt es für das Kind „noch keine objektive Realität, die ihm gegenübersteht, und noch keinen Dualismus von Selbst und anderen, Selbst und Objekt, Selbst und Umwelt. Selbst und Umwelt verschmelzen vielmehr in der verschwommenen und fließenden Erfahrung des Kleinkinds.“[110] Auf der nachfolgenden Stufe ist das entstehende Verhältnis zu Gott ähnlich dem Verhältnis zu den Eltern charakterisiert durch eindimensionale Reziprozität, d. h. Gott handelt, das Kind ist gehorsam. Die Vorstellungen von Gott sind konkret und anthropomorph.

---

109 Fowler, J. W., Glaubensentwicklung, 83

110 Fowler, J. W., Glaubensentwicklung, 84

IV.6.1.2. Konsequenzen für die familiale Erziehung

Familiale Erziehung hat unter Berücksichtigung der Kenntnisse auf den dargestellten Entwicklungsstand des Kindes zu re-agieren und seine aktive Weiterentwicklung, die bedingt ist durch die dem Menschen inhärente Intentionalität, hilfreich zu unterstützen. Dabei können die Eltern durch zahlreiche und vielfältige Impulse zur horizontalen Ausdifferenzierung der jeweiligen Entwicklungsstufe beitragen, der Schritt zur vertikalen Weiterentwicklung geht darauf aufbauend vom Kind selbst aus.

In der Zeit vom Säuglingsalter bis zum Alter von zwei Jahren geht es um die Grundlegung des Vertrauens in die Mitmenschen und die Welt. Darauf baut später eine Beziehung zu Gott auf. Geborgenheit, Zärtlichkeit und die Sicherheit, daß jemand da ist, sind die Basis für eine gelingende Identitätsausbildung des Menschen.

Das Bild von den Eltern, das sich im Kleinkind (0-6 Jahre) entwickelt, prägt in entscheidendem Maße in diesem Alter sein entstehendes Bild von Gott. „An der Wiege des Bildes, das es sich von den Eltern, von sich selbst und von Gott macht, stehen die eigenen Eltern mit der Tiefe und Untiefe ihres elterlichen Lebens- und Gottesverhältnisses.“[111] Das Bild des liebenden Gottes Jesu wird nur für den Menschen bedeutsam, der Liebe in seinem Leben - vor allem am Anfang seines Lebens - erfahren durfte.

Die Freude an sinnlicher Wahrnehmung, die für das Kind in diesem Lebensabschnitt charakteristisch ist, kann von den Eltern aufgegriffen werden, indem sie ihm vielfältige Wahrnehmungen ermöglichen, ohne es damit zu überfluten.

Um dem Bedürfnis des Kindes nach Orientierung an Gehorsam und Bestrafung gerecht zu werden, sind dem Kind von seiten der Eltern situationsspezifische „Grenz“-Erfahrungen für sein Handeln zu ermöglichen, Grenzerfahrungen, die ihm aufzeigen, wo jeweils seine Grenzen liegen, ohne den Handlungsspielraum signifikanter Anderer zu verletzen.

Für den im Kind entstehenden Nachahmungstrieb sind die Eltern Vorbild des eigenen Handelns, leider auch dann, wenn Eltern dies nicht intendieren.

---

111 Nipkow, K.E., Erwachsenwerden ohne Gott? Gotteserfahrung im Lebenslauf, München ^{3}1990, 23

IV.6.2. Die familiale Phase mit schulpflichtigen Kindern

Diese Phase schließt Kinder vom Schuleintritt bis zum Beginn der Adoleszenz ein. Auch in diese Phase fallen mehrere Entwicklungsstufen. Bei der folgenden kurzen Darstellung ist zu berücksichtigen, daß sich die Erzieher am tatsächlichen Entwicklungsstand des Kindes zu orientieren haben, der nicht immer mit der diesem Alter zugeschriebenen Entwicklungsstufe übereinstimmt. Es gibt langsamere als auch schnellere Entwicklungsverläufe.

IV.6.2.1. Erläuterungen zur Entwicklungsstufe der Kinder

Vom 7./8. bis zum 11./12. Lebensjahr erreichen die Kinder die Stufe der konkreten Operationen, deren Voraussetzung die Fähigkeit zu dezentriertem und reversiblem Denken darstellt. Die Fähigkeit der Reversibilität ermöglicht dem Kind „zwischen den Wahrnehmungen hin- und herzugehen“.[112]

Mit der konkret-individuellen Perspektive hat das Kind zwar die Erkenntnis, daß es neben seinen eigenen noch andere Interessen gibt, läßt jedoch die Befriedigung der eigenen Interessen im Mittelpunkt stehen. Es bleibt weiterhin „unfähig, sich in die Position anderer zu versetzen und deutet Ereignisse, Objekte und Geschichten in absoluter Weise auf der Grundlage seiner Erfahrungen.“[113]

Im Bereich der moralischen Entwicklung befinden sich die Kinder auf der zweiten Stufe des vorkonventionellen Niveaus, auf der sie eine instrumentell-relativistische Orientierung einnehmen, die sie durch Regeleinhaltung die eigenen Bedürfnisse befriedigen läßt. „Infolge der Fähigkeit, die Perspektiven anderer zu übernehmen, orientiert sich diese Stufe an der einfachen, aber wichtigen Form von Gerechtigkeit, die von Gleichheit und moralischer Reziprozität bestimmt ist. Fairneß heißt, gleiche Fälle gleich zu behandeln: >Eine Hand wäscht die andere< usw. Man sieht und weiß, daß andere Menschen Interessen, Bedürfnisse und Ziele haben, die sich von den eigenen unterscheiden. Um sich ihrer Kooperation zu versi-

---

[112] Kegan, R., Die Entwicklungsstufen des Selbst, 57

[113] Hofmann, B. F., Kognitionspsychologische Stufentheorien, 41-42

chern, muß die eigene Verhandlungstaktik ihre Interessen und Bedürfnisse berücksichtigen. Fair ist fair."[114]

Nach Kohlberg kann eine „Person, die nur konkret-operatorisch denkt, (...) über die präkonventionellen Moralstufen (Stufe 1 und 2) nicht hinauskommen."[115] Die beiden Bereiche sind jedoch nicht so miteinander verknüpft, daß eine Entwicklung im logischen Denken automatisch eine moralische Weiterentwicklung bewirken würde. „Viele Individuen haben eine höhere logische, aber noch nicht die parallele moralische Stufe erreicht; dagegen befindet sich so gut wie niemand auf einer höheren moralischen als logischen Stufe".[116]

Mythisch-wörtlich wird der Glaube auf dieser Entwicklungsstufe bezeichnet. Das Kind „ist nun in der Lage, in zuverlässiger und selbstverständlicher Weise die Perspektiven anderer in bezug auf Objekte oder Ereignisse des gemeinsamen Interesses zu übernehmen, und konstruiert seine Erfahrungswelt mit einer neuen Gradlinigkeit und Vorhersagbarkeit. Seine Konstruktionen und Verständnisweisen sind jedoch durch Konkretheit, Wörtlichkeit und Eindimensionalität der Bedeutungen geprägt." Das bedeutendste Merkmal dieser Stufe ist es, „Sinn mit Hilfe ihrer Orientierung an Erzählung und story zu konstruieren, zu bewahren und mit anderen zu teilen."[117]

IV.6.2.2. Konsequenzen für die familiale Erziehung

Für die Erziehung im christlichen Glauben eröffnet die narrative Strukturierung der Erfahrung auf dieser Stufe „eine zentrale Möglichkeit, über das Lernen der Geschichten der eigenen Gruppen und Gemeinschaften Identität aufzubauen."[118] Daran können Erzählungen der eigenen persönlichen Verwurzelung als auch biblische Geschichten anknüpfen. Die narrative Vermittlung solcher Glaubenserfahrungen ermöglicht dem Kind ein Hineinwachsen in die lebensweltlichen Vorgaben, zu denen der christliche Glaube als Hintergrund-Überzeugung gehört. Die Kinder greifen die ihnen erzählten Geschichten im Nacherzählen auf, sie teilen „auf der my-

---

114 Fowler, J. W., Glaubensentwicklung, 88
115 Kohlberg, L., Moralstufen und Moralerwerb, 124
116 Kohlberg, L., Moralstufen und Moralerwerb, 125
117 Fowler, J. W., Glaubensentwicklung, 88
118 Fowler, J. W., Glaubensentwicklung, 88

thisch-wörtlichen Stufe durch das Erzählen von Geschichten über ihre Erfahrungen und ihre Zugehörigkeit anderen mit, wer sie sind."[119] Kinder sind in diesem Alter sehr wißbegierig. Für die Eltern ist es wichtig, die Neugier der Kinder am Lernen wachzuhalten und sich Zeit zu nehmen für Gespräche mit ihnen, die Teilhaben lassen an der eigenen Lebensgeschichte.

Das inzwischen erreichte Gerechtigkeitsdenken im Sinne der Fairneß ist im Bereich der Moralerziehung durch faires Verhalten und Handeln zu unterstützen. Gleichzeitig muß in manchen Situationen der Fairness-Gedanke kritisch hinterfragt werden, um den Kindern Weiterentwicklung zu ermöglichen. Dabei ist jedoch immer zu berücksichtigen, daß Kindern in diesem Alter die Fähigkeit fehlt, „ihr eigenes Inneres - ihre eigenen beherrschenden Dispositionen, den Ursprung ihrer Wünsche, die Struktur ihrer Motive, die Muster ihrer Persönlichkeit - zu verstehen. Was sie aber von sich selbst nicht" wissen, können „sie auch schwerlich bei anderen durchschauen".[120] Wichtig ist beispielsweise, das Kind immer wieder auf ungerechtes Verhalten, das aufgrund seiner Ichbezogenheit von ihm ausgeht, hinzuweisen, um auf eine sensible Wahrnehmung des Mitmenschen vorzubereiten.

Auch in dieser Altersstufe besitzen Eltern Vorbildcharakter für ihre Kinder, doch dieser wird nun ergänzt durch das vorbildhafte Verhalten von erzählten Personen oder anderen erwachsenen Personen, wenn die Eltern bereit sind, ihre Familie nach außen hin zu öffnen.

IV.6.3. Die Familie mit Kindern im Jugendalter

Dieser Zeitabschnitt des familialen Zusammenlebens umfaßt den längsten Entwicklungsabschnitt der Kinder, in dessen Verlauf sie zwei Entwicklungsstufen erreichen können.

IV.6.3.1. Zum Entwicklungsstand der Jugendlichen

Nach dem elften Lebensjahr entwickeln sich Kinder im Bereich der Kognition von der konkret-operatorischen zur formal-operatorischen Ebe-

---

119 Fowler, J. W., Glaubensentwicklung, 88

120 Fowler, J. W., Glaubensentwicklung, 89

ne weiter. Mit Hilfe dieses Denkens „können alle Möglichkeiten durchgespielt, die Beziehungen zwischen Elementen in einem System bedacht, Hypothesen gebildet, aus ihnen Implikationen abgeleitet und diese an der Realität überprüft werden." Es muß jedoch berücksichtigt werden, daß viele „Jugendliche und Erwachsene (...) die Stufe der formalen Operationen nur teilweise" erreichen, „sie berücksichtigen alle tatsächlichen Beziehungen, die zu einer bestimmten Zeit zwischen einer Sache und einer anderen bestehen, sie erwägen jedoch nicht alle Möglichkeiten und bilden keine abstrakten Hypothesen."[121]

Dieses Denken ist Voraussetzung dafür, um im moralischen Bereich das konventionelle Niveau zu erreichen, auf dem es „als in sich wertvoll verstanden" wird, „den Erwartungen der eigenen Familie, der Gruppe oder Nation zu entsprechen, ungeachtet der sich unmittelbar daraus ergebenden Konsequenzen. Diese Haltung entspringt nicht allein einer *Konformität* mit den Erwartungen und der sozialen Ordnung, sondern spiegelt die beiden gegenüber bestehende Loyalität und das aktive Bemühen wider, diese Ordnung zu erhalten, zu unterstützen, zu rechtfertigen und sich mit den entsprechenden Personen oder der Gruppe zu identifizieren."[122]

Auch dieses Niveau ist in zwei Stufen untergliedert. Auf Stufe 3 möchte der Jugendliche den Erwartungen, die von der Familie und den Freunden an ihn gestellt werden, entsprechen. „>Gut zu sein< ist wichtig und bedeutet, ehrenwerte Absichten zu haben und sich um andere zu sorgen. Es bedeutet, daß man Beziehungen pflegt und Vertrauen, Loyalität, Wertschätzung und Dankbarkeit empfindet."[123] In der sozialen Perspektive gewinnen jetzt die gegenseitigen Erwartungen Vorrangstellung vor den individuellen Interessen. Die Perspektive des anderen kann übernommen werden, so daß man von einer wechselseitigen interpersonalen Perspektivenübernahme spricht. „Die Aufgabe dieser Entwicklungsstufe liegt darin, auf synthetischem Wege ein einheitlich funktionierendes Identitätsgefühl zu bilden, das auf der ganzen Bandbreite der Bilder beruht, die wichtige andere von einem Selbst haben."[124]

In der religiösen Entwicklung geht es insgesamt darum, „vor dem Hintergrund der kognitiv-strukturellen Entwicklungstheorie und –for-

---

121 Kohlberg, L., Moralstufen und Moralerwerb, 124

122 Kohlberg, L., Zusammenhänge und Brüche zwischen der Moralentwicklung in der Kindheit und im Erwachsenenalter, 52

123 Kohlberg, L., Moralstufen und Moralerwerb, 129-130

124 Fowler, J. W., Glaubensentwicklung, 93

schung verstehbar zu machen, wie sich das menschliche Selbst im Kampf von Stufe zu Stufe in der Verwirklichung seiner Befähigung zu zunehmend reflexiver, bewußter und verantwortlicher Partnerschaft mit Gott bewegt."[125]

Die Form des Glaubens auf der dritten Stufe bezeichnet Fowler als synthetisch-konventionell.

Der Jugendliche verhält sich konform und loyal der Gruppe der signifikanten Anderen gegenüber, der er angehört. Auf dieser Basis übernimmt er Glaubensinhalte und Werte weitgehend stillschweigend und nicht überprüft.[126]

Im späteren Jugendalter kann die vierte Stufe von moralischer und religiöser Entwicklung erreicht werden. Ihr voraus geht eine größere Ausdifferenzierung der formalen Operationen in der Kognition. Die soziale Perspektive unterscheidet nun „zwischen dem gesellschaftlichen Standpunkt und der interpersonalen Übereinkunft bzw. den auf einzelne Individuen gerichteten Motiven."[127] Es geht dabei um die mögliche Übernahme der Perspektive einer dritten Person. In Bezug auf seine moralischen Entscheidungen orientiert sich der Jugendliche jetzt an Gesetz und Ordnung. „Autorität, feste Regeln und die Erhaltung der sozialen Ordnung sind die wesentlichen Orientierungspunkte. Richtiges Verhalten besteht darin, seine Pflicht zu tun, Respekt vor Autorität zu zeigen und die bestehende Sozialordnung um ihrer selbst willen zu erhalten."[128] Der Unterschied zur Stufe 1, auf der sich das Kind der Autorität der Eltern unterordnete, „besteht darin, daß die Autorität, der sich Individuen auf Stufe 4 unterordnen, als eine legitimierte Autorität gilt, weil sie gesellschaftliche Ordnung intendiert und nicht mehr als Selbstzweck gilt."[129]

Der individuierend-reflektierende Glaube auf dieser vierten Stufe der Entwicklung verlangt vom Jugendlichen, seine bisher unüberprüfte Glaubensüberzeugung kritisch zu hinterfragen, um sie zu seiner persönlichen werden zu lassen. Dazu gehört auch „Identität und Selbstwert nun jenseits der Verbindungen, die ihm bisher seine Bestimmung gaben, zu finden. Das heißt nicht, daß die Beziehungen abgebrochen oder daß die Rollen aufge-

---

125 Fowler, J. W. , Glaubensentwicklung, 96

126 vgl. Fowler, J. W., Glaubensentwicklung, 94

127 Kohlberg, L., Moralstufen und Moralerwerb, 130

128 Kohlberg, L., Zusammenhänge und Brüche zwischen der Moralentwicklung in der Kindheit und im Erwachsenenalter (mit Richard Kramer, 1969), 52

129 Hofmann, B. F., Kognitionspsychologische Stufentheorien, 126

geben werden müssen. Vielmehr muß nun bei der Festlegung und Bestätigung von Zielen und Werten ein großer Teil der Autorität, die früher in andere verlegt wurde, von der Person selbst übernommen werden. Definitionen des Selbst, die von Rollen und Beziehungen zu anderen abhängen, müssen im Sinne einer neuen Verantwortung seiner Rollen und Beziehungen neu begründet werden."[130] Erst dann ist der Jugendliche fähig dazu, den christlichen Glauben als seine persönliche Überzeugung zu übernehmen und ist durch sie motiviert für persönliche Verantwortung in seinem Leben.

IV.6.3.2. Konsequenzen für die familiale Erziehung

In der familialen Erziehung von Jugendlichen geht es immer mehr darum, ihnen Freiräume zu eröffnen, damit sie einerseits zeigen können, daß sie den Erwartungen ihrer Eltern entsprechen, später andererseits, um ihnen Erfahrungsmöglichkeiten zu eröffnen, die sie zu kritischen Reflexionen anleiten. Erst auf dieser Stufe ist es möglich, die Eltern nicht mehr als Vorbild, sondern vielmehr als Modell für das eigene Leben zu verstehen. In der Familie wird der reflektierte und kritisch hinterfragte Erwerb der einzelnen Kompetenzen unterstützt und mitgetragen. Der Jugendliche ist bereit, Verantwortung für sein eigenes Leben zu übernehmen, doch muß er erst von der Bereitschaft in die tatsächliche Kompetenz hineinwachsen. Der Prozeß der persönlichen Identitätsausgestaltung durch den Jugendlichen verläuft für die Eltern dann sehr schmerzhaft, wenn sie die damit verknüpfte Kritik zu stark auf die eigene Person beziehen. Doch geht es auch hier, wie auf jeder Entwicklungsstufe darum, den Heranwachsenden Grenz erfahrungen zu ermöglichen. Der Freiraum der eigenen Identitätsausbildung grenzt an denselben Freiraum der signifikanten Anderen und endet damit an dieser Stelle.

Konkretisiert werden diese Erläuterungen über den Erwerb der Basiskompetenzen und der spezifischen Teilkompetenzen nun anhand von Beispielen.

---

130 Fowler, J.W., Glaubensentwicklung, 98

IV.6.4. Zur Vermittlung der Basiskompetenzen durch eine familiale Moralerziehung im christlichen Kontext - Konkretisierung anhand von Beispielen

IV.6.4.1. Von der sinnlichen zur sensiblen Wahrnehmung

Der Weg der Wahrnehmung beginnt beim Säugling und Kleinkind mit der Unmittelbarkeit der erlebten Sinneseindrücke, die für das gesamte Leben prägend sind. Wie der Mensch später fühlen, wahrnehmen und denken wird, hängt deshalb in entscheidendem Maße davon ab, ob er in seiner frühesten Kindheit Positives oder Negatives wahrnehmen durfte. „Gerade darum hängt soviel davon ab, welcher Art die Gesellschaft ist, auf die das Neugeborene trifft. Immer noch Insel, immer noch herausgenommene Schutzzone, sind für die Beziehung zwischen Säugling und Mutter progressiv-zurückgebliebene Gefühle und Verhaltensweisen reserviert. Die gesellschaftliche Kälte von den Kindern abzuhalten, zu verhindern, daß deren Bedürfnisse nicht dem Modus industriell abstrakter Zeitmetrik ausgesetzt sind, sie also nicht nur abgefüttert, abgespiesen, dressiert werden, ist wesentlich der Widerstandsarbeit der Mütter zu verdanken. Sie halten so ein Stück Gegengesellschaft den Kindern und sich selbst gegenüber frei, indem sie die Selbstentfaltung und Eigenproduktion des Kindes stützen.“[131]

Das Kind lernt so geliebte Menschen, Dinge, aber auch sich selbst wahrzunehmen. Die Augen der primären Bezugsperson, der Mutter oder des Vaters, sind der erste Spiegel, „in dem sich das Kind spiegeln und damit im Anflug zur ersten Selbst-Wahrnehmung als es selbst sehen kann. Es sieht in dem Gesicht der Mutter, wie die Mutter es sieht, und so sieht es sich selbst: als geliebtes Kind, das immer wieder mit Lächeln überschüttet wird, auf daß es selbst lächele - ein Kreislauf der Freude und Lebenszuver-

131 Schumm, G., Wahrnehmung und Phantasie. Eine ontogenetische Skizze, Frankfurt a. M. 1989, 17 Gleichzeitig muß Schumm Recht gegeben werden, wenn er durch folgende Aussage auch die Grenzen dieses Mutter-Kind-Verhältnisses aufzeigt:

„Was sich hier an menschlicher Wärme bewahren konnte, ist nicht ungeschädigter Friede. Gezwungen, diese Insel zu halten, ist sie gleichzeitig zu schützen vor der Verklärung und der falschen Romantik, mit der die Mutter-Kind-Symbiose umsponnen wird. Das Zurückweisen des gesellschaftlichen Drucks ist die Leistung der Mutter zugunsten des auf sie angewiesenen Kindes, ist aber auch das Gefängnis, in dem beide sitzen. Der Reichtum an lebendiger Bindung, den die Mutter entfaltet, bedingt, gerade durch die Herausgenommenheit dieser Situation, deren Isoliertheit und schlechte Privatheit, ihr Angebundensein.“

sicht kann so beginnen-, oder als weniger geliebtes, vielleicht sogar als lästig empfundenes Kind.[132] Diese erste Selbst-Wahrnehmung ist entscheidend für das entstehende Selbstwertgefühl des Menschen, das unerläßliche Voraussetzung für die Beziehungsfähigkeit ist. Denn nur wer sich selbst positiv gegenübersteht, baut auch positive Beziehungen zu anderen Menschen auf.

Mit zunehmendem Alter beginnt das Kind das für ihn als relevant wahrgenommene Verhalten der Eltern nachzuahmen, es gleichsam den Eltern zurückzuspiegeln. Darin eingeschlossen ist z. B. auch tröstendes Verhalten, wie es Eltern zeigen, wenn ihre Kinder Schmerz erfahren. Obwohl Kinder in diesem Alter im Bereich der sozialen Perspektivenübernahme noch nicht bewußt die Perspektive eines anderen übernehmen können, erkennen sie sehr wohl gefühlsmäßige Stimmungen, wie z. B. Freude oder Trauer. Um sie zur Ausbildung einer sensiblen Wahrnehmungskompetenz hinzuführen, ist es hilfreich, die Kinder an den eigenen Gefühlen teilhaben zu lassen und zwar nicht nur einseitig an Gefühlen der Freude und des Glücks. Da in unserer modernen Lebenswelt Leid, Schmerz und Trauer weitgehend verdrängt und ausgeklammert werden, lernen Kinder weder mit diesen Gefühlen selbst umzugehen, noch Hilfestellung für andere Menschen in solchen Situationen zu geben. Dabei darf außerdem nicht übersehen werden, daß auch Kinder trauern, wenn sie einen geliebten Menschen verlieren. Mit dieser Trauer muß von seiten der Eltern behutsam umgegangen und sie muß thematisiert werden, damit das Kind sie verarbeiten kann. Gleichgültigkeit in der Wahrnehmung anderer rührt vielfach daher, daß man in der Kindheit Gleichgültigkeit erfahren hat. Nur sensible Wahrnehmung im Umgang mit den Mitmenschen läßt Beziehungen und Gemeinschaft gelingen. Wer Fürsorglichkeit in seiner Kindheit erlebt hat, dem ist eine Beziehung zum personalen und fürsorglichen Gott Jesu Christi möglich. Der persönliche Umgang der Eltern mit ihren Kleinkindern ist somit relevant für eine umfassende *Beziehungsfähigkeit*: zu sich selbst, zu anderen und zu Gott.

Kinder im Schulalter können meist die Bedürfnisse und Interessen anderer erkennen. Auch wenn ihr Verhalten noch Ich-orientiert ist, handeln sie mit Hilfe von Sensibilisierung für konkrete Not sehr hilfsbereit. Diese Bereitschaft ist deshalb von den Eltern zu stärken, gegen den momentanen Trend, durch den dominante „Makro-Voraussetzungen, die (...) Familien

---

132 Nipkow, K. E., Erwachsenwerden ohne Gott? Gotteserfahrung im Lebenslauf, München [3]1990, 23-24

eher dazu veranlassen, zu einer sensibilitäts-resistenten Durchsetzungsfähigkeit anzuleiten."[133] Hier sind Erfahrungsmöglichkeiten zu schaffen, die Kinder auch mit konkreter Not in Berührung bringen. Dazu gehören z. B. die vielen alten Menschen, die einsam und isoliert mitten in unserer Gesellschaft leben. Ihre Einsamkeit Kindern durch das eigene Verhalten zu verdeutlichen, indem man sich um alleinstehende Menschen in unmittelbarer Nähe kümmert und sorgt, ist hilfreich. Es ist ein Alarmsignal für unsere Gesellschaft, wenn Menschen in ihrer Wohnung sterben und erst Wochen oder Monate später entdeckt werden.

Phantasie und *Kreativität* sind nötig zur Linderung bzw. Beseitigung konkreter Not.

In diesem Alter, in dem das Narrative sehr große Bedeutung erlangt, werden Geschichten vom Handeln Jesu Menschen in Not gegenüber zum Vorbild. Gleichzeitig trifft das für Menschen außerhalb der Familie zu, wenn die Eltern die Familie nach außen hin öffnen.

Spätestens im Jugendalter erweitert sich sensible Wahrnehmungsfähigkeit auf durch Medien vermittelte Not, wenn z. B. die Bilder von Flüchtlingsströmen, Hunger- oder Umweltkatastrophen, die uns durch die Nachrichtensendungen täglich erreichen, den einzelnen „unausweichlich angehen". Diese Motivationserfahrung, die zu gelebter Verantwortlichkeit führt, muß in jedem Alter zur sensiblen Wahrnehmung ergänzend dazukommen, um sie zu erkennen. Dahinter steht jeweils eine Sinnerfahrung, die zu einer lebensgestaltenden Überzeugung führt, die dann wiederum zu sensibler Wahrnehmung als auch Verantwortlichkeit motiviert. Dies zeigt noch einmal die gegenseitige Verschränkung der drei Basiskompetenzen auf.

Da Jugendliche auf der dritten Entwicklungsstufe sich an den Erwartungen der signifikanten Anderen orientieren, müssen Erwartungen auch empathischem Verhalten gegenüber thematisiert werden.

Der durch die logischen Operationen erweiterte Bereich der Kognition ermöglicht im Jugendalter eine Stärkung der *Kritikfähigkeit* und der *kommunikativen Kompetenz*. Gleichzeitig sollte eine Stärkung der *Konfliktfähigkeit* erfolgen, um die eigene Meinung gegen andere verteidigen zu können. Vor allem in Bezug auf sensible Wahrnehmung, die sich mit dem konkreten Leid anderer nicht abfinden will, wird diese Konfliktfähigkeit

---

133 Eid, V., Moralerziehung in pluraler Lebenswelt, 166

nötig sein. Hier geht es darum, gegen bequeme Gleichgültigkeit und Vorurteile anzugehen.

Besonders die Kritikfähigkeit bewirkt eine mögliche Weiterentwicklung vom Vorbild- zum Modellverhalten, das dann auf der vierten Entwicklungsstufe erreicht wird. Im Bereich der Wahrnehmung bedeutet dies, nicht mehr nur sensible Wahrnehmung nachzuahmen, sondern selbst situationsspezifisch sensibel wahrzunehmen und nach kreativen Lösungen des Helfens zu suchen. Die familiale Erziehung eröffnet dabei Erfahrungsmöglichkeiten, läßt Engagement zu und wirkt so unterstützend.

Es gilt somit die Wahrnehmungskompetenz im Sinne ihrer dreigeteilten Definition zu stärken, nämlich:

- „1. Die Fähigkeit, über Sinneswahrnehmungen Kontakte zur Welt herzustellen, die zum spezifisch menschlichen Wahrnehmungserlebnis führen" - dies geschieht vorwiegend im Umgang mit Kleinkindern -
- „2. die Fähigkeit, reproduktive und produktive Vorstellungen zu bilden" -dies ist verstärkt ab dem Beginn des Schulalters möglich - und
- „3. Die Fähigkeit, logische Zusammenhänge zu erkennen und damit das Erlebte zu analysieren und Gesetzmäßigkeiten aufzudecken."[134] - sie kann in vollem Umfang erst mit dem Erreichen der kognitiven Stufe der formalen Operationen gestärkt und gefördert werden.

IV.6.4.2. Vom Vorbild zur persönlichen Überzeugung

Der Begriff der Überzeugung steht im Rahmen dieser Arbeit für eine lebensumgreifende, lebensgestaltende und sinnstiftende Überzeugung, wie sie z. B. der christliche Glaube darstellt. Da ihm die psychologische Definition von Einstellungen zugrundegelegt wurde, nach der eine Überzeugung als komplexe Einheit aus kognitiven und affektiven Komponenten besteht, die sich darüber hinaus in einem wechselseitigen Abhängigkeitsverhältnis befinden, hängt die Chance ihrer positiven Ausbildung wiederum von den altersentsprechenden Angeboten der familialen Erziehung ab.

Auch bei ihrer Entwicklung verzahnt sich der Erwerb der drei Basiskompetenzen miteinander.

---

134 Simm, W., Phantasie und Wirklichkeit, in: Wahrnehmung und Wirklichkeit. Im Horizont der Wahrnehmung: das ICH/das DU/die Anderen und die Dinge, ... Bochum 1990, 41

Das Kleinkind erkennt noch nicht die Überzeugungen, die hinter einem bestimmten Handeln stehen. Es nimmt das konkrete Verhalten der Eltern wahr und imitiert es. Wenn hinter diesem Verhalten der christliche Glaube als Überzeugung steht, wird dem Kind jedoch deutlich, daß der Gott Jesu Christi im Leben seiner Eltern eine Rolle spielt. Es wird entsprechendes Handeln, wie z. B. Miteinander-beten oder Hilfsbereitschaft nachahmen und somit zunächst unbewußt und ungeprüft übernehmen. Voraussetzung für die Kompetenz eine Beziehung zum liebenden Gott aufzunehmen ist dabei wie schon bei der Ausbildung der Wahrnehmungskompetenz das Erleben von liebender Geborgenheit in den ersten Kindheitsjahren, das Vertrauen in die Welt wachsen läßt.

Mit der zunehmenden Sprachkompetenz und der damit verbundenen wachsenden Freude am Narrativen können biblische Geschichten aber auch andere Geschichten christlicher Prägung zunächst Reden und Handeln aus dem Glauben zum Vorbild werden lassen. Dasgleiche gilt noch für Kinder im Grundschulalter. Christlich geprägte Inhalte gelten für sie konkret und sind wörtlich zu nehmen. Authentisches Leben und Handeln aufgrund der christlichen Grundüberzeugung wird wahrgenommen, kann jedoch für sich selbst noch nicht verwirklicht werden. Hierzu fehlt noch die Fähigkeit zu logischen Operationen. Sie kommen im Jugendalter dazu. Diese kognitive Kompetenz ist unerläßlicher Bestandteil einer Überzeugung, soll sie bewußt für das eigene Leben übernommen werden. Sind nur die affektiven Komponenten vorhanden, verleiht eine Überzeugung nicht Kontinuität, die als roter Faden das gesamte Leben durchzieht.

Erst wenn der Heranwachsende im Jugendalter nicht mehr nur Vorbilder imitiert, wie es auch noch in der ersten Phase dieses Alters der Fall ist, wenn er sich entsprechend den Erwartungen der signifikanten Anderen verhält, sondern fähig wird, modellhaft zu handeln, ergibt sich für ihn die Möglichkeit, eine sinnstiftende Überzeugung für sein Leben persönlich zu übernehmen. Hierfür ist es wichtig, daß die Eltern sinnstiftende Erfahrungen auch außerhalb der Familie zulassen, daß sie jedoch in Auseinandersetzungen die Veranlassung für das Handeln der Jugendlichen kritisch hinterfragen und so die *Kritik- , Konflikt- und Kommunikationsfähigkeit* fördern. Relevant ist dabei immer die eigene Authentizität des Redens, des Handelns und des Lebens. Ist sie gegeben, wird der Jugendliche bereit sein, die von seinen Eltern bezeugte Einstellung auch für sein Leben als relevant zu erachten. Die Fähigkeit, authentische Menschen, d. h. Menschen deren Leben aufgrund einer persönlich übernommenen Überzeugung Einheit, Kontinuität, Autonomie, Individualität, aber auch eine tiefe persönliche Identifikation mit sich selbst besitzt, als solche zu erkennen, hängt wiederum von der Sensibilität der Wahrnehmungskompetenz ab.

Da unsere Lebenszusammenhänge durch Sprache charakterisiert sind, hängt es sehr stark davon ab wie in der Familie das Leben von überzeugten und überzeugenden Menschen zur Sprache kommt, von Menschen wie z.B. Martin Luther King, Mahatma Gandhi oder Mutter Teresa. Es gibt jedoch auch in unmittelbarer Nähe Menschen, die versuchen eine Überzeugung durch ihr Handeln lebendig werden zu lassen. Sie können im Jugendalter modellhaft eingeholt werden, da jetzt die Fähigkeit vorhanden ist, von der Perspektive einer dritten Person bzw. auf der vierten Stufe von der Perspektive des Systems aus, die Sicht- und Handlungsweisen unterschiedlicher Personen vergleichend zu reflektieren und kritisch zu hinterfragen.

Erhält eine Überzeugung lebensgestaltende Motivationskraft muß auf der Basis einer Motivationserfahrung Verantwortlichkeit im Sinne des „Es geht mich unausweichlich an“ gelebt werden. Vom christlichen Glauben her kann dann nicht an der Not von einsamen, aufgrund von nationalistischen Vorurteilen ausgegrenzten, trauernden oder flüchtenden Menschen vorbeigegangen werden.

IV.6.4.3. Vom Egozentrismus zu persönlicher und partizipativer Verantwortung

Auf der Basis des christlichen Glaubens als persönlicher Grundüberzeugung entsteht der Indikativ verantwortlichen Handelns, als dessen Vorbild das Leben Jesu gilt, der es in radikaler Parteinahme für die Armen, Notleidenden und Ausgegrenzten bis zum Ende durchgehalten hat. „Die Antwort“ auf die Frage nach der Quelle seiner Kraft für dieses Handeln „führt zu seiner Gottesbeziehung. (...) Gott ist für ihn keine Chiffre für Mitmenschlichkeit, sondern selbst ein realer helfender und befreiender Partner in diesem Leben und darüber hinaus, der deswegen auch in der Geschichte der Menschen nicht anders verkündet und vertreten werden kann denn als vehementer Anwalt hilfe- und befreiungsbedürftiger Menschen. Hier liegt wohl die tiefste Quelle, aus der heraus ihm ein solches Leben und Sterben zugunsten der Menschen möglich war."[135] Diese Quelle ermöglicht indikativisches Handeln aus der Selbstverständlichkeit der christlichen Überzeugung heraus.

Als Beispiel für die Vermittlung der Verantwortlichkeitskompetenz im Rahmen der familialen Erziehung wird hier der Aspekt der Verantwortung für die Mitmenschen, die „Nächsten" und die „Fernen" herausgegriffen. Er ist selbstverständlich durch die Verantwortung der eigenen Person und der Schöpfung gegenüber zu ergänzen.

Wenn hier von „Fernstenliebe" die Rede ist, bedeutet dies in Bezug auf den Begriff der Liebe folgendes: „Liebe beschränkt sich nicht auf das affektive Verhalten. Unabhängig von unserer emotionalen Zuwendung kann ein anderer, wenn er in Not gerät, für uns zum Nächsten werden - ob wir ihn nun (emotional) lieben oder nicht. Es geht nicht um eine euphorische Liebe, sondern um jene innere Einstellung und Bereitschaft, dem anderen als Mitmenschen gerecht zu werden, ihn nicht nur gelten zu lassen, sondern ihm wohl zu wollen. Was uns nottut, ist eine Sensibilität für jene Situation, in der für uns gilt: Hier bist du gefordert, hier tut deine Zuwendung und Hilfe not."[136]

Während der Säugling und das Kleinkind noch nicht in der Lage sind, Verantwortung für andere Menschen zu übernehmen, besitzen die Eltern von Anfang an eine „vertikale" Familienverantwortung für ihre Kinder die für ihr jeweiliges Objekt nicht spezifisch, sondern global ist (das heißt sich auf alles erstreckt, was an ihnen betreubar ist) und nicht gelegentlich, sondern permanent, solange sie Kinder sind. Permanent ist daher hier auch die Gefahr der Verantwortungsversäumnis - eine Form der >Unverantwortlichkeit<, die keinen positiven Akt der Verleugnung (...), kein im üblichen Sinne unethisches Verhalten involviert." Es handelt sich dabei um die „unmerkliche, unachtsame, ungewollte Form der Unverantwortlichkeit, die deshalb um so gefährlicher ist und sich durch keine bestimmte Tat identifizieren läßt (da sie eben im nichttuenden Geschehenlassen besteht)."[137]

Relevant für die Förderung der Verantwortlichkeitskompetenz ist das eigene Vorleben von Verantwortungsübernahme und zwar in allen Entwicklungsphasen des Kindes. Dabei ist zu berücksichtigen, „daß von Ver-

---

135 Fuchs, O., Nächsten-, Fernsten- und Feindesliebe, in: Leben aus christlicher Verantwortung. Ein Grundkurs der Moral. Hg. von Johannes Gründel, Bd. 2: Schöpfung - Wirtschaft - Gesellschaft- Kultur, Düsseldorf 1992, 170

136 Fuchs, O., Nächsten-, Fernsten- und Feindesliebe, a.a.O. 184

137 Jonas, H., Das Prinzip Verantwortung, 178

antwortlichkeit nach heutigem Verständnis nur in dem Maße die Rede sein kann, wie ein handelndes Subjekt (Wer) über Einsicht und Freiheit verfügt, d.h. soziale Reife, die die intellektuelle, voluntative und emotionale Komponente umfaßt, erlangt hat."[138]

Wie schon bei den Ausführungen zu den anderen beiden Basiskompetenzen verdeutlicht, wird das Kind zunächst dieses Verhalten imitieren, bis es im Jugendalter die kognitiven Fähigkeiten entwickelt, um das Verhalten der bis dahin für ihn „vorbildhaften" Eltern zum Modell-Handeln umzuwandeln.

Es kommt dabei darauf an, nicht nur sensibel Not zu erkennen, nicht nur kognitiv eine sinnstiftende Überzeugung für das eigene Leben zu übernehmen, sondern dies in konkretes verantwortliches Handeln umzusetzen.

Und es kommt nicht nur darauf an, zu erkennen, daß Menschen in meiner unmittelbaren Nähe sich einsam und alleingelassen fühlen, sondern darausfolgend zu versuchen, diese Einsamkeit zu durchbrechen. Ein freundliches Grüßen, ein Händedruck, Hilfe beim Einkaufen kann schon von Schulkindern erfolgen, aber nur dann, wenn die Eltern dies vorleben, ihre Kinder darauf hinweisen und sie zu konkreter Hilfe anleiten. Konkretes verantwortliches Handeln in unmittelbarer Umgebung gehört zur persönlichen Verantwortung eines jeden einzelnen. Durch die Vernetzung in immer größere Lebenszusammenhänge besitzt der einzelne, wie schon oben erläutert, zusätzlich partizipative Verantwortung. „Was immer ein Mensch an Leistungen einbringt, und zwar in allen Lebensbereichen, bleibt *seine* Mit-Arbeit und damit zurückgebunden an *seine* Verantwortung: Partizipation bedeutet strukturelle Sicherung von Selbstentfaltung und Selbstbestimmung in sozialer Vernetzung."[139] In Bezug auf globale Konflikte bedeutet dies z. B., daß auch jeder einzelne die Folgen mitzutragen hat. Hier gilt: „Schon das Aufmerken, mit dem der Blick auf etwas oder jemanden antwortet, hat mit Verantwortung zu tun; denn bekanntlich kann man sich der Verantwortung am besten entziehen, indem man weghört oder wegschaut."[140] Bereits Schulkinder empfinden mit dem Leid von Flüchtlingen und wollen helfen. So sammelten z. B. Schulklassen während des Kosovo-Konflikts mit Hilfe von selbst veranstalteten Basaren Geld für die

138 Holotik, G., Verantwortung, in: Neues Lexikon der christlichen Moral, 823

139 Eid, V., Moralerziehung in pluraler Lebenswelt, 160

140 Waldenfels, B., Antwort und Verantwortung, in: Verantwortung. Friedrich Jahresheft X 1992, 140

Flüchtlingskinder. Hier ist es die Aufgabe der Eltern, dieses Engagement zu unterstützen und die Sensibilität für das Leid der Mitmenschen wachzuhalten. Aufgrund der Medien wächst die Welt immer weiter zusammen, so daß jedem einzelnen auch in globalen Zusammenhängen partizipative Verantwortung zukommt, die eine kreative Suche nach Lösungen erfordert. Die in diesem Zusammenhang entscheidende „Bedeutung von eigenverantwortlicher Vorurteilskritik für die Konsistenz der eigenen Moral und für den Bestand des sozialen Friedens, von dem ja alle abhängen, wird kaum realisiert."[141] Die Verankerung der Verantwortlichkeit in einer Sinn-Überzeugung, wie z. B. im christlichen Glauben ist unbedingt nötig, denn er veranlaßt uns zuerst, Feindbilder und Vorurteile zu überwinden, die die Ursache zahlreicher Konflikte darstellen. Vorurteilsbearbeitung erscheint in jeder familienspezifischen Entwicklungsphase als nötig, um „vorurteilsfrei" wahrnehmen und in verantwortlichem Sinne handeln zu können.

So wird insgesamt die gegenseitige Verschränkung der drei Basiskompetenzen deutlich, der deshalb eine Verschränkung der erfahrungseröffnenden Erziehungsangebote notwendig folgt. Sie wird ebenfalls begünstigt durch die spezifischen Teilkompetenzen, die sich für alle drei Basiskompetenzen als relevant erwiesen haben.

IV.6.4.4. Entwicklungsweg des Kindes: Von der Wahrnehmung über die Überzeugung zur Verantwortlichkeit - Familiale Erziehungsangebote: Von der Kontrast-, über die Sinn-, zur Motivationserfahrung

Es wurde versucht, die vertikale Ausbildung der drei Basiskompetenzen von der frühesten Kindheit bis zum Jugendalter aufzuzeigen, die familiale Erziehung durch die Eröffnung der drei Erfahrungsmöglichkeiten, der Kontrast-, der Sinn- und der Motivationserfahrung unterstützen kann. Obwohl eine wechselseitige Verschränkung der Kompetenzen in nahezu allen Entwicklungsphasen deutlich wurde, liegt ihr Entwicklungsschwerpunkt, dem die familiale Förderung Rechnung tragen muß, in unterschiedlichen Entwicklungsphasen. So wird im Säuglings-, Kleinkind- und beginnendem Schulalter vor allem die Wahrnehmungskompetenz ausgebildet, die durch Kontrasterfahrungen geschärft und sensibilisiert wird. Erst im zweiten Abschnitt des Jugendalters liegt der Schwerpunkt der Überzeugungsbildung

141 Eid, V., Moralerziehung in pluraler Lebenswelt, 151

und der beginnenden Übernahme von Verantwortlichkeit. Wie diese Phase verläuft, hängt entscheidend von den Sinn- und Motivationserfahrungen ab, die den Jugendlichen eröffnet werden.

Erst in diesem Alter ist der Heranwachsende in der Lage, seine Identität mit Hilfe der erworbenen Kompetenzen und im Sinne der vier Identitätskomponenten: der Autonomie, der Einheit, der Individualität und der Identifikation mit sich selbst, persönlich auszubilden. Diese Ausbildung erfolgt jedoch immer nur situationsspezifisch, ansatzweise und bruchstückhaft, da die Identitätsausbildung einen lebenslangen Prozeß darstellt. Die Aufgabe des Menschen bleibt es mit Hilfe der drei Basiskompetenzen seine Identität so auszubilden, daß im Rückblick Kontinuität erkennbar wird, d. h. daß die Lebensgeschichte und damit das gesamte Leben und Handeln ein roter Faden durchzieht. Dies wird möglich durch die Übernahme einer lebensgestaltenden Sinnüberzeugung, die Wahrnehmung und Handeln in entscheidender Weise prägen wird.

Familiale Erziehung orientiert sich am Ziel eines gelingenden Lebens für die Kinder und ist damit einerseits auf die Zukunft hin ausgerichtet, andererseits ereignet sie sich immer im gegenwärtigen Vollzug, von dessen Gelingen sowohl Gegenwart als Zukunft in entscheidendem Maße abhängen. Einer Moralpädagogik mit diesem Ziel, muß es deshalb immer um die konkrete Hilfestellung in der gegenwärtigen Situation gehen, da gelingende Identitätsausbildung zwar auf Zukunft hin orientiert ist, jedoch immer nur in der gegenwärtigen Situation greifbar und erlebbar wird.

IV.6.5. Christlich geprägte familiale Moralerziehung und das Gelingen lebensphasenspezifischer Identität

Die Abfolge der drei Basiskompetenzen bestimmt somit nicht nur den vertikalen Entwicklungsprozeß, sondern auch den horizontalen Entscheidungsprozeß, wie es schon bei der Stufentheorie Kohlbergs dargestellt wurde. Der Mensch nimmt eine Situation wahr, urteilt aufgrund einer übernommenen Überzeugung und handelt dann mit Hilfe deren Motivierungskraft.

Familiale Moralerziehung vor dem Hintergrund des christlichen Glaubens versucht in der Hoffnung auf das Reich Gottes, dieses durch Leben und Handeln schon gegenwärtig ansatzweise Wirklichkeit werden zu lassen. Sie ermöglicht durch die Ausbildung einer sensiblen Wahrnehmungs-, einer persönlichen überzeugungsbildenden - und einer autonomen Verantwortlichkeitskompetenz das Gelingen gegenwärtiger lebensphasenspezifischer Identität.

In der Hoffnung auf die Zukunft kommt es auf das „Jetzt" an und damit auf die Ausbildung von Autonomie, Einheit, Identifikation mit sich selbst und Individualität mit Hilfe des christlichen Glaubens, der zu moralischem Handeln motiviert, soweit dies in der jeweiligen Entwicklungssituation möglich ist - ansatzweise, bruchstückhaft und dennoch gelingend.

Literaturverzeichnis

Aufgrund der enormen Fülle der gesichteten Literatur zu den Themenbereichen „Familie“ und „Erziehung“ kann dieses Literaturverzeichnis nicht als Bibliographie verstanden werden. Statt dessen wurden nur diejenigen Titel aufgenommen, die im Rahmen dieser Arbeit tatsächlich verwendet wurden.

Folgende Abkürzungen sind im Literaturverzeichnis enthalten:

CGG = Christlicher Glaube in moderner Gesellschaft. Enzyklopädische Bibliothek in 30 Teilbänden, Freiburg 1981 ff.

EvErz = Der Evangelische Erzieher, Frankfurt 1949 ff.

HrpG = Handbuch religionspädagogischer Grundbegriffe, hg. von Bitter, Gottfried/ Miller, Gabriele, München 1986

KatBl = Katechetische Blätter. Zeitschrift für Religionsunterricht, Gemeindekatechese, Kirchliche Jugendarbeit, München 1875 ff.

SPT = Studien zur Praktischen Theologie, hg. von Erich Feifel, Eugen Paul und Günter Stachel

WzM = Wege zum Menschen, Göttingen 1954 ff.

ZEE = Zeitschrift für evangelische Ethik

ZfPäd = Zeitschrift für Pädagogik, Weinheim 1955 ff.

Affemann, Rudolf, Führen durch Persönlichkeit, in: Rothbucher, Heinz/ Wurst, Franz (Hg.), Zeig mir, wie das Leben geht ..., Salzburg 1985, 76-85

Affolter, Felicie, Wahrnehmung, Wirklichkeit und Sprache. Wissenschaftliche Beiträge aus Forschung, Lehre und Praxis zur Rehabilitation behinderter Kinder und Jugendlicher. Hg. von K. Schulte und W. Katein, Villingen-Schwennigen 1987

Allerbeck, Klaus/ Hoag, Wendy J., Jugend ohne Zukunft? Einstellungen, Umwelt, Lebensperspektiven, München 1985

Allport, G. W., Gestalt und Wachstum in der Persönlichkeit, Meisenheim 1970

Althof, Wolfgang/ Garz, Detlef, Moralische Zugänge zum Menschen - Zugänge zum moralischen Menschen. Schlußbetrachtungen, in: Oser, Fritz/ Althof, Wolfgang/ Garz, Detlef (Hg.), Moralische Zugänge zum Menschen - Zugänge zum moralischen Menschen. Beiträge zur Entstehung moralischer Identität, München 1986, 327-362

Apel, Karl-Otto, Diskurs und Verantwortung. Das Problem des Übergangs zur postkonventionellen Moral, Frankfurt/Main 1990

Apostolat und Familie. Festschrift für Opilio Kardinal Rossi zum 70. Geburtstag, hg. von Schambeck, H., Berlin 1980

d`Arcais, Guiseppe Flores, Die Erziehung der Person. Grundlegung einer personalistischen Erziehungstheorie, übersetzt von Winfried Böhm, Stuttgart 1991

Ariès, Philippe, Geschichte der Kindheit. Mit einem Vorwort von Hartmut von Hentig, München ^{9}1990

Arndt, Manfred (Hg.), Religiöse Sozialisation, Stuttgart u.a. 1975

Auer, Alfons, Autonome Moral und christlicher Glaube, in: KatBl 102 (1977) 60-76

Auer, Alfons, Das christliche Proprium des Sittlichen, in: Ders., Ethische Normen. Das christliche Proprium, Bensberg 1980, 61-96

Auer, Alfons, Der Mensch als Subjekt verantwortlichen Handelns, in: Leben aus christlicher Verantwortung. Ein Grundkurs der Moral. Herausgegeben von Johannes Gründel Band 1: Grundlegungen, Düsseldorf 1991, 14-40

Auer, Alfons, Die autonome Moral im christlichen Kontext, in: Seidel, Walter/ Reifenberg, Peter (Hg.), Moral konkret. Impulse für eine christliche Weltverantwortung, Würzburg 1993, 15-39

Auer, Alfons (I); **Kaufmann, Franz-Xaver** (II), Artikel Ehe und Familie, in: Staatslexikon. Recht-Wirtschaft-Gesellschaft in 5 Bänden. Herausgegeben von der Görres-Gesellschaft, 7. völlig neu bearbeitete Auflage, Freiburg, Basel, Wien 1986, 2. Band: Deutscher Caritasverband-Hochschulen, Sp. 86-118

Aufenanger, Stefan, Familien im Mediennetz - auf ewig verstrickt?, in: Baacke, Dieter/Lauffer, Jürgen (Hg.), Familien im Mediennetz? Opladen 1988, 34-45

Baacke, Dieter, Kindheit-Jugend-Adoleszenz, in: Enzyklopädie Erziehungswissenschaft Bd. 1, Stuttgart 1983, 452-457

Baacke, Dieter/ Heitmeyer, Wilhelm (Hg.), Neue Widersprüche. Jugendliche in den 80er Jahren, Weinheim und München 1985

Baacke, Dieter/ Lauffer, Jürgen (Hg.), Familien im Mediennetz? Opladen 1988

Baacke, Dieter, Familien im Mediennetz? Statt einer Einleitung, in: Ders./ Lauffer, Jürgen (Hg.), Familien im Mediennetz? Opladen 1988, 7-15

Baethge, Martin, Individualisierung als Hoffnung und als Verhängnis. In: Lindner, R./ Wiebe, H.-H. (Hg.), Verborgen im Licht. Neues zur Jugendfrage, Frankfurt/M. 1986, 98-123

Bahr, Matthias, Erziehung zur Prosozialität bei Acht- bis Zehnjährigen am Lernort Religionsunterricht. SPT 40. Hg. von Feifel, Erich/ Paul, Eugen/ Stachel, Günter, St. Ottilien 1992

Balkenohl, Manfred, Struktur und Reifungsprozeß der Familie. Kindschaft als Datum im menschlichen Reifungsprozeß, in: Balkenohl, Martin/ Wesseln, Hermann (Hg.), Erziehung in Verantwortung. Grundlagen, Aufgaben, Erfordernisse, Hamm 1982, 124-141

Balkenohl, Manfred/ Wesseln, Hermann (Hg.), Erziehung in Verantwortung. Grundlagen, Aufgaben, Erfordernisse, Hamm 1982

Barz, Heiner, Religion ohne Institution? Eine Bilanz der sozialwissenschaftlichen Jugendforschung. Mit einem Vorwort von Georg Schmid. Teil 1 des Forschungsberichts „Jugend und Religion" im Auftrag der Arbeitsgemeinschaft der Evangelischen Jugend in der Bundesrepublik Deutschland, Opladen 1992

Beck, Ulrich, Risikogesellschaft. Auf dem Weg in eine andere Moderne, Frankfurt a. M. 1986

Beck, Ulrich/Beck-Gernsheim, Elisabeth, Das ganz normale Chaos der Liebe, Frankfurt 1990

Becker, Wilhard und Kristin, Glaube in wachsenden Ringen. Unsere religiöse Erziehung, Stuttgart 1987

Beirer, Georg, Selbst Werden in Liebe. Eine Begründung christlicher Ethik im interdisziplinären Dialog, St. Ottilien 1988

Beirer, Georg, Wert, Tugend und Identität: Zur Gestaltung und Vermittlung sittlicher Kompetenz. Ein Beitrag zur Revitalisierung einer Tugendethik, in: Eid, Volker/ Elsässer, Antonellus/ Hunold, Gerfried W. (Hg.), Moralische Kompetenz. Chancen der Moralpädagogik in einer pluralen Lebenswelt, Mainz 1995, 76-116

Benner, D./ Peukert, H., Erziehung, moralische, in: Lenzen/Mollenhauer (Hg.), Enzyklopädie Erziehungswissenschaft, Bd. 1, Stuttgart 1983, 394

Berger, Peter L., Auf den Spuren der Engel. Die moderne Gesellschaft und die Wiederentdeckung der Transzendenz, Freiburg i. Br. [2] 1991

Berger, Peter, L., Der Zwang zur Häresie. Religion in der pluralistischen Gesellschaft, Freiburg i. Br. 1992

Berger, Peter L./ Luckmann, Thomas, Die gesellschaftliche Konstruktion der Wirklichkeit. Eine Theorie der Wissenssoziologie, Frankfurt a.M. 1996

Bertram, Hans, Gesellschaft, Familie und moralisches Urteil. Analysen kognitiver, familialer und sozialstruktureller Bedingungszusammenhänge moralischer Entwicklung, Weinheim und Basel 1978

Bertram, Hans (Hg.), Gesellschaftlicher Zwang und moralische Autonomie, Frankfurt 1986

Bertram, Hans (Hg.), Die Familie in Westdeutschland. Stabilität und Wandel familialer Lebensformen, Opladen 1991

Bertram, Hans, Moralerziehung - Erziehung zur Kooperation, Zf Päd. (1979)

Bertram, Hans, Strukturwandel der Familie, StZ 113 (1988) 232 ff.

Bertram, Hans/ Borrmann-Müller, Renate, Individualisierung und Pluralisierung familialer Lebensformen, aus: Politik und Zeitgeschichte. Beilage zur Wochenzeitung Das Parlament B 13 (1988) 14-23

Betz, Felicitas, Was macht das Christliche im Leben der Familie aus? KatBl 107 (1982) 594-600

Betz, Otto, Religiöse Erziehung als Selbst- und Weltbegegnung, in: Thiele, Johannes/Becker, Rudolf (Hg.), Chancen und Grenzen religiöser Erziehung, Düsseldorf 1980, 13-29

Betz, Otto, Die Familie als der Plan Gottes. Paraphrase einiger Aussagen des Apostolischen Lehrschreibens Johannes Paul II „Familiaris Consortio", KatBl 107 (1982) 616-619

Biesinger, Albert, Erziehung, in: Rotter, H./ G. Virt (Hg.), Neues Lexikon der christlichen Moral, Innsbruck - Wien 1990, 153-158

Bildstörung. Gedanken zu einer Ethik der Wahrnehmung. Hg. von **Dubost, J.-P.**, Leipzig 1994

Birkenbeil, Edward J, Verantwortliches Handeln in der Erziehung. Eine Herausforderung für die Dialogische Pädagogik, Bad Heilbrunn/ Obb. 1986

Bischof, Ledford J., Persönlichkeitstheorien. Darstellungen und Interpretationen, 2 Bände, Paderborn 1983

Biser, Eugen, Glaubensprognose. Orientierung in postsäkularistischer Zeit, Graz u.a. 1991

Bitter, Gottfried, Die Religion des Erziehers, in: Thiele, Johannes/ Bekker, Rudolf (Hg.), Chancen und Grenzen religiöser Erziehung, Düsseldorf 1980, 161-163

Blasi, Augusto, Die moralische Persönlichkeit: Reflexionen für die Sozialwissenschaften und die Erziehung, in: Oser, Fritz/ Althof, Wolfgang/ Garz, Detlef (Hg.), Moralische Zugänge zum Menschen - Zugänge zum moralischen Menschen. Beiträge zur Entstehung moralischer Identität, München 1986, 67-81

Bleistein, Roman, Gibt es eine jugendspezifische Moral, in: StZ 197 (1979) 539-546

Bleistein, Roman, Familie als Thema, in: StZ 201 (1983) 204-206

Böckenhoff, Josef, Die Begegnungsphilosophie. Ihre Geschichte - Ihre Aspekte, München 1970

Böckle, Franz, Was ist das Proprium einer christlichen Ethik? in: ZEE 11 (1967) 148-159

Böckle, Franz, Glaube und Handeln, in: Conc (D) 12 (1976) 641-647

Böckle, Franz, Familie hat Zukunft, in: Familie - Herausforderung der Zukunft. Symposium an der Universität Freiburg Schweiz 26.-28.11.1981. Hg. von Schnyder, Bernhard, Freiburg/ Schweiz 1982, 197-209

Bohleber, Werner, Die verlängerte Adoleszenz und ihre Bedeutung für die Identitätsbildung. In: WzM 41 (1989) 16-31

Bollnow, Otto Friedrich, Anthropologische Pädagogik, Bern-Stuttgart 1983

von Brachel, Hans Ulrich/ Fetz, Reto Luzius/ Oser, Fritz, Glaube als Transformationsprozeß, in: Diakonia 14 (1983) 34-43

Brion-Meisels, Steven/ Selman, Robert L., Interpersonale Verhandlungen in der Adoleszenz: Drei Porträts sozialer Entwicklung, in: Oser, Fritz/Althof, Wolfgang/ Garz, Detlef (Hg.), Moralische Zugänge zum Menschen - Zugänge zum moralischen Menschen. Beiträge zur Entstehung moralischer Identität, München 1986, 136-156

Brezinka, Wolfgang, Glaube, Moral und Erziehung, München 1992

Bronfenbrenner, Urie, Die Ökologie der menschlichen Entwicklung, Stuttgart 1981

Brose, Hans-Georg/ Hildenbrand, Bruno, Biographisierung von Erleben und Handeln, in: Brose, H.-G./Hildenbrand, B. (Hg.), Vom Ende des Individuums zur Individualität ohne Ende, Opladen 1988, 11-30

Brose, Hans-Georg/ Hildenbrand, Bruno (Hg.), Vom Ende des Individuums zur Individualität ohne Ende, Opladen 1988

Buber, Martin, Ich und Du, in: Ders., Das dialogische Prinzip. Dritte, verbesserte und um ein Namensverzeichnis ergänzte Auflage, Heidelberg 1973, 7-136

Buber, Martin, Urdistanz und Beziehung. Beiträge zu einer philosophischen Anthropologie, Heidelberg 1978

Buber, Martin, Reden über Erziehung, Heidelberg 1986

Bucher, Anton A./ Oser, Fritz, Religiöse Entwicklung und Erziehung, in: Unterrichtswissenschaft 2 (1987) 130-156

Bucher, Anton A., „Wenn wir immer tiefer graben ... kommt vielleicht die Hölle“. Plädoyer für die Erste Naivität, in: KatBl 114 (1989) 654-662

Bucher, Anton A., Gottesvorstellungen in der kindlichen Entwicklung, in: Lebendige Katechese 13 (1991) 19-24

Bucher, Anton A., Die Theorie der moralischen Entwicklung von Lawrence Kohlberg und seiner Schule und die Moraltheologie, in: Freiburger Zeitschrift für Philosophie und Theologie 38 (1991) 57-82

Bucher, Anton A., Die Moraltheorie von Lawrence Kohlberg als Paradigma für Moraltheologie und religiös-sittliche Erziehung, in: Eid, Volker/ Elsässer, Antonellus/ Hunold, Gerfried W. (Hg.), Moralische Kompetenz. Chancen der Moralpädagogik in einer pluralen Lebenswelt, Mainz 1995, 37-75

Buchholz, Wolfgang, / Gmür, Wolfgang/ Höfer, Renate/ Straus, Florian, Lebenswelt und Familienwirklichkeit. Studien zur Praxis der Familienberatung, Frankfurt/New York 1992

Burkart, Günter/Kohli, Martin, Liebe, Ehe, Elternschaft. Die Zukunft der Familie, München 1992

Bussmann, Gabriele, Stufenmodelle zur Entwicklung religiösen Bewußtseins. Theologische und religionspädagogische Anfragen, in: Religionspädagogische Beiträge 21 (1988) 30-50

Claessens, Dieter, Institution Ehe in einer sich wandelnden Gesellschaft. Soziologische und anthropologische Aspekte, in: Eid, Volker/ Henrich, F. (Hg.), Ehe und Ehescheidung, München 1972, 75-83

Cloer, Ernst (Hg.), Familienerziehung, Bad Heilbrunn 1978

Coleman, John, Werte und Tugenden in fortgeschrittenen modernen Gesellschaften, in: Conc 23 (1987) 179-187

Conn, Walter E., Affectivity in Kohlberg and Fowler, in: Religious Education 76 (1981) 33-48

Cooper, Eugen J., Grundwerte in der Erziehung. Ansätze zur Gewissensbildung des Kleinkindes, Würzburg 1979

Czell, Gernot, Religiöse und kirchliche Sozialisation in der Alltagswelt, in: Arndt, Manfred (Hg.), Religiöse Sozialisation, Stuttgart u.a. 1975, 26-49

Degenhardt, Johannes Joachim, Tradierungskrise des Glaubens, in: Feifel, Erich/ Kasper, Walter (Hg.), Tradierungskrise des Glaubens, München 1987, 11-29

Demmer, Klaus, Die Wahrheit leben. Theorie des Handelns, Freiburg u.a. 1991

Dörmann, Jürgen, Statt Medienkonsum Kommunikations- und Konfliktkompetenz! In: Baacke, Dieter/ Lauffer, Jürgen (Hg.), Familien im Mediennetz? Opladen 1988, 152-157

Döbert, Rainer, Sinnstiftung ohne Sinnsysteme? In: Fischer, Wolfram/ Marhold, Wolfgang (Hg.), Religionssoziologie als Wissenssoziologie, Stuttgart u.a. 1978, 52-72

Döbert, Rainer, Horizonte der an Kohlberg orientierten Moralforschung, in: Zeitschrift für Pädagogik 33 (1987) 491-511

Dunde, Siegfried R., Selbstverwirklichung. Herkunft und Bedeutung eines modernen Begriffs, in: StZ 200 (1982) 25-30 und 351-354

Duquoc, Christian, Kirchenzugehörigkeit und christliche Identität, in: Conc 24 (1988) 157-164

Ebert, Klaus, Theorien zur Entwicklung des religiösen Bewußtseins. Überlegungen zu einer religionspsychologischen Sozialisationstheorie, in: Der Evangelische Erzieher 33 (1981) 456-467

Edelstein, Wolfgang/ Keller, Monika/ von Essen, Cornelie/ Mönnig, Michael, Moralische Sensibilität, Handlungsentscheidung und moralische Konsistenz, in: Oser, Fritz/ Althof, Wolfgang/ Garz, Detlef (Hg.), Moralische Zugänge zum Menschen - Zugänge zum moralischen Menschen. Beiträge zur Entstehung moralischer Identität, München 1986, 44-66

Eid, Volker, Befreiende Rede von Gott in der praktizierten Moraltheologie. Zur Überwindung eines autoritären Gottesbildes, in: Theologische Quartalschrift 155 (1975) 117-131

Eid, Volker/ Vaskovics, Laszlo (Hg.), Wandel der Familie - Zukunft der Familie. (Moraltheologie interdisziplinär. Herausgegeben von Volker Eid), Mainz 1982

Eid, Volker, Elemente einer theologisch-ethischen Lehre über die Familie, in: Eid, Volker/ Vaskovics, Laszlo (Hg.), Wandel der Familie - Zukunft der Familie, Mainz 1982, 179-201

Eid, Volker, Kirchenstruktur und „christliche Moral". Die moralische Herausforderung im christlichen Glauben und kommunikatives Handeln, in: ZEE 37 (1993) 59-69

Eid, Volker, Weitergabe „christlicher Moral" im Religionsunterricht, in: Brune, Johannes (Hg.), Freiheit und Sinnsuche. Religionsunterricht, Ethik, Lebenskunde in der pluralen Gesellschaft, Hildesheim 1993, 41-62

Eid, Volker, Wertebildung und Wertevermittlung bei Jugendlichen. Anmerkungen zum Thema „Weitergabe der Moral", in: jugend & GESELLSCHAFT 4 (1993) 5-7

Eid, Volker, Moralerziehung in pluraler Lebenswelt - und „christliche Moral"? Demokratische Moral als moralpädagogisches Ziel, in: Eid, Volker/Elsässer, Antonellus/ Hunold, Gerfried W.(Hg.), Moralische Kompetenz. Chancen der Moralpädagogik in der pluralen Lebenswelt, Mainz 1995, 143-174

Eid, Volker/ Elsässer, Antonellus/ Hunold, Gerfried W. (Hg.), Moralische Kompetenz. Chancen der Moralpädagogik in einer pluralen Lebenswelt, Mainz 1995

Emeis, Dieter, Christliche Erziehung in der Familie, in: Caritas 81 (1980) 235-239

Engadiner Kolloquium (Hg.), Die unersättliche Gesellschaft. Wieviel Konsum verträgt der Mensch? Freiburg-Basel-Wien 1992

Englert, Rudolf, Plädoyer für „religionspädagogische Pünktlichkeit". Zum Verhältnis von Glaubensgeschichte, Lebensgeschichte und Bildungsprozeß, in: KatBl 113 (1988) 159-169

Erharter, Helmut, Zuviel „Familie"? Diakonia 11 (1980) 217-220

Erikson, Erik H., Einsicht und Verantwortung. Die Rolle des Ethischen in der Psychoanalyse, Stuttgart 1966

Erikson, Erik H., Kindheit und Gesellschaft, Stuttgart [4]1971

Erikson, Erik H., Lebensgeschichte und historischer Augenblick. Übersetzt von Thomas Lindquist, Frankfurt a. M. 1977

Erikson, Erik H., Jugend und Krise. Die Psychodynamik im sozialen Wandel. Aus dem Englischen von Marianne von Eckhardt-Jaffe, Frankfurt a. M. 1988

Erikson, Erik H., Ich-Entwicklung und geschichtlicher Wandel, in: Ders., Identität und Lebenszyklus, Frankfurt a. M. 1993, 11-54

Erikson, Erik H., Identität und Lebenszyklus. Drei Aufsätze übersetzt von Käte Hügel, Frankfurt a. M. [13]1993

Erikson, Erik H., Das Problem der Ich-Identität, in: Ders.: Identität und Lebenszyklus, Frankfurt a. M. 1993, 123-212

Erikson, Erik H. Wachstum und Krisen der gesunden Persönlichkeit, in: Ders., Identität und Lebenszyklus, Frankfurt a. M. 1993, 55-122

Esser, Wolfgang G., Gott reift in uns. Lebensphasen und religiöse Entwicklung, München 1991

Exeler, Adolf, Religiöse Erziehung als Hilfe zur Menschwerdung, in: Thiele, Johannes/ Becker, Rudolf (Hg.), Chancen und Grenzen religiöser Erziehung, Düsseldorf 1980, 30-51

Exeler, Adolf, Jungen Menschen leben helfen. Die alten und die neuen Werte, Freiburg u.a. 1984

Fabian, Ulrich, Das Problem der Identität aus der Sicht der Psychoanalyse, der Soziologie und der Theologie, in: KatBl (1979), 164-169

Familiaris Consortio, Apostolisches Schreiben von Papst Johannes Paul II. an die Bischöfe, die Priester und die Gläubigen der ganzen Kirche über die Aufgaben der christlichen Familie in der Welt von heute vom 22. November 1981, Statuten der Päpstlichen Missionswerke, Verlautbarungen des Apostolischen Stuhls 28-34, hg. vom Sekretariat der Deutschen Bischofskonferenz, Bonn 1981

Familie - Herausforderung der Zukunft. Symposium an der Universität Freiburg Schweiz 26.-28.11.1981. Herausgegeben von Bernhard Schnyder, Freiburg/Schweiz 1982

Familien verändern sich. Anfragen an Ethik und Politik. Symposium am 29. September 1986, Schriftenreihe des Bundesministers für Jugend, Familie, Frauen und Gesundheit Bd. 234, Stuttgart u.a. 1986

Feifel, Erich/ Kasper, Walter (Hg.), Tradierungskrise des Glaubens, München 1987

Fend, Helmut, Pädagogik des Jugendalters. Gibt es heute noch pädagogische Handlungsmaximen für den Umgang mit Jugendlichen? In: Pädagogik 45 (1993)11, 43-46

Ferchhoff, Wilfried, Zur Pluralisierung und Differenzierung von Lebenszusammenhängen bei Jugendlichen. In: Baacke, Dieter/ Heitmeyer, Wilhelm (Hg.), Neue Widersprüche. Jugendliche in den 80er Jahren, Weinheim und München 1985, 46-85

Ferchhoff, Wilfried, Jugend im Wandel, in: Diakonia 23 (1992) 366-377

Fetscher, Rolf, Das Selbst und das Ich. In: Psyche 35 (1981) 616 ff.

Fetscher, Rolf, Identität. Gestalt und Begrenzung. In: Schmid, Hans (Hg.), Wege zur Identität. Jutta v. Graevenitz und Ursula Laessig zu ehren, Würzburg 1983, 51-80

Fischer, Wolfram/ Marhold, Wolfgang (Hg.), Religionssoziologie als Wissenssoziologie, Stuttgart u.a. 1978

Fomm, Matthias, Aspekte moralischer und christlicher Sozialisation in der Familie, in: Eid, Volker/ Vaskovics, Laszlo (Hg.), Wandel der Familie - Zukunft der Familie, Mainz 1982, 227-241

Forschner, Maximilian, Glück als personale Identität. Die stoische Theorie des Endziels, in: Ders., Über das Glück des Menschen. Aristoteles, Epikur, Stoa, Thomas von Aquin, Kant, Darmstadt 1993, 45-79

Fowler, James W., Stage Six and the Kingdom of God, in: Religious Education Association 75 (1980) 231-248

Fowler, James W., Theologie und Psychologie in der Erforschung der Glaubensentwicklung, in: Concilium 18 (1982) 444-447

Fowler, James W., Ein Gespräch mit dem Theologen James Fowler über Glauben, in: Psychologie heute 11 (1984) 28-35

Fowler, James W., Eine stufenweise geschehende Einführung in den Glauben. In: Concilium 20 (1984) 309-315

Fowler, James W., Glaubensentwicklung. Perspektiven für Seelsorge und kirchliche Bildungsarbeit. Eingeführt und hg. von Friedrich Schweitzer. Aus dem amerikanischen Englisch übersetzt von Sieglinde Denzel und Susanne Naumann, München 1989

Fraas, Hans-Jürgen, Religiöse Erziehung und Sozialisation im Kindesalter, Göttingen 1978

Fraas, Hans-Jürgen, Familie: Ort der religiösen Sozialisation, Lebendige Seelsorge 30 (1979) 81-86

Fraas, Hans-Jürgen, Glaube und Identität. Grundlegung einer Didaktik religiöser Lernprozesse, Göttingen 1983

Fraas, Hans-Jürgen, Identität und die Symbole des Glaubens. In: Ev Erz 38 (1986) 286-289

Fraas, Hans-Jürgen/ Heimbrock, Hans-Günter (Hg.), Religiöse Erziehung und Glaubensentwicklung. Zur Auseinandersetzung mit der kognitiven Psychologie. Erträge der 3. Internationalen Arbeitstagung „Religionspädagogik und Religionspsychologie", Göttingen 1986

Fraas, Hans-Jürgen, Zur Dynamik von Glauben und Lernen in theologischer und psychologischer Perspektive. Teilaspekte der Persönlichkeit oder Bedingungsstruktur der Ich-Entwicklung? In: Fraas, Hans-Jürgen/Heimbrock, Hans-Günter (Hg.), Religiöse Erziehung und Glaubensentwicklung, Göttingen 1986, 11-37

Fraas, Hans-Jürgen, Die Religiosität des Menschen. Ein Grundriß der Religionspsychologie, Göttingen 1990

Fraling, Bernhard, Glaube, in: Rotter, Hans/Virt, Günter (Hg.), Neues Lexikon der christlichen Moral, Innsbruck - Wien 1990, 286-295

Fromm, Erich, Haben oder Sein, Stuttgart 1976

Fuchs, Josef, Gibt es eine spezifisch christliche Moral?, in: StZ 185 (1970) 99-112

Fuchs, Ottmar, Nächsten-, Fernsten - und Feindesliebe, in: Leben aus christlicher Verantwortung. Ein Grundkurs der Moral. Hg. von Johannes Gründel, Bd. 2: Schöpfung - Wirtschaft - Gesellschaft - Kultur, Düsseldorf 1992, 167-185

Funke, Dieter, Im Glauben erwachsen werden, München 1986

Giers, Joachim, Die Familie in der Heilsordnung, in: Weiler/ Zsifkovits: Familie im Wandel, Wien 1975, 166-183

Gilligan, Carol, Verantwortung für die anderen und für sich selbst - das moralische Bewußtsein von Frauen, in: Schreiner, Günter (Hg.), Moralische Entwicklung und Erziehung, Braunschweig 1983, 133-174

Gilligan, Carol, Die andere Stimme. Lebenskonflikte und Moral der Frau. Aus dem Amerikanischen von Brigitte Stein, München 1996

Glauben ermöglichen. Zum gegenwärtigen Stand der Religionspädagogik. FS für Günter Stachel. Hg. von Eugen Paul und Alex Stock, Mainz 1987

Gmünder, P., Entwicklung als Ziel der religiösen Erziehung, in: KatBl 8 (1979) 628-634

Götz, Bernd (Hg.), Sozialisation und Erziehung, Darmstadt 1978

Gottschalch, Wilfried, Wahrnehmen, Verstehen, Helfen. Grundlagen psychosozialen Handelns, Heidelberg 1988

Grom, Bernhard, Jugend mit „religiöser Nachfrage“, in: StZ 200 (1982) 784-788

Grom, Bernhard, Glaubensvermittlung in der Tradierungskrise, in: StZ 208 (1990)12, 827-838

Grom, Bernhard, Religionspsychologie, München/Göttingen 1992

Grob, Peter, Einführung. Konsumieren wir uns zu Tode?, in: Die unersättliche Gesellschaft. Wieviel Konsum verträgt der Mensch?, Freiburg u.a. 1992, 7-10

Gruber, Hans-Günter, Familie und christliche Ethik, Darmstadt 1995

Gruber, Thomas, Kommunikative Kompetenz und persönliche Autonomie, in: Ronneberger, Franz/ Seel, Hans-Jürgen/ Stosberg, Manfred (Hg.), Autonomes Handeln als personale und gesellschaftliche Aufgabe, Opladen 1980, 169-184

Gründel, Johannes (Hg.), Leben aus christlicher Verantwortung. Ein Grundkurs der Moral. Bd. 1: Grundlegungen, Düsseldorf 1991

Gründel, Johannes (Hg.), Leben aus christlicher Verantwortung. Ein Grundkurs der Moral. Bd. 2: Schöpfung - Wirtschaft -Gesellschaft - Kultur, Düsseldorf 1992

Gründel, Johannes (Hg.), Leben aus christlicher Verantwortung. Ein Grundkurs der Moral. Bd. 3: Partnerschaft - Ehe - Familie - Leibliches Leben - Kirche, Düsseldorf 1992

Gudjons, Herbert, Sozialisation. Die wichtigsten Theorien und Ergebnisse, in: Pädagogik 45 (1993) 42-47

Guski, Rainer, Wahrnehmung. Eine Einführung in die Psychologie der menschlichen Informationsaufnahme, Stuttgart-Berlin-Köln 1989

Habermas, Jürgen, Moralbewußtsein und kommunikatives Handeln, Frankfurt a.M. ^{4}1991

Hahn, Alois, Soziale Voraussetzungen von Individualität, in: Schavan, Annette/ Welte, Berhard (Hg.), Person und Verantwortung. Zur

Bedeutung und Begründung von Personalität, Düsseldorf 1980, 53-70

Hamann, Bruno, Familie heute. Ihre Funktion und Aufgabe als gesellschaftliche und pädagogische Institution. Themen der Pädagogik herausgegeben von Walter Braun, Frankfurt a. M. 1988

Heimbrock, Hans-Günter, Intellektuelle Problembewältigung oder verstehendes Erschließen? in: Fraas, Hans-Jürgen/ Heimbrock, Hans-Günter (Hg.), Religiöse Erziehung und Glaubensentwicklung, Göttingen 1986, 137-152

Heitmeyer, Wilhelm/ Olk, Thomas, Das Individualisierungs-Theorem - Bedeutung für die Vergesellschaftung von Jugendlichen. In: Heitmeyer, W./ Th. Olk (Hg.), Individualisierung von Jugend, Weinheim/München 1990, 11-34

Henkel, Christoph, Die Privatisierung der Familie als soziales Problem für die familiale Kommunikation. Eine sozialwissenschaftliche Studie zur Begründung einer kommunikationsorientierten Familientheorie, Frankfurt-Bern-Las Vegas 1979

Hettlage, Robert, Familienreport. Eine Lebensform im Umbruch, München 1992

Hilpert, Konrad, Einführung: Stichwort „Selbstverwirklichung", in: Hilpert, Konrad (Hg.), Selbstverwirklichung. Chancen - Grenzen - Wege, Mainz 1987, 9-19

Hinsch, Rüdiger/ Jürgens, Barbara, Sozialpsychologie, in: Psychologie. Eine Einführung in ihre Grundlagen und Anwendungsfelder. Herausgegeben von Dietrich Dörner und Herbert Selg, Stuttgart u.a. 1985, 224-250

Höffe, Otfried, Ethisch-sozialphilosophische Überlegungen, in: Familie-Herausforderung der Zukunft. Herausgegeben von Bernhard Schnyder, Freiburg/Schweiz 1982, 339-342

Hoffman, Martin L., Vom empathischen Mitleiden zur Solidarität, in: Schreiner, Günter (Hg.), Moralische Entwicklung und Erziehung, Braunschweig 1983, 235-265

Hoffmann, Paul/ Volker Eid, Jesus von Nazareth und eine christliche Moral. Sittliche Perspektiven der Verkündigung Jesu. Quaestiones Disputatae. Herausgegeben von Karl Rahner und Heinrich Schlier, Nr. 66, Freiburg i. Br. 1975

Hofmann, Bernhard F., Kognitionspsychologische Stufentheorien und religiöses Lernen. Zur (korrelations-)didaktischen Bedeutung der

Entwicklungstheorien von J. Piaget, L. Kohlberg und F. Oser/ P. Gmünder, Freiburg u.a. 1991

Holderegger, Adrian, Autonomie, Rotter, Hans/ Virt, Günter (Hg.), Neues Lexikon der christlichen Moral, Innsbruck/Wien 1990, 59-66

Holotik, Gerhard, Verantwortung, in: Rotter, Hans/ Virt, Günter (Hg.), Neues Lexikon der christlichen Moral, Innsbruck - Wien 1990, 821-823

Huber, Roland, Zur Psychologie der Selbstverwirklichung. Eine vergleichende Betrachtung psychologischer Selbstverwirklichungstheorien, Diss. phil. Zürich 1981

Hurrelmann, Klaus, Lebenschancen und Handlungskompetenz. Gelingende und mißlingende Sozialisation im Lebenslauf, in: Weymann, Ansgar (Hg.), Handlungsspielräume. Untersuchungen zur Individualisierung und Institutionalisierung von Lebensläufen in der Moderne, Stuttgart 1989, 163-171

Hutsebaut, Dirk, Die Rolle der Bezugspersonen bei der Vermittlung von Glauben, in: Fraas, Hans-Jürgen/ Heimbrock, Hans-Günter (Hg.), Religiöse Erziehung und Glaubensentwicklung, Göttingen 1986, 63-81

Jonas, Hans, Das Prinzip Verantwortung. Versuch einer Ethik für die technologische Zivilisation, Frankfurt a. M. 1984

Jonas, Hans, Prinzip Verantwortung - Zur Grundlegung einer Zukunftsethik, in: Meyer, Thomas/ Miller, Susanne (Hg.), Zukunftsethik und Industriegesellschaft, München 1986

Karrer, Leo, Familie - zwischen Wunsch und Lebbarkeit, Diakonia 23 (1992) 217-222

Kasper, Walter, Tradierung und Vermittlung als systematisch-theologisches Problem, in: Feifel, Erich/ Kasper, Walter (Hg.), Tradierungskrise des Glaubens, München 1987, 30-52

Kasten, Hartmut, Die Entwicklung von Moralvorstellungen und Moralbegriffen beim Kinde, Donauwörth 1976

Kaufmann, Franz-Xaver, Sozialpolitik und Familie, in: Aus Politik und Zeitgeschichte. Beilage zur Wochenzeitung Das Parlament B 13 (1988) 34-43

Kaufmann, Franz-Xaver, Der Ruf nach Verantwortung. Risiko und Ethik in einer unüberschaubaren Welt, Freiburg-Basel-Wien 1992

Kaufmann, Franz-Xaver, Zukunft der Familie im vereinten Deutschland. Gesellschaftliche und politische Bedingungen, München 1995

Kay, William, Die moralische Entwicklung des Kindes. Entwicklungspsychologische Untersuchungen zur Bildung der Moralvorstellungen in Kindheit und Jugend, Düsseldorf 1975

Kegan, Robert, Die Entwicklungsstufen des Selbst. Fortschritte und Krisen im menschlichen Leben, München ^{2}1991

Kerstiens, Ludwig, Jugend auf der Suche nach Wertorientierung, in: Lebendiges Zeugnis 37 (1982) 25-36

Kerstiens, Ludwig, Modell oder Vorbild? Lebendige Katechese 8 (1986) 77-83

Kettner, Matthias, Diskursethik und Verantwortung für zukünftige Generationen, in: Verantwortung. Friedrich Jahresheft X (1992) 124-126

Klessmann, Michael, Identität und Glaube. Zum Verhältnis von psychischer Struktur und Glaube, München 1980

Klewes, Joachim, Retroaktive Sozialisation: Einflüsse Jugendlicher auf ihre Eltern, Weinheim 1983

Köcher, Renate, Einstellungen zur Ehe und Familie im Wandel der Zeit. Eine Repräsentativuntersuchung im Auftrag des Ministeriums für Arbeit, Gesundheit, Familie und Sozialordnung Baden-Württemberg, Stuttgart, Aalen 1985

Köcher, Renate, Religiös in einer säkularisierten Welt, in: Noelle-Neumann, Elisabeth/ Köcher, Renate, Die verletzte Nation. Über den Versuch der Deutschen, ihren Charakter zu ändern, Stuttgart 1987, 164-281

Köcher, Renate, Unterschätzte Funktionen der Familie, in: Aus Politik und Zeitgeschichte. Beilage zur Wochenzeitung Das Parlament B 13 (1988) 24-33

König, Eckard/ Volmer, Gerda, Grunderfahrungen in religiöser Erziehung, in: Thiele, Johannes/ Becker, Rudolf (Hg.), Chancen und Grenzen religiöser Erziehung, Düsseldorf 1980, 146-147

König, Franz, Ehe und Familie. Die angemessene Lebensform, in: Apostolat und Familie. FS für Opilio Kardinal Rossi zum 70. Geburtstag hg. von Schambeck, Herbert, Berlin 1980, 321-328

König, Rene, Themenwandel in der gegenwärtigen Soziologie der Familie, in: Familie - Herausforderung der Zukunft. Symposium an der

Universität Freiburg/Schweiz 26.-28.11.1981. Hg. von Schnyder, Bernhard, Freiburg (Schweiz) 1982, 5-21

Kohlberg, Lawrence, Die Bedeutung und Messung des Moralurteils (1979), in: Ders., Die Psychologie der Moralentwicklung, Frankfurt a. M., 1996, 175-216

Kohlberg, Lawrence, Die Beziehung zwischen moralischem Urteil und moralischem Handeln (mit Daniel Candee, 1984), in: Ders: Die Psychologie der Moralentwicklung, Frankfurt a. M. 1996, 373-493

Kohlberg, Lawrence, Moralische Entwicklung (1968), in: Ders., Die Psychologie der Moralentwicklung, Frankfurt a. M. 1996, 7- 40

Kohlberg, Lawrence, Moralstufen und Moralerwerb: Der kognitiv-entwicklungstheoretische Ansatz (1976), in: Ders.: Die Psychologie der Moralentwicklung, Frankfurt a. M. 1996, 123-174

Kohlberg, Lawrence, Die Psychologie der Moralentwicklung. Herausgegeben von Wolfgang Althof unter Mitarbeit von Gil Noam und Fritz Oser, Frankfurt a. M. 1996

Kohlberg, Lawrence, Zum gegenwärtigen Stand der Theorie der Moralstufen (mit Charles Levine und Alexandra Hewer, 1984), in: Ders.: Die Psychologie der Moralentwicklung, Frankfurt a. M. 1996, 217-372

Kohlberg, Lawrence, Zusammenhänge und Brüche zwischen der Moralentwicklung in der Kindheit und im Erwachsenenalter (mit Richard Kramer 1969), in: Ders., Die Psychologie der Moralentwicklung, Frankfurt a. M. 1996, 41-80

Kohlberg, Lawrence, Zusammenhänge zwischen der Moralentwicklung in der Kindheit und im Erwachsenenalter - neu interpretiert (1973), in: Ders., Die Psychologie der Moralentwicklung, Frankfurt a. M. 1996, 81-122

Kohli, Martin, Normalbiographie und Individualität: Zur institutionellen Dynamik des gegenwärtigen Lebenslaufregimes, in: Brose, Hans-Georg/ Hildenbrand, Bruno (Hg.), Vom Ende des Individuums zur Individualität ohne Ende, Opladen 1988, 33-53

Kramer, Hans, Glauben lernen, in: Balkenohl, Manfred/ Wesseln, Hermann (Hg.), Erziehung in Verantwortung. Grundlagen, Aufgaben, Erfordernisse, Hamm 1982, 93-105

Küng, Guido, Die postkonventionelle Ebene der moralischen Entwicklung: Psychologie oder Philosophie? in: Oser, Fritz/ Althof, Wolfgang/ Garz, Detlef (Hg.), Moralische Zugänge zum Menschen -

Zugänge zum moralischen Menschen. Beiträge zur Entstehung moralischer Identität, München 1986, 312-326

Kuld, Lothar, Kinder denken anders. Anmerkungen zur Kontroverse um die „Erste Naivität", in: KatBl 115 (1990) 180-185

Lampert, Heinz, Familie heute - Sozialökonomische Analyse ihrer Lebenslage, in: Wingen, Max (Hg.), Familie im Wandel -Situation, Bewertung, Schlußfolgerungen, Bad Honnef 1989, 92-12

Lau, Ephrem Else, Familie als Chance gemeinsamen Lebens - Gegen die funktionalistische Einengung der Familie, in: Lebendiges Zeugnis 34 (1979) 15-23

Lehr, Ursula, Sozialisation und Persönlichkeit, in: Götz, Bernd (Hg.), Sozialisation und Erziehung, Darmstadt 1978, 82-102

Lempert, Wolfgang, Moralische Urteilsstufen und Niveaus sozialer Aggregation, in: Oser, Fritz/ Althof, Wolfgang/ Garz, Detlef, (Hg.), Moralische Zugänge zum Menschen - Zugänge zum moralischen Menschen. Beiträge zur Entstehung moralischer Identität, München 1986, 84-107

Lenssen, Margrit, Familienorientierte Medienpädagogik Forschungs- und Handlungsperspektiven, in: Baacke, Dieter/ Lauffer, Jürgen (Hg.): Familien im Mediennetz? Opladen 1988, 77-86

Lenzen/ Mollenhauer (Hg.), Enzyklopädie Erziehungswissenschaft Bd. 1, Stuttgart 1983

Levinas, Emmanuel, Die Spur des Anderen, Freiburg-München 1983

de Levita, David J., Der Begriff der Identität, Frankfurt 1971

Lickona, Thomas, Kooperation als Ziel und Methode moralischer Erziehung, in: Schreiner, Günter (Hg.), Moralische Entwicklung und Erziehung, Braunschweig 1983

Lind, Georg, Parallelität von Affekt und Kognition in der moralischen Entwicklung, in: Oser, Fritz/ Althof, Wolgang/Garz, Detlef (Hg.), Moralische Zugänge zum Menschen - Zugänge zum moralischen Menschen. Beiträge zur Entstehung moralischer Identität, München 1986, 158-179

Lindsay, P.H./ Norman, D.A., Einführung in die Psychologie. Informationsaufnahme und -verarbeitung beim Menschen, Berlin 1981

de Locht, Pierre, Rolle und Grenze der persönlichen und gemeinschaftlichen ethischen Praxis in der Begründung der christlichen Identität, in: Concilium 24 (1988) 151- 156

Lögering, Aloys, Religiöse Erziehung in der Familie, in: Balkenohl, Manfred/ Wesseln, Hermann (Hg.), Erziehung in Verantwortung. Grundlagen, Aufgaben, Erfordernisse, Hamm 1982, 184-198

Luckmann, Thomas, Religion in der modernen Gesellschaft, in: Wössner, Jakobus (Hg.), Religion im Umbruch. Soziologische Beiträge zur Situation von Religion und Kirche in der gegenwärtigen Gesellschaft, Stuttgart 1972, 3-15

Luckmann, Thomas, Persönliche Identität und Lebenslauf - gesellschaftliche Voraussetzungen, in: Brose, Hans-Georg/ Hildenbrand, Bruno (Hg.), Vom Ende des Individuums zur Individualität ohne Ende, Opladen 1988, 73-88

Lüscher, Kurt, Bausteine zu einem zeitgemässen Verständnis von Familie, in: Reformatio 31 (1982) 557-567

Lüscher, Kurt/ Böckle, Franz, Familie, in: CGG, Teilband 7, Freiburg/Basel/Wien 1981, 88-145

Maier, Karl Ernst, Grundriß moralischer Erziehung, Bad Heilbrunn/Obb. 1986

Martiny, Anke, Ausgehen von dem, was wirklich ist, in: Baacke, Dieter/ Lauffer, Jürgen (Hg.), Familien im Mediennetz? Opladen 1988, 142-146

Maurer, Alfons, Das humanwissenschaftliche Gespräch zum Verständnis sittlicher Kompetenz. Themen - Tendenzen - Einsichten, in: Eid, Volker/ Elsässer, Antonellus/Hunold, Gerfried W. (Hg.), Moralische Kompetenz. Chancen der Moralpädagogik in einer pluralen Lebenswelt, Mainz 1995, 11-36

Maurer, Friedemann, Lernen als Suche nach Lebenssinn, in: Rothbucher, Heinz/ Wurst, Franz (Hg.), Zeig mir, wie das Leben geht ..., Salzburg 1985, 47-60

Meiler, W., Die Grundwerte im Leben der Familie von heute, in: Lebendiges Zeugnis 34 (1979) 24-43

Mette, Norbert, Die Familie als Kirche im Kleinen. Vorüberlegungen, in: Eid, Volker/ Vaskovics, Laszlo (Hg.), Wandel der Familie - Zukunft der Familie, Mainz 1982, 263-283

Mette, Norbert, Voraussetzungen christlicher Elementarerziehung. Vorbereitende Studien zu einer Religionspädagogik des Kleinkindalters, Düsseldorf 1983

Mette, Norbert, Erziehung, in: HrpG 1, München 1986, 52-60

Mette, Norbert, Familie, in: HrpG 1, München 1986, 124-132

Mette, Norbert, Stufentheorien zur Glaubensentwicklung in der Diskussion, in: KatBl 114 (1989) 123-132

Mette, Norbert, Option für die Jugend, in: Diakonia 23 (1992) 361-365

Meyer-Drawe, Käthe, Nachdenken über Verantwortung, in: Verantwortung. Friedrich Jahresheft X (1992) 14-16

Mieth, Dietmar, Moral und Erfahrung. Beiträge zur theologisch-ethischen Hermeneutik, Freiburg-Wien 1978

Mieth, Dietmar, Familienethos: Leitbilder und Problemlösungen für eine ethisch orientierte Erwachsenenbildung, in: Eid, Volker/ Vaskovics, Laszlo (Hg.), Wandel der Familie - Zukunft der Familie, Mainz 1982, 201-226

Mieth, Dietmar, Gotteserfahrung und Weltverantwortung. Über die christliche Spiritualität des Handelns. München 1982

Mieth, Dietmar, Familiale Erziehung, in: HrpG 1, München 1986, 190-193

Mieth, Dietmar, Norm und Erfahrung. Die Relevanz der Erfahrung für die ethische Theorie und sittliche Praxis, in: ZEE 37 (1993) 33-45

Millendorfer, Johann, Gedanken zur Funktion der Familie im Wandel der Gesellschaft, in: Weiler, Rudolf/Zsifkovits, Valentin, Familie im Wandel, Wien 1975, 230-246

Mischo, Johannes, Psychologische Wurzeln glaubenden Vertrauens im frühen Kindesalter, in: Diakonia 14 (1983) 43-48

Molinski, Waldemar, Familie heute - Versuch einer sozialethischen Bewertung, in: Wingen, Max (Hg.), Familie im Wandel - Situation, Bewertung, Schlußfolgerungen, Bad Honnef 1989, 121-150

Mühlfeld, Claus, Familie - Arbeit - Beruf, Augsburg 1979

Mühlfeld, Claus, Ehe und Familie, Opladen 1982

Nave-Herz, Rosemarie, Familie heute. Wandel der Familienstrukturen und Folgen für die Erziehung, Darmstadt 1997

Neidhardt, Friedhelm, Strukturbedingungen und Probleme familialer Sozialisation, in: Götz, Bernd (Hg.), Sozialisation und Erziehung, Darmstadt 1978, 165-199

Nemes, Livia, Die Entwicklung der kindlichen Moral in der Auffassung Jean Piagets und in der psychoanalytischen Theorie, in: Psyche 38 (1984) 344-359

Nipkow, Karl Ernst, Moralerziehung. Pädagogische und theologische Antworten, Gütersloh 1981

Nipkow, Karl Ernst, Grundfragen der Religionspädagogik. Bd. 3: Gemeinsam leben und glauben lernen, Gütersloh 1982

Nipkow, Karl Ernst/ Schweitzer, Friedrich/ Fowler, James W. (Hg.), Glaubensentwicklung und Erziehung, Gütersloh 1988

Nipkow, Karl Ernst, Erwachsenwerden ohne Gott? Gotteserfahrung im Lebenslauf, München ^{3}1990

Nunner-Winkler, Gertrud, Adoleszenzkrisenverlauf und Wertorientierungen, in: Baacke, Dieter/ Heitmeyer, Wilhelm (Hg.), Neue Widersprüche. Jugendliche in den 80er Jahren, Weinheim und München 1985, 86-107

Oberthür, Rainer, Die „Erste Naivität" ist in der „Zweiten" aufgehoben. Überlegungen zum Verhältnis zwischen „Erster" und „Zweiter Naivität", KatBl 115 (1990) 176-179

De Oliveira, Carlos-Josaphat Pinto, Die Familie - Ethische Werte und historische Modelle, in: Familie - Herausforderung der Zukunft. Symposium an der Universität Freiburg/Schweiz 26.-28.11.1981. Hg. von Schnyder, Bernhard, Freiburg (Schweiz) 1982

Oser, Fritz, Zur Entwicklung kognitiver Strukturen des religiösen Urteils, in: Stachel, Günter (Hg.), Sozialisation - Identitätsfindung - Glaubenserfahrung, Zürich/Einsiedeln/Köln 1979, 221-247

Oser, Fritz/ Gmünder, Paul/ Fritzsche, U., Stufen des religiösen Urteils, in: WzM 32 (1980) 386-398

Oser, Fritz/ Althof, Wolfgang/ Garz, Detlef (Hg.), Moralische Zugänge zum Menschen - Zugänge zum moralischen Menschen. Beiträge zur Entstehung moralischer Identität, München 1986

Oser, Fritz/ Bucher, Anton, Die Entwicklung des religiösen Urteils. Ein Forschungsprogramm, in: Unterrichtswissenschaft (1987)2, 132-156

Oser, Fritz, Das Verhältnis von religiöser Erziehung und Entwicklung: Ein religionspädagogisches Credo, in: Religionspädagogische Beiträge 21 (1988) 12-29

Oser, Fritz, Wieviel Religion braucht der Mensch? Erziehung und Entwicklung zur religiösen Autonomie. Unter praktischer Mithilfe von Karl Furrer, Gütersloh 1988

Oser, Fritz/ Gmünder, Paul, Der Mensch - Stufen seiner religiösen Entwicklung. Ein strukturgenetischer Ansatz. Zweite, überarbeitete Auflage, Gütersloh 1988

Oser, Fritz/ Reich, K. H., Nicht zurück zum alten Mann mit Bart, sondern vorwärts zum eigenständigen Kind, in: KatBl 115 (1990) 170-176

Ott, Rudi, Sozialisation, in: HrpG Bd. 1, München 1986, 60-67

Paul, Eugen/ Stock, Alex (Hg.), Glauben ermöglichen. Zum gegenwärtigen Stand der Religionspädagogik, Mainz 1987

Petzold, Matthias, Familienentwicklungspsychologie. Einführung und Überblick, München 1992

Pfister-Schölch, Gabriele und Xaver, Elemente einer Theologie der Familie, in: Diakonia 23 (1992) 250-256

Piaget, Jean, Das moralische Urteil beim Kinde. Aus dem Französischen von Lucien Goldmann. Teilweise neu übersetzt und mit einer Einführung von Hans Aebli, München 1986

Piaget, Jean/ Inhelder, Bärbel, Die Psychologie des Kindes. Aus dem Französischen von Lorenz Häfliger, München [4]1991

Plake, Klaus (Hg.), Sinnlichkeit und Ästhetik. Soziale Muster der Wahrnehmung, Würzburg 1992

Platz, Vinzenz, Ehe und Familie - eine Anfrage an die Kirche. Perspektiven einer Ehe- und Familienpastoral, in: Diakonia 11 (1980) 226-237

Pöggeler, Franz, Familie und Erziehung, in: Weiler, Rudolf/ Zsifkovits, Valentin, Familie im Wandel, Wien 1975, 196-206

Pöggeler, Franz, Familie heute - Ansätze einer neuen Familienkultur, in: Wingen, M. (Hg.), Familie im Wandel - Situation, Bewertung, Schlußfolgerungen, Bad Honnef 1989, 151-184

Pöttgens, Hans, Die Familie in ihrer sozialen Gestaltungskraft, in: Neue Ordnung 34 (1980) 401-414

Portele, Gerhard (Hg.), Sozialisation und Moral. Ansätze zur moralischen Entwicklung und Erziehung, Weinheim/Basel 1978

Postman, Neil, Das Verschwinden der Kindheit, Frankfurt 1983

Psychologie. Eine Einführung in ihre Grundlagen und Anwendungsfelder. He-rausgegeben von Dietrich Dörner und Herbert Selg, Stuttgart u.a. 1985

Rebell, Walter, Neutestamentliche Ethik - Anmerkungen zum gegenwärtigen Diskussionsstand, Zeitschrift für evangelische Ethik 32 (1988) 143-151

Raab, Peter, Was fehlt, wenn es an gar nichts fehlt? Vom heimlichen Leid verwöhnter Kinder, in: Die unersättliche Gesellschaft. Wieviel Konsum verträgt der Mensch? Freiburg u.a. 1992, 195-211

Reich, Helmut, Besonderheiten des Jugendalters in der religiösen Entwicklung, in: Lebendige Katechese 13 (1991) 25-30

Rendtorff, T., Vom ethischen Sinn der Verantwortung, in: Handbuch der christlichen Ethik. Hg. von Hertz, A. u.a., Bd. 3: Wege ethischer Praxis, Freiburg u.a. 1982, 117-129

Rest, James R., Ein interdisziplinärer Ansatz zur Moralerziehung und ein Vierkomponenten-Modell der Entstehung moralischer Handlungen, in: Oser, Fritz/ Althof, Wolfgang/ Garz, Detlef (Hg.), Moralische Zugänge zum Menschen - Zugänge zum moralischen Menschen. Beiträge zur Entstehung von moralischer Identität, München 1986, 20-41

Rhonheimer, Martin, Sozialphilosophie und Familie. Gedanken zur humanen Grundfunktion der Familie, in: Familie - Herausforderung der Zukunft. Symposium an der Universität Freiburg/Schweiz 26.-28.11.1981. Hg. von Schnyder, Bernhard, Freiburg/Schweiz 1982, 113-135

Römelt, J., Theologie der Verantwortung. Zur theologischen Auseinandersetzung mit einem philosophischen Prinzip, Innsbruck 1991

Ronneberger, Franz/ Seel, Hans-Jürgen/ Stosberg, Manfred (Hg.), Autonomes Handeln als personale und gesellschaftliche Aufgabe, Wiesbaden 1980

Roth, Erwin, Persönlichkeitspsychologie. Eine Einführung, Stuttgart ^{3}1972

Roth, Heinrich, Pädagogische Anthropologie, Bd. 1: Bildsamkeit und Bestimmung, Hannover 1966

Roth, Heinrich, Pädagogische Anthropologie Bd. 2: Entwicklung und Erziehung. Grundlagen einer Entwicklungspädagogik, Hannover 1971

Rothbucher, Heinz/ Wurst, Franz (Hg.), Zeig mir, wie das Leben geht ...,Veröffentlichung der Salzburger Internationalen Pädagogischen Werktagungen: Tagungsbericht der 33. Werktagung 1984, Bd. XXXIX Salzburg 1985

Rotter, Hans, Theologie der Familie, in: Lebendige Seelsorge 30 (1979) 77-81

Rotter, Hans, Grundgebot Liebe. Mitmenschliche Begegnung als Grundansatz der Moral, Innsbruck, Wien 1983

Rotter, Hans/ Virt, Günter (Hg.), Neues Lexikon der christlichen Moral, Innsbruck - Wien 1990

Rotter, Hans, Person, in: Rotter, Hans/ Virt, Günter, Neues Lexikon der christlichen Moral, Innsbruck - Wien 1990, 580-588

Rotzetter, Anton, Neue Innerlichkeit. Reihe Unterscheidung. Christliche Orientierung im religiösen Pluralismus, Stuttgart 1992

Schavan, Annette, Person und Gewissen. Studien zu Voraussetzungen, Notwendigkeit und Erfordernissen heutiger Gewissensbildung, Frankfurt a. M. 1980

Schavan, Annette/ Welte, Bernhard (Hg.), Person und Verantwortung. Zur Bedeutung und Begründung von Personalität, Düsseldorf 1980

Schiefele, Ulrich, Einstellung, Selbstkonsistenz und Verhalten, Göttingen 1990

Schmälzle, Udo Friedrich, Ehe und Familie im Blickpunkt der Kirche, Freiburg 1979

Schmid, Peter F., Die Familie als Lernort. Psychotherapeutische Erfahrungen und pastoraltheologische Konsequenzen, in: Diakonia 23 (1992) 231-241

Schockenhoff, Eberhard, Kirchliche Autorität und persönliche Entscheidung, in: Seidel, Walter/ Reifenberg, Peter (Hg.), Moral konkret. Impulse für eine christliche Weltverantwortung, Würzburg 1993, 58-80

Schreiner, Günter, Gerechtigkeit ohne Liebe - Autonomie ohne Solidarität? In: Zeitschrift für Pädagogik 25 (1979) 505-527

Schreiner, Günter (Hg.), Moralische Entwicklung und Erziehung, Braunschweig 1983

Schreiner, Günter, Auf dem Weg zu immer gerechteren Konfliktlösungen – Neue Anmerkungen zur Kohlberg-Theorie, in: Schreiner, Günter (Hg.), Moralische Entwicklung und Erziehung, Braunschweig 1983, 103-132

Schrödter, Wolfgang, Familie und Beratungsarbeit. Zur Entwicklung der gesellschaftlichen Lage der Familie, in: WzM 38 (1986) 50 ff.

Schumm, Gerhard, Wahrnehmung und Phantasie. Eine ontogenetische Skizze, Frankfurt a. M., 1989

Schweitzer, Friedrich, Moralische Entwicklung und Religion. Die erste internationale Konferenz zur moralischen und religiösen Entwicklung, in: WzM 34 (1982) 102-108

Schweitzer, Friedrich, Identität und Erziehung. Was kann der Identitätsbegriff für die Pädagogik leisten?, Weinheim - Basel 1985

Schweitzer, Friedrich, Religion und Entwicklung. Bemerkungen zur kognitiv-strukturellen Religionspsychologie, in: WzM 37 (1985) 316-325

Schweitzer, Friedrich, Identität als „Rahmen" - Identität als Problem. Anfragen an Hans-Jürgen Fraas, in: EvErz 38 (1986) 384-387

Schweitzer, Friedrich, Lebensgeschichte und Religion. Religiöse Entwicklung und Erziehung im Kindes- und Jugendalter, München (2) 1991

Seidel, Walter/ Reifenberg, Peter (Hg.), Moral konkret. Impulse für eine christliche Weltverantwortung, Würzburg 1993

Selman, R. L., Die Entwicklung des sozialen Verstehens. Entwicklungspsychologische und klinische Untersuchungen, Frankfurt a. M. 1984

Siefer, Gregor, Ehe und Familie als Verwirklichung von Kirche. Anstößige Überlegungen eines Soziologen, Frankfurt/M. 1982

Simm, Walter, Phantasie und Wirklichkeit, in: Wahrnehmung und Wirklichkeit. Im Horizont der Wahrnehmung: das ICH/das DU/die Anderen und die Dinge, redaktionell bearbeitet von Petri, Harald. Schriftenreihe „Praktische Psychologie" hg. von Petri, Harald, Bd. XIII, Bochum 1990, 19-41

Simon, Werner/ Delgado, Mariano (Hg.), Lernorte des Glaubens. Glaubensvermittlung unter den Bedingungen der Gegenwart, Berlin 1991

Shorter, Edward, Die Geburt der modernen Familie, Reinbek 1972

Sölle, Dorothee, Phantasie und Gehorsam. Überlegungen zu einer künftigen christlichen Ethik, Stuttgart ^{12}88

Staatslexikon, Recht-Wirtschaft-Gesellschaft in 5 Bänden. Hg. von der Görres-Gesellschaft, 2. Band: Deutscher Caritasverband-Hochschulen, 7. völlig neu bearbeitete Auflage, Freiburg, Basel, Wien 1986

Stachel, Günter, Inhalte religiösen Lernens, Köln 1977

Stachel, Günter, Ethische Inhalte in der Sicht des Religionspädagogen, KatBl 102 (1977) 24-33

Stachel, Günter, Religiöse und ethische Erziehung im Sozialisationsvorgang, in: KatBl 102 (1977) 285-297

Stachel, Günter/ Mieth, Dietmar, ethisch handeln lernen. Zu Konzeption und Inhalt ethischer Erziehung, Zürich 1978

Stachel, Günter, u.a. (Hg.), Sozialisation - Identitätsfindung - Glaubenserfahrung. Referate und Protokolle des zweiten Kongresses der „Arbeitsgemeinschaft Katholischer Katechtikdozenten", Zürich u.a. 1979

Stachel, Günter, Grundsätze einer ethischen Didaktik, in: Lebendige Katechese 7 (1985) 97-101

Stachel, Günter, Fixierung auf eine rationale Theorie: Das moralische Urteil in der Meßbarkeit von Stufen seiner Entwicklung, in: Religionspädagogische Beiträge (1988) 50-65

Steppi, Christian R., Motivation und Moral, Frankfurt /M., Bern 1991

Süssmuth, Rita, Eltern als Erzieher, in: Bildung und Erziehung 30 (1977) 261-275

Süssmuth, Rita, Familiale Kompetenz - eine vernachlässigte Dimension der Familienerziehung, in: Vierteljahresschrift für wissenschaftliche Pädagogik 54 (1978) 229-244

Süssmuth, Rita, Familie - Menschwerdung - Gesellschaft, in: Gründel, Johannes (Hg.), Leben aus christlicher Verantwortung. Ein Grundkurs der Moral. Bd. 3: Partnerschaft-Ehe-Familie-Leibliches Leben-Kirche, Düsseldorf 1992, 109-120

Tacke, Walter, Familie in der BRD - Situation und Perspektiven, in: Caritas 81 (1980) 209-216

Thiele, Johannes/ Becker, Rudolf (Hg.), Chancen und Grenzen religiöser Erziehung, Düsseldorf 1980

Thiele, Johannes, Erziehung in Religion? Überlegungen zum Lernen der Liebe, in: Thiele, Johannes/ Becker, Rudolf (Hg.), Chancen und Grenzen religiöser Erziehung, Düsseldorf 1980, 186-204

Tiling, Peter von, Wehrlos gegen schicksalhaftes Scheitern? Der Staat hat gegenüber Ehe und Familie eine Schutzfunktion, in: Lutherische Monatshefte, 26 (1987) 18-20

Tischler, Gregor, Sensibel werden - religiös erziehen, München 1988

Trescher, Hans-Georg, Beziehung oder Erziehung, in: Rothbucher, Heinz/ Wurst, Franz (Hg.), Zeig mir, wie das Leben geht ..., Salzburg 1985 108-117

Türk, Hans Joachim, Postmoderne. Reihe: Unterscheidung. Christliche Orientierung im religiösen Pluralismus, Mainz 1990

Turiel, Elliot/ Smetana, Judith G., Soziales Wissen und Handeln: Die Koordination von Bereichen, in: Oser, Fritz/ Althof, Wolfgang/ Garz, Detlef (Hg.), Moralische Zugänge zum Menschen - Zugänge zum moralischen Menschen. Beiträge zur Entstehung moralischer Identität, München 1986, 108-135

Tyrell, Hartmann, Familie und Religion im Prozeß der gesellschaftlichen Differenzierung, in: Eid, Volker/ Vaskovics, Laszlo (Hg.), Wandel der Familie - Zukunft der Familie, Mainz 1982, 19-74

Utsch, M., Glaubensentwicklung als Thema der Psychologie. James Fowlers „Stufen des Glaubens", in: WzM 42 (1990) 359-366

Utsch, M., Zur psychologischen Beschreibung und Erfassung von Religiosität, in: WzM 43 (1991) 110-120

Vaskovics, Laszlo A., Familie und religiöse Sozialisation, Wien 1970

Vaskovics, Laszlo, Religion und Familie - Soziologische Problemstellung und Hypothesen, in: Wössner, Jakobus (Hg.), Religion im Umbruch. Soziologische Beiträge zur Situation von Religion und Kirche in der gegenwärtigen Gesellschaft, Stuttgart 1972, 328-352

Villenave-Cremer, Susanne/ Eckensberger, Lutz H., Zur Rolle affektiver Prozesse im moralischen Urteil, in: Oser, Fritz/ Althof, Wolfgang/ Garz, Detlef (Hg.), Moralische Zugänge zum Menschen - Zugänge zum moralischen Menschen. Beiträge zur Entstehung moralischer Identität, München 1986, 180-204

Virilio, Paul, Das Privileg des Auges, in: Bildstörung. Gedanken zu einer Ethik der Wahrnehmung. Hrsg. von Jean-Pierre Dubost, Leipzig 1994, 55-71

Virt, Günter, Moraltheologie, in: Rotter, Hans/ Virt, Günter (Hg.), Neues Lexikon der christlichen Moral, Innsbruck-Wien 1990, 522-535

Vogel, Peter, Gesinnung und Verantwortung, in: Verantwortung. Friedrich Jahresheft X (1992) 36-38

Wahrnehmung und Wirklichkeit. Im Horizont der Wahrnehmung: Das ICH/ das DU/ die Anderen und die Dinge, redaktionell bearbeitet von Harald Petri. Praktische Psychologie herausgegeben von H. Petri, Bd. XIII, Bochum 1990

Waldenfels, Bernhard, Antwort und Verantwortung, in: Verantwortung. Friedrich Jahresheft X (1992) 139-141

Watzlawick, Paul/ Kreuzer, Franz, Die Unsicherheit unserer Wirklichkeit. Ein Gespräch über den Konstruktivismus, München [4]1993

Wegenast, Klaus, Wie ernst sollen wir die Naivität von Kindern nehmen? Zu Anton A. Buchers Plädoyer für die „Erste Naivität, in: KatBl 115 (1990) 185-190

Weiler, Rudolf/Zsifkovits, Valentin, Familie im Wandel, Wien 1975

Weiler, Rudolf, Familie: Tor zur Humanität, in: Weiler, Rudolf/ Zsifkovits, Valentin, Familie im Wandel, Wien 1975, 184-195

Weinert, F. E., Die Entwicklung des moralischen Urteilens und Handelns, in: Stachel, Günter (Hg.), Sozialisation - Identitätsfindung - Glaubenserfahrung, Zürich 1979, 29-42

Weinreich-Haste, Helen, Moralisches Engagement. Die Funktion der Gefühle im Urteilen und Handeln, in: Zur Bestimmung der Moral. Hg. von Edelstein, Wolfgang und Nunner-Winkler, Gertrud, Frankfurt a. M. [2]1996, 377- 406

Weinrich, M., Wider die religiöse Manipulation, in: Thiele, J./ Becker, R., Chancen und Grenzen religiöser Erziehung, Düsseldorf 1980, 151-160

Werbick, Jürgen, Vom entscheidend und unterscheidend Christlichen, Düsseldorf 1992

Werbick, Jürgen, Ehe und Familie - Krise und Erneuerung, in: Seidel, Walter/ Reifenberg, Peter (Hg.), Moral konkret. Impulse für eine christliche Weltverantwortung, Würzburg 1993, 170-189

Weymann, Ansgar (Hg.), Handlungsspielräume. Untersuchungen zur Individualisierung und Institutionalisierung von Lebensläufen in der Moderne, Stuttgart 1989

Wilden, M., Religion in religiöser Erziehung, in: Thiele, J./ Becker, R. (Hg.), Chancen und Grenzen religiöser Erziehung, Düsseldorf 1980, 148-150

Willi, Jürg, Ko-Evolution. Die Kunst gemeinsamen Wachsens, Reinbek bei Hamburg 1989

Wingen, Max, Familie im Wandel - Situation, Bewertung, Schlußfolgerungen, Bad Honnef 1989

Wingen, Max, Familie heute - Entwicklung, Bestandsaufnahme, Trends, in: ders. (Hg.), Familie im Wandel - Situation, Bewertung, Schlußfolgerungen, Bad Honnef 1989, 13-57

Wössner, Jakobus, Familie und Religion in der Säkularisierung, in: Weiler, Rudolf/Zsifkovits, Valentin, Familie im Wandel, Wien 1975, 81-106

Zur Bestimmung der Moral. Philosophische und sozialwissenschaftliche Beiträge zur Moralforschung. Herausgegeben von Wolfgang Edelstein und Gertrud Nunner-Winkler, Frankfurt a. M. ^{2}1996

BAMBERGER THEOLOGISCHE STUDIEN

Band 1 Hubert Irsigler / Godehard Ruppert: Ein Gott, der Leiden schafft? Leidenserfahrungen im 20. Jahrhundert und die Frage nach Gott. 1995.

Band 2 Robert Ochs: Verschwendung. Die Theologie im Gespräch mit Georges Bataille. 1995.

Band 3 Ferdinand Nwaigbo: Church as a Communion: An African Christian Perspective. Theology of the Local Church in the Light of the Second Vatican Council. 1996.

Band 4 Ulrich J. Ortner: Die Trinitätslehre Samuel Clarkes. Ein Forschungsbeitrag zur Theologie der frühen englischen Aufklärung. 1996.

Band 5 Barbara Körber-Hübschmann: Priestermütter. Expertinnen in Kirche und Theologie. 1997.

Band 6 Alfred Beyer: Lokale Abbreviationen des Decretum Gratiani. Analyse und Vergleich der Dekretabbreviationen "Omnes leges aut divine" (Bamberg), "Humanum genus duobus regitur" (Pommersfelden) und "De his qui intra claustra monasterii consistunt" (Lichtenthal, Baden-Baden). 1998.

Band 7 Georg Kraus / Hanspeter Schmitt (Hrsg.): Wider das Verdrängen und Verschweigen. Für eine offene Streitkultur in Theologie und Kirche. 1998.

Band 8 Bernhard Steinhauf: Die Wahrheit der Geschichte. Zum Status katholischer Kirchengeschichtsschreibung am Vorabend des Modernismus. 1999.

Band 9 Franz Weber: Mission – Gegenstand der Praktischen Theologie? Die Missionstätigkeit der Kirche in den pastoraltheologischen Lehrbüchern von der Aufklärung bis zum Zweiten Vatikanum. Mit einem Beitrag von Ottmar Fuchs. 1999.

Band 10 Georg Kraus (Hrsg.): Theologie in der Universität. Wissenschaft – Kirche – Gesellschaft. Festschrift zum Jubiläum: 350 Jahre Theologie in Bamberg. Herausgegeben von Georg Kraus. 1998.

Band 11 Kurt Herzberg: Taufe, Glaube und Ehesakrament. Die nachkonziliare Suche nach einer angemessenen Verhältnisbestimmung. 1999.

Band 12 Stefan Seit: Beamte – Gelehrte – Geistliche. Zum Wissenschaftsstatus der katholischen Theologie im bayerischen Bildungssystem in der ersten Hälfte des 19. Jahrhunderts am Beispiel des Bamberger Lyzeums. 2000.

Band 13 Andreas J. Hölscher: Das Urpoem des Menschen. Eine kritische Betrachtung über Kunst und Ästhetik bei Franz von Baader. 2001.

Band 14 Wolfgang Schwartz: Das diözesane Eigengut im Einheitsgesangbuch. Eine Studie zu den Diözesan-Anhängen des Einheitsgesangbuches "Gotteslob" unter besonderer Berücksichtigung der fränkischen Diözesen Bamberg, Eichstätt und Würzburg. 2001.

Band 15 Carmen Anneser: Familiale Moralerziehung und christlicher Glaube. Wege zur Identitätsausbildung. 2001.

Band 16 Ferdinand Nwaigbo: Mary – Mother of the African Church. A Theological Inculturation of Mariology. 2001.

Peter Lang · Europäischer Verlag der Wissenschaften

Änne Bäumer

Wisse die Wege Leben und Werk Hildegards von Bingen

Eine Monographie zu ihrem 900. Geburtstag. 2., korrigierte Auflage

Frankfurt/M., Berlin, Bern, Bruxelles, New York, Oxford, Wien, 2000.
XII, 388 S.
ISBN 3-631-36497-0 · br. DM 68.–*

Anläßlich ihres 900. Geburtstages ist zu Hildegard von Bingen eine Fülle an Lebensbeschreibungen und Fachliteratur erschienen. Keine Facette des bedeutungsvollen Lebens und Wirkens der großen Äbtissin ist unberücksichtigt geblieben. Immer wird über Hildegard berichtet, meist unter fachlichen Gesichtspunkten. Kommt Hildegard einmal selbst zu Wort, sind ihre Äußerungen oft Anlaß zu tiefgründigen Interpretationen. In dieser Monographie spricht Hildegard zum Leser in ihren eigenen Worten. Es entsteht von selbst das authentische Bild dieser herausrag… tigen Lebensabschnitt… und musikalischen … , sie vermitteln die Sta… Das Buch hat Sachbu… chspezifischen Blickw… ueste Stand der Forsch… erständliche Analyse m… nd einem unverzichtba…

Aus dem Inhalt: Hildegards Leben · Hildegard als Mahnerin und Trösterin (Briefe) · Hildegards kosmische Weltsicht und Prophetie (*Scivias, Liber vitae meritorum, Liber divinorum operum, Symphonia und Ordo virtutum*) · Hildegards Heiltätigkeit und ihr Heilwissen (*Causae et curae*) · Hildegards Naturlehre und Naturheilkunde (*Physica*) · Hildegards Visionen im Verhältnis zu ihren naturwissenschaftlichen und medizinischen Schriften und die moderne Hildegard-Medizin

Frankfurt/M · Berlin · Bern · Bruxelles · New York · Oxford · Wien
Auslieferung: Verlag Peter Lang AG
Jupiterstr. 15, CH-3000 Bern 15
Telefax (004131) 9402131

*inklusive Mehrwertsteuer
Preisänderungen vorbehalten

Homepage http://www.peterlang.de